唐宋史料筆記叢刊

麟臺故事校證

〔宋〕程俱 撰
張富祥 校證

中華書局

圖書在版編目(CIP)數據

麟臺故事校證/(宋)程俱撰;張富祥校證. —北京:中華書局,2000.12(2023.10 重印)
(歷代史料筆記叢刊·唐宋史料筆記叢刊)
ISBN 978-7-101-01868-4

Ⅰ.麟… Ⅱ.①程…②張… Ⅲ.①筆記-中國-宋代②典章制度-中國-宋代-史料 Ⅳ.K244.066

中國國家版本館 CIP 數據核字(98)第 11197 號

責任編輯:崔文印
責任印製:管　斌

唐宋史料筆記叢刊
麟臺故事校證
〔宋〕程　俱 撰
張富祥 校證
*
中華書局出版發行
(北京市豐臺區太平橋西里 38 號　100073)
http://www.zhbc.com.cn
E-mail:zhbc@zhbc.com.cn
三河市鑫金馬印裝有限公司印刷
*
850×1168 毫米 1/32 · 12¾印張 · 220 千字
2000 年 12 月第 1 版　2023 年 10 月第 4 次印刷
印數:9001-10500 册　定價:56.00 元

ISBN 978-7-101-01868-4

前言

一

我國古代的官府藏書，自先秦以來即連續不斷。據史籍記載，周有藏室，春秋有盟府，西漢有石渠、延閣、廣内、祕室，東漢有蘭臺、東觀，魏、晋至隋有祕閣，唐、五代有三館，這些都是國家藏書之地。至北宋建國，則承襲唐、五代之制，以昭文館、史館、集賢院爲三館，總名之曰崇文院，掌管圖籍校讎之事；隨後又於崇文院中堂建祕閣，並陸續設置了太清樓、龍圖閣、天章閣等附屬藏書機構；元豐改官制後，又以祕書省取代崇文院總領有關事務，從而逐步形成了一套系統而嚴密的館閣制度。這一制度，不僅對發展宋代的圖書文化事業，而且對培養宋代封建統治的高級人才，都曾發揮過重要的作用。

麟臺故事一書，就是綜合記述北宋館閣制度的一部專門性史料工具書。這一類的書，包括本書在内，宋人曾先後編纂過四部。一部是元祐中祕閣校理宋匪躬所編皇宋館閣録十五卷，共分八門，記載北宋自太平興國至元祐館閣史實，内容頗豐；一部是崇寧中祕書少監羅畸所編蓬山志五卷，共分十五門，多記當時館閣故實近事。這兩部書，成書都在麟臺故事之前，可惜都已久佚，衹有少量佚文尚存宋人著作中。還有一部，是繼麟臺故事之後續記南宋館閣制度的作品，這就是淳熙中祕書監陳騤等所編南宋館閣録（原名中興館閣録）及後人續附、並曾於嘉定中重行編次的館閣續録各十卷，每卷一門，共十門二十卷；此書自明、清以來有宋刻殘本及不少抄本傳世，雖亦稍有訛闕而大體尚存。因此，研究宋代館閣制度，以及與館閣制度相關聯的各種具體制度，麟臺故事和南宋館閣録及其續録就成爲兩種最基本的參考書；而在探討館閣制度的沿革源流方面，麟臺故事一書則顯得更爲重要。另外還有幾種私家的記録，如宋人所撰續史館故事録及館祕録等，雖内容較狹，而亦多記一時掌故，本可作爲上述諸書的補充，然據現在所知，也都未傳於世。

二

爲幫助瞭解本書，這裏先將本書作者及編撰、史料情況作一簡要介紹。

本書作者程俱（公元一〇七八——一一四四年），衢州開化（今屬浙江）人，字致道，在兩宋之際是一位頗有文學名實的官員。他早年以外祖鄧潤甫恩蔭入仕，徽宗朝官至禮部員外郎，初未有科舉功名。但他平生與一時名士賀鑄、葉夢得等爲友，辭章典雅，善爲制誥，詩文亦有風骨，並且從四十歲起先後出入館閣十四年，熟悉館閣業務，又精於史學。因此在南渡之初，當偏安王朝於紹興元年（公元一一三一年）初復祕書省時，他即首被高選，入爲祕書少監，做了南宋中央政府文化主管機關的第一位實際主持人。本書的編撰，即是他在擔任祕書少監期間完成的。不過程氏擔任此職時間不長，從是年三月至九月，爲時僅半年，即在撰成此書後擢陞中書舍人兼侍講，開始供職掖垣。前人稱他當時「與汪龍溪（汪藻）對掌内外制，爲南渡詞臣稱首」（新安文獻志卷首先賢事略上）。但此後不久，他又以論事切直得罪朝廷而被罷職，從此他在實際上便已脱離了仕途。程氏晚年因病家居，秦檜再相時爲籠絡士人，曾引薦他以提舉萬壽宮實録院修撰的身份領史事，他力辭不就，於紹興十四年六十七歲時去世，葬於家鄉北山之原。所作文字除本書外，尚有文集北山小集四十卷傳世；又有默説三卷，已佚；其他衆多散作文字，在他生時已旋作旋毁，後人更無由得見。其事迹略具本人行狀及宋史本傳（見本書附録）。

程俱編此書，直接目的在於整理和保存北宋典章，以便爲南宋王朝重建祕府、典正祕書省官司職守，並由此收儲人才、再立基業而提供典制依據。這在他的進麟臺故事中省原狀和麟臺故事後序中説得非常清楚。由於在靖康之變後，北宋國家藏書和官府檔案已散失殆盡，偏安王朝在定都臨安前後，百司政事和文書往來大都依據一種臨時編製的文件，亦即僅靠戰亂時期部分幸免於難的宿官舊吏之回憶而整理出來的所謂省記。依據這樣的文件處理公務，其可靠性顯然是很成問題的，因而程俱在擔任祕書少監後，便採摭館閣舊聞及簡册所載，加上自己親身經歷耳聞目睹的事實，纂輯爲麟臺故事一書，「録上尚書，副在省閣，以備有司之討論」。這對南宋館閣制度的恢復和完善曾發生積極的影響。其書命名之意，蓋取諸唐武后朝改祕書省爲麟臺之故實，而「麟臺」和「蓬山」之類名目，在宋人習慣上其實都是館閣的别稱或雅稱。至於其書的類型源流，照宋人的説法，則和宋匪躬館閣録一樣，均本於唐韋述所編集賢注記，祇不過因時代變化而有所變通。

程氏本書原分五卷，共十二篇，是一種分門别類記載史實的典制書。其篇目名稱，因原本已失傳，現在尚無法全部確知。四庫提要初稿説，其篇名散見於永樂大典者，有沿革、省舍、儲藏、修纂、職掌、選任、官聯、恩榮、禄廪九門；而提要修改稿又説，其篇名見於永樂大典者，有官聯、職掌、廪禄三門與南宋館閣録相合。若據後者所云，似初稿所記亦未必都屬信實，因爲南宋館閣録其書，沿革、省舍、儲藏、修纂諸門今本亦俱在。本書現存影宋殘本的篇目，除官聯、選任、修纂外，又有書籍、校讎、國史三門爲四庫全書輯本所無。是否合二本所列即可補足原書十二門篇目之數，仍須考究。

本書的資料，從現有輯本、殘本的内容來考察，主要有兩個來源：一是北宋所修歷朝會要所載的史料（少數條目或許兼採國史、實録）；一是程氏本人「採摭見聞」的材料。校者在整理本書過程中發現，本書現存的内容條目，特别是徽宗朝以前的條目，大部分可從現在通行的宋會要輯稿中查到，其中有的照録會要原文，有的則經過作者節略或稍加改寫；還有個别條目，從内容和文例分析也應是會要之文，而今本宋會要已不存。就這一點來説，本書實際是一種專題性質的會要。作者在書中曾談到，宣和初王黼得政，倉促廢罷編修國朝會要所等在京諸局，以致「文書草沓，皆散失」，「論者惜其罷之無漸而處之無術」。他强調指出：「乃不知朝廷每有討論，不下國史院而常下會要所者，蓋以事各類從，每一事則自建隆元年以來至當時因革利害，源流皆在，不如國史之散漫簡約，難見首尾也。」（輯本卷二之二一、殘本卷一之一三）這也反映了程氏對會要之書的重視，與他修撰本書的宗旨是一致的。作者自己收集的材料，主要是北宋末年的史實。如上面提到的徽宗朝編修國朝會要及王黼罷修書諸局事，因係作者親歷，故能詳其原委，察其利害；對宣和間宋徽宗幸祕書省事的記録，顯然也出自作者的追憶，因而所述較詳（輯本卷五之一六）。又如輯本卷五之一五「故刑部胡尚書嘗云」一條，則是得諸傳聞的材料。陳振孫在直齋書録解題中説：「俱在承平時凡三入省，故其見聞爲詳。」這是合乎實際的。

有一個問題是，程俱在編撰本書時，是否還利用過宋匪躬皇宋館閣録和羅畸蓬山志的資料呢？以常理而言，這兩部書，前者在南宋時尚存十一卷（見書録解題及玉海），後者則係程氏同時人所編；程氏迴翔館閣既久，當他編書之際，大概都不會看不到這兩部書。然而在本書現存文字及有關奏狀序文中，却無一處提及於此。這看上去似乎有些令人費解。但若從本書現存資料與二書佚文的比較來推測，程氏撰此書時可能手頭並未有這兩種書。例如輯本卷五之二所記淳化初詔館閣校理預遊宴一條，行文與今本宋會要所載略無差異，而與現存宋人著作中所引皇宋館閣録及蓬山志之文却均不相同（詳見該條校注）。另外有些條目也有類似的情況。史學大家李燾在南宋館閣録序中曾説：「元祐間，宋宣獻之孫匪躬作館閣録；紹興改元，程俱致道作麟臺故事。宋氏（玉海作宋、程）皆祖韋氏，而程氏故事並國初，他則多闕，蓋未知其有宋録也。」細揣李燾之意，似乎是説程氏在編撰本書時，尚不知已有宋録成編，盡管這不大可能。不過接下去，李燾在序中又惋惜於宋録最後四卷的闕佚，並謂「余屢蒐採弗獲，欲補又弗暇，每每太息」，可見宋録的材料和内容，一定有一些是麟臺故事所不存或不能概括的。這也反映出宋、程之書的差別。

事實上，南宋王朝建立之初，尚屬戎馬倥偬之際，朝廷典籍幾乎一無所存。程氏雖身爲祕書少監，而在當時形勢之下，對於專記館閣史事的宋、羅之書亦未必能够羅致在手。但國史、會要等當代重要史料書，當時是已經搜訪到一些的。譬如紹興元年三月十八日，進士何克忠就曾投進太祖實録四册、國朝寶訓十二册、名臣列傳二册、國朝會要節本三册；六月十六日，故金吾上將軍張楙家人又投進北宋前六朝實録、會要、國史等書二百二十二册；七月二十四日，又有處州縉雲縣巡檢唐開獻上神宗朝重修的國朝會要三百卷；九月十四日，將仕郎黄濛又獻到太祖至英宗五朝的實録計五百一十卷（以上均見宋會要崇儒四之二〇——二二）。這些資料加起來，如果不去重複，總數可能有一千五百卷以上，其中會要也會在五百卷以上。半年之内能够搜集到這樣多的資料，已屬不易。程俱撰麟臺故事，是在這年九月完成的，這就使我們有充分的理由認定，他所依據的史料，主要就是這一批搜訪書。本書後序所謂「於是士庶始有以家藏國史、實録、寶訓、會要等書來獻者，國有大禮大事，於兹有考焉」，指的即是這種情況。由此也就可以明白，爲什麽本書所引用的史料，見於宋會要者特别多。

從清初以來，借助於永樂大典的輯佚工作，一些重要的宋代史料書得以被重新發現和利用，其中宋會要作爲一部史料巨著，即是這項工作最重大的成果之一。它的問世和流傳，可能會使一些傳統的宋代史料書的價值相對減弱，而麟臺故事一書便有可能被認爲是這類書中的一種。但問題也不好一概而論。即以本書而言，它雖有大量材料録自會要，却不可因此就忽視它的價值。這首先是因爲全書作爲一種專門性史料工具書，綜合記録一個方面的典制史，它和宋會要一樣，都是宋人本來的著作，其整體價值是任何他書所不能代替的。其次，也是更重要的一點，還因爲書中所録會要之文，與今本宋會要的資料並不完全一致，而是往往互有詳略異同。所以會出現這樣的情況，依校者所見，主要地不是由於作者徵引時的節略和改寫，而是由於所據會要底本與今本宋會要有所不同。我們知道，兩宋官修會要前後共十餘次，如果包括重修之書在内的話，其成書總數當不下於三千卷。但北宋所修的幾種，其中主要是慶曆和元豐間修成的兩種國朝會要，後來傳世者事實上大都經過南宋史官的删潤整理。例如南宋寧宗時，將作少監張從祖就曾纂輯孝宗以前十一朝的會要資料，編成國朝會要總要（又稱國朝會要總類）五百八十八卷，以求「辭簡事備，勢順文貫」（玉海卷五一）；此後在理宗時，著名史家李心傳又據總要整理增補，修成十三朝會要一書，並於蜀中刻板。現存宋會要資料，估計主要就是張、李之書的遺文，其删潤之迹尚可考見。而程俱編寫麟臺故事所依據的會要，毫無疑問是北宋舊本，並且多半是南宋初年經過重新搜訪，由士庶之家獻出的舊抄本，這是顯而易見的。因此本書所引會要之文，皆屬原始資料，多可據以參訂今本宋會要。從這點上説，本書保存舊史文的文獻價值也是值得重視的，況且這部分史料在全書中占的份量最重。

相比之下，作者「耳目所見聞」的北宋末年材料，雖然有較爲詳細的特點，但現存條目并不多，尤其是對徽宗朝館職除授之冗濫很少揭露。這種情況的出現，可能是由於作者編書時代較近，不得不有所避諱所致。不過總的説來，書中的這一部分還是保存了一些有關北宋末年館閣制度的第一手資料，較之後來學者的輾轉傳抄要更可徵信。除此之外，本書還有些條目的内容，據校者查對，不見於他書，其史料價值也很可珍貴。如殘本國史篇所載胡旦奏修紀志表傳事（卷三之一六），是宋代官修國史的開端，現存其他宋代史籍皆語焉不詳，而本書於史料搜集、編纂體例等記述特詳，可補史籍之闕。總之，全書以内容言之，至今仍不失爲一部研究宋史的有用參考書。

三

下面再談談本書的版本及流傳情况。

上文中已經提到，本書早在清代以前就已散佚。現在通行的本子主要有兩種，一種是清初收入四庫全書的五卷輯本，一種是自明後期以來流傳的影宋殘本。前者是乾隆年間四庫館由永樂大典中輯録出來的，後來刊入武英殿聚珍版書。但四庫館臣在輯録之時，完全打破了大典原載的次序，而依據南宋館閣録（亦由大典中輯出）的篇目體例憑空排比，從而使本來就編輯無緒的大典舊文更無頭緒可尋，其顛倒訛奪、分合錯亂可想而知。後者出自明人錢穀的收藏，清以來輾轉流傳，三十年代由商務印書館影印收入四部叢刊續編。二者篇目互有異同，但不可互補，因爲輯本既非原來次序，殘本亦有竄亂，故所載諸條，不論篇名同與不同，互見於二本各篇者比比皆是。這點張元濟已在殘本跋文中作了詳細説明。到底影寫者爲何人，影寫時依據何本，是影寫時原本已僅殘存不足三卷，還是本來影寫了更多而後來又有殘闕，現在均已無從知道。

爲補救輯本和殘本的闕失，清人曾將二本内容以補遺的形式合編。其中光緒十八年（公元一八九二年）陸心源纂輯的十萬卷樓叢書三集本共分四卷，前三卷全録殘本，第四卷則録有輯本沿革、省舍、儲藏、職掌、恩榮、禄廪諸篇；因官聯、選任、修纂諸篇目二本相同，於是由輯本該三篇中抽出殘本不存的十三條，作爲補遺置於卷首；此外又從玉堂雜記與南宋館閣録中各採補一條，作爲佚文附於補遺之下。這實際是以輯本補殘本，意欲存宋本之舊。光緒二十一年（公元一八九五年）增刊的武英殿聚珍版書本（光緒二十五年廣雅書局覆刊），則作了另一種編排，即以殘本所載輯本不存者共四十六條編爲拾遺二卷，附於輯本正文之下，陸氏所輯兩條佚文亦附入；又附考異一卷，按輯本順序逐篇詳列二本共有條目之異文，同時一並注明輯本某條在宋本某篇某條，編次相合者則不注。這實際是以殘本補輯本，意欲求輯本之全。但無論怎樣編排，現在事實上都已無法恢復本書原編的次序，祇不過對本書資料作了一些盡力搜集的功夫。

除上述外，本書又有清同治中張丙炎輯、張允顗重輯的榕園叢書守約篇乙集本，係據同治間遞修的武英殿聚珍版書所收四庫輯本翻刻，有一些錯字。影宋殘本的原件未知流轉何處；其清抄本亦有存者，不多見。

自本書殘本流傳以來，學者們都相信本書在南宋即有刻本。南宋時期的目録書，如官修的中興館閣書目，私修的晁公武郡齋讀書志、尤袤遂初堂書目、陳振孫直齋書録解題等亦均有著録（見本書附録）。然而究竟刻於何時，無明文記載。現存影宋本中尚有一些避諱字，凡遇宋諱「玄」、「鉉」、「桓」、「完」、「勾」、「購」、「遘」、「慎」（孝宗名眘，即「慎」字）等字多闕末筆，而遇「惇」字（光宗諱）則不避，由此推斷，本書當初刻於南宋孝宗時。但此距郡齋讀書志的初刻（約紹興二十七年，公元一一五七年）稍後。又從「慎」字或避或不避的情況看，如果不是後世傳抄有誤，則本書也可能初刻於紹興末。元陶宗儀説郛尚採録本書數條，明文淵閣書目卷三政書類亦著録有「宋麟臺故事一部一册」，如果都屬宋刻，則本書的殘闕當在明中葉以後。

各家對本書的著録，包括文獻通考和四庫全書在内，大都入於史部職官類，而宋史藝文志入於史部故事類。然清人在談到本書時，往往與唐李肇翰林志等書作比，四庫提要亦謂所記乃「翰林故實」。實則本書上承唐韋述集賢注記與宋匪躬皇宋館閣録，與洪遵翰苑群書所收並非同一系統之書；宋代館閣與翰林學士院雖有密切關係，其官司職掌亦不一致。明、清以修史、著作、圖籍之事並歸翰林院，遂正式以外朝官署處之，故亦視本書爲詞林掌故之作。而按諸宋朝典制，則當分別觀之，正未可僅作一例之談而已。

四

最後，對本書的校證作幾點説明。

（一）此次校證，以四庫全書輯本的文淵閣本影印本及四部叢刊續編的影宋抄本爲底本，並爲簡便和明確起見，分别定名爲麟臺故事輯本和麟臺故事殘本。因原本篇目體制已無法復原，以二者互補亦徒生混亂，故今兩本並存，各爲校證，以利讀者對照查閲。又因輯本雖編次未當，而内容較多，且作過一些校勘和考證，故以輯本置前，殘本置後。

（二）輯本和殘本的條目劃分與編輯次序多不合理，但爲保存原貌，今一仍其舊，不作改移；惟輯本卷二修纂篇第四條及殘本卷二國史篇最末一條，原本各分爲兩條及三條，因内容聯繫緊密，今合爲一條，其餘亦無所合併。但有少數條目，因行文過長，不便閲讀，故略依其内容適當分段，而非别爲一條。又爲便於查檢，於逐條之下均以「卷幾之幾」的形式注明卷第條次；同時對兩本互存條目，亦於正文之後注出該條在別本之卷第條次。兩本原存提要及序跋等仍如舊載次序，亦不别出。

（三）輯本正文中原有四庫館臣以夾注形式所加按語近百條，其中除少數爲文字校勘外，其餘多是徵引他書而爲内容考訂。今略依其例，對兩本所載逐條加以校證，凡兩本並存者則於輯本中校證，殘本中不重出；同時對輯本中館臣所加按語，全部抽出入校注，館臣徵引有誤或需補充説明者，則以「今按」二字標出。

（四）全書校證之文，雖包括校勘文字及釐正篇次、條次的内容，而以史實及年代的考訂爲主。因此凡正文所載内容，均盡力搜集現有史料，廣爲疏證，以冀由簡馭繁，爲學者研究北宋館閣制度提供較爲系統的原始資料；同時對文中所涉前代史實及與正文内容相關聯的館閣史事，亦以「附按」的形式擇要録入一部分有關的補充資料。參校及引用之書主要爲宋會要輯稿、續資治通鑑長編、玉海、文獻通考、宋史及皇宋事實類苑等書。尤其本書所載見於宋會要者，若文字及史實出入較多，則盡量録出會要原文，以供查對；若文字大致相同，亦注明會要所在篇目葉碼，或簡要説明其異文。其餘宋人史籍、文集、筆記等，則視需要徵引。徵引文字中原有訛誤者，亦偶加校勘考證，皆隨文以小括號標出，而不另行出校。

（五）書後有附録數種，收録本書佚文兩條、作者傳記行狀、各家叙録題跋及主要參考書目等；又有麟臺故事校證内容細目分類索引表一種，係據全書内容統加排比，標題臚列，以供檢索之用，但所列未必盡當，且難免遺漏，僅供使用者參考。全書的校證限於所見，繁簡失當及掛漏錯誤之處亦在所不免，尚請識者教正。

本書在校證過程中得到中華書局崔文印先生的熱情指導幫助，謹一並在此誌謝。

目録

麟臺故事輯本

（四庫全書文淵閣本）

提要

一

臣等謹案：麟臺故事五卷，宋程俱撰。俱字致道，衢州開化人，舉進士，試南宮第一，廷試中甲科。歷官徽猷閣待制，封新安縣伯，累贈少師。玉海載宋元祐中宋匪躬作館閣録，紹興元年程俱上麟臺故事，淳熙四年陳騤續爲館閣録，蓋一代翰林故實，具是三書。宋録已亡，陳録僅存而亦稍譌闕。是書則自明以來，自説郛所載數條外，别無傳本，惟永樂大典所載頗爲繁夥，排比條貫，猶可成書。所記皆宋初館閣之事，典章文物，燦然可觀。蓋紹興元年初復祕書省，以俱爲少監，故俱作是書，皆得諸官府舊章，最爲詳備。如東都事略邢昺傳載由侍講學士遷工部侍郎，不著加中散大夫；宋綬傳載召試中書，不著遷大理評事；宋史韓琦傳載由通判淄州入直集賢院，不著爲太常寺丞及太子中允；王陶傳載爲太子中允，不著編校昭文館書籍；孫洙傳亦不著嘗爲於潛令及編校祕閣書籍，而皆見于是書。又如玉海引謝泌傳，泌上言請分四庫書籍，人掌一庫，事在端拱初，而其一百六十八卷又載此事于天聖五年，前後自相刺謬；據此書所載，則在咸平之初。又續通鑑長編載咸平二年七月甲寅幸國子監，還幸崇文院，而此日之後又有癸丑，則是月之内不容先有甲寅，顯然舛誤；據是書，乃是七月甲辰。如此之類，凡百餘條，皆足以攷證異同，補綴疏漏，于掌故深爲有裨。原本文獻通攷作五卷，俱奏進是書，又稱凡十有二篇。今篇名散見于永樂大典中者，曰沿革，曰省舍，曰儲藏，曰修纂，曰職掌，曰選任，曰官聯，曰恩榮，曰禄廩，祇存其九，謹依類裒輯，仍爲五卷。至陳騤館閣録所載曝書會、餞會及大宴學士院三條，俱云出麟臺故事，然引其事而不載其詞，殆廣孝等排纂之時，刊除重複，誤削前而存後。當時編輯無緒，即此可見一端，今亦無從補入。惟俱北山集中載有後序一篇，竝附録之，以存其舊焉。乾隆四十五年二月恭校上。

總纂官臣紀昀臣陸錫熊臣孫士毅

總校官臣陸費墀

二

麟臺故事五卷　永樂大典本

宋程俱撰。俱字致道，衢州開化人，舉進士，試南宮第一，廷試中甲科。歷官徽猷閣待制，封新安縣伯，事蹟具宋史文苑傳。玉海載元祐中宋匪躬作館閣録，紹興元年程俱上麟臺故事，淳熙四年陳騤續爲館閣録，蓋一代翰林故實，具是三書。今宋録已亡，陳録僅存而亦稍譌闕。是書則自明以來，惟説郛載有數條，别無傳本。今考永樂大典徵引是書者特多，排比其文，猶可成帙。其書多記宋初之事，典章文物，燦然可觀。蓋紹興元年初復祕書省，首以俱爲少監，故俱爲是書，得諸官府舊章，最爲詳備。如東都事略邢昺傳載由侍讀學士遷工部侍郎，不著加中散大夫；宋綬傳載召試中書，不著遷大理評事；宋史韓琦傳載由通判淄州入直集賢院，不著爲太常寺丞及太子中允；王陶傳載爲太子中允，不著編校昭文館書籍；孫洙傳亦不著洙嘗爲於潛令及編校祕閣書籍，而皆見於是書。又如玉海引謝泌傳，泌上言請分四庫書籍人掌一庫，事在端拱初，而其一百六十八卷又載此事於天聖五年，前後自相刺謬；據此書所載，則在咸平之初。又續通鑑長編載咸平二年七月甲寅幸國子監，還幸崇文院，而此日之後又有癸丑，則是月之内不容先有甲寅，顯然牴牾；據是書，乃是七月甲辰。如此之類，凡百餘條，皆足以考證異同，補綴疎略，於掌故深爲有裨。原書文獻通考作五卷，今所裒録，仍符此數，疑當時全部收之。通考又稱凡十二篇，而不詳其篇目，其見於永樂大典者，有官聯、職掌、廩禄三門，皆與陳騤書標題相合，疑騤書即因俱舊目修之。今即以騤之篇目分隸諸條，莫不一一條貫，無所齟齬，亦可謂神明焕然，頓還舊觀矣。騤録載曝書會、餞會及大宴學士院三條，俱云出麟臺故事，然引其事不載其詞，殆姚廣孝等排纂之時，刊除重複，誤削前而存後。當時編輯無緒，即此可見一端，今亦無從補入。惟俱北山集中載有後序一篇，竝附録之，以存其舊焉。

附按：右所録提要兩種，前者爲文淵閣本原載，係四庫館臣由永樂大典輯出本書時所擬原稿；後者則見於四庫全書總目，係後來編纂總目時修定之稿。據現在所知，原稿大概寫成於乾隆四十一年，本書武英殿聚珍本所録與文淵閣本相同，末題「乾隆四十一年五月恭校上」，署名「總纂官侍讀學士臣陸錫熊、侍講學士臣紀昀，纂修官主事臣任大椿」，估計原稿即出於任大椿手筆；修定稿則當爲乾隆四十七年前後總目定稿之際，由紀昀、陸錫熊等人删潤加工而成。因二者文字出入較多，故今並録於此，以備檢閲。然提要所舉事例，不盡可據。如謂玉海載謝泌上言年月前後自相刺謬，可以本書參訂，實則本書所載亦誤，玉海則不全誤。又謂長編所載真宗幸國子監、還幸崇文院時日有誤，亦可從本書訂正，此則四庫館臣誤檢，長編原載實不誤。至於以此類事例寫入提要，則又貽誤學者，尤不足稱。其他如邢昺由侍講學士遷工部侍郎，總目提要改「侍講」爲「侍讀」，亦屬筆誤，當以原稿作「侍講」爲是。書中近百條館臣按語，類此者尚多，具體的考辨均見於各條校證，兹不贅舉。

原書收入四庫全書史部十二職官類一官制之屬，四庫全書總目著録在卷七九、史部三五，類别同原收。

進麟臺故事申省原狀

朝奉大夫守祕書少監程俱奏：「竊見車駕移蹕以來，百司文書，例從省記，按以從事，蠹敝或生。日者朝廷復置祕書省，稽參舊章，稍儲俊造，而臣濫膺盛選，待罪省貳。竊以謂典籍之府，憲章所由，當有記述，以存一司之守，輒采摭見聞及方册所載、法令所該，比次爲書。凡十有二篇，列爲五卷，名曰麟臺故事，繕寫成二册，詣通進司投進。如有可采，許以副本藏之祕省，以備討論。」謹録奏聞，伏候敕旨。九月十九日奉聖旨，依奏。右劄送中書程舍人。紹興元年九月二十日。

附按：此狀今又見於程俱北山集卷三十八狀劄四。四庫館臣於文中「謹録奏聞」下原有按語云：「北山集載此篇『繕寫成二册』句下云：『詣都堂呈納。所有進本欲乞批狀送通進司收接投進，仍乞以副本藏之省閣，以備討論。謹具申尚書省。』與此書字句互異。」今按此篇實爲尚書省批劄，所録程俱奏乃節文。其申省原狀，當以北山集所載更爲接近原件。

麟臺故事卷一

沿革

國初循前代之制，以昭文館、史館、集賢院爲三館〔一〕，通名之曰崇文院〔二〕。直館至校勘通謂之館職〔三〕，必試而後命；不試而命者，皆異恩與功伐，或省府監司之久次者〔四〕。元豐官制行，盡以三館職事歸祕書省，省官自監少至正字皆爲職事官〔五〕。至元祐中，又舉試學士院入等者，命以爲校理、校勘，供職祕書省；若祕書省官，則不試而命〔六〕。至于進擢之異，待遇之渥，資任之優，選除之遴，簡書之略，蓋不與他司等也。【卷一之一】

此條殘本亦爲卷一之一。按此條既叙沿革，又述職官，輯本與殘本均置於首卷首條之位置，實爲全書之總綱，故今因其内容略爲詳注之，以爲檢閱全書之參考。

〔一〕唐六典卷八注：「武德初置修文館，武德末改爲弘文館。神龍元年避孝敬皇帝諱改爲昭文，神龍二年又改爲修文。景雲二年改爲昭文，開元七年又改爲弘文。自武德、貞觀以來，皆妙簡賢良爲學士。故事，五品以上稱爲學士，六品以下爲直學士，又有文學、直館，並所置學士並無員數，皆以他官領之。儀鳳中以館中多圖籍，置詳正學士校理，自垂拱以來，多大臣兼領。館中有四部書，貞觀初褚無量檢校館務，學士號爲館主，因爲故事。」

又卷九注：「自開元五年於乾元殿東廊下寫四部書以充内庫，乃令右散騎常侍褚無量、祕書監馬懷素總其事，置刊定官四人，以一人判事，其後因之。六年駕幸東京。七年于麗正殿安置，爲修書使。褚、馬既卒，元行冲爲使，尋以張説代之。八年置校理十二人。十二年駕幸東都，於命婦院安置。十三年召學士張説等宴於集僊殿，於是改名集賢殿，修書所爲集賢殿書院。五品以上爲學士，六品以下爲直學士；以説爲大學士知院事，説累讓，玄宗詔許之。其後更置修撰、校理官。」

通典卷二一：「武德初因隋舊制，官吏屬祕書省著作局，至貞觀三年移史館於門下省北，宰相監修，自是著作局始罷史職。及大明宫初成（貞觀八年），置史館於門下省之南。開元二十五年，宰相李林甫監史，以中書地切樞密，記事者宜其附近史館，諫議大夫尹愔遂奏移於中書省北。」

職官分紀卷一五：「唐昭文館隸門下省，史館寓集賢，尚未合爲一；梁貞明中，始以今右長慶門東北小屋數十間爲三館。」

按宋初三館之名，雖沿唐制而實承五代。五代梁末帝時以民居爲三館，至宋朝立國，仍因其舊址；且史館、集賢之名略無變化，惟弘文館因涉宣祖諱，故於建隆元年二月倣唐舊改爲昭文，其餘則一仍五代之傳。參本書殘本卷一之二。

〔二〕「通名之曰崇文院」下四庫館臣原按：「宋李燾續資治通鑑長編云：『太宗初即位，因臨幸三館，即詔有司度左昇龍門東北舊車輅院別建三館，命中使督工徒，晨夜兼作。其棟宇之制，皆親所規畫，自經始至畢功，臨幸者再。太平興國三年二月丙辰朔，詔賜名爲崇文院，西序啓便門以備臨幸，盡遷舊館之書以實之。院之東廊爲昭文書；南廊爲集賢書；西廊有四庫，分經史子集四部，爲史館書。四庫書籍，正副本凡八萬卷。』山堂考索引王巖叟重修祕閣記云：『太平興國二年，命有司度地昇龍門左，三年畢工。』宋史本紀云：『二年九月，幸新修三館；三年二月，以三館新修書院爲崇文院。』諸書所載詳略不同，與此互證悉合。」

按崇文院建置始末，詳見於宋會要職官一八之五〇。其原文如下：「太平興國二年，太宗幸三館，顧左右曰：『是豈足以蓄天下圖書，待天下賢俊邪？』即日詔有司度左昇龍門東北車府地爲三館。命内侍督工徒，晨夜兼作。其棟宇之制皆帝所親授，自舉役車駕凡再臨幸。三年二月丙辰朔成，有司奏功畢，乃下詔曰：『國家聿新崇構，大集群書，宜錫嘉名，以光策府。其三館新修書院宜爲崇文院。』又詔敞園苑，置花木，引溝水以溉之。西序啓便門，以備臨幸。自梁遷汴都，舊制未備，正明中始於今右長慶門東北小屋數十間爲三館，即後廢西館是也。湫隘卑庫，僅庇風雨，周廬徼道，出於其旁，衛士騶卒，朝夕喧雜，每受詔撰述，皆移他所，至是故置焉。院既成，盡遷西館之書，分爲兩廊貯焉。以東廊爲昭文書庫，南廊爲集賢書庫，西廊分經史子集四部爲史館書庫。凡六庫，書籍正副本僅八萬卷。初，乾德中得書萬三千卷，開寶中平吳得書二萬卷，參以舊書爲八萬卷。凡六庫書籍，皆以類相從。是年兩浙錢俶歸朝，遣使收其書籍送館閣，用雕木爲架，以青綾帕幕之，簡册之府，翕然一變矣。是月十六日，帝幸新崇文院，觀群書久之，詔宰相、親王恣其檢閱問難；少頃，召降王劉鋹、李煜至，亦令縱觀。因即中堂宴從臣，盡醉而罷。」長編、玉海、通考暨職官分紀、皇宋類苑、青箱雜記等所載均與此大略相同。

〔三〕宋會要職官一八之五〇：「宋朝從唐制，昭文館、集賢殿置大學士，史館有監修國史，皆宰相兼領；昭文、集賢又置學士、直學士。史館、集賢置修撰。史館有直館、檢討，集賢有直院、校理，崇文院有檢討、校書，皆以他官領之。初，昭文、集賢學士、史館修撰，取最上一員判館、院事，今亦以他官分判。」

容齋隨筆卷一六：「國朝館閣之選，皆天下英俊，然必試而後命，一經此職，遂爲名流。其高者曰集賢殿修撰、史館修撰，直龍圖閣，直昭文館、史館、集賢院、祕閣；次曰集賢、祕閣校理；官卑者曰館閣校勘、史館檢討，均謂之館職。」又四筆卷一：「宋朝儒館，仍唐制有四，曰昭文館，曰史館，曰集賢院，曰祕閣。率以上相領昭文大學士，其次監修國史，其次領集賢；若祇兩相，則首廳兼國史。惟祕閣最低，故但以兩制判之。四局各置直官，均謂之館職，皆稱學士；其下則爲校理、檢討、校勘。地望清切，非名流不得處。」

皇宋事實類苑卷二九並青箱雜記卷三：「昭文館本前世弘文館，建隆中以其犯宣祖廟諱改焉。淳化初，以呂祐之、趙昂、安德裕、句中正並直昭文館，則本朝直昭文館自呂祐之等始也。集賢有直院、校理，端拱初以李宗諤爲集賢校理，淳化初以和嶹爲直集賢院，則本朝直集賢、校理自和嶹、李宗諤始也。史館有直館，有修撰，有編修，有校勘，有檢討。太平興國中，趙隣幾、呂蒙正皆爲直館掌修撰，而楊文舉爲史館編修。是時修撰未列於職，至至道中，始以李若拙爲史館修撰。雍熙中，宋炎爲史館校勘。淳化中，以郭延澤、董元亨爲史館檢討。則本朝直史館、史館編修、史館修撰、史館校勘、史館檢討，自趙隣幾、呂蒙正、李若拙、楊文舉、宋炎、郭延澤、董元亨等始也。本朝三館之外，復有祕閣圖書，故祕閣置直閣，又置校理。咸平初（當從會要等作端拱初）以杜鎬爲祕閣校理，后充直祕閣，則本朝直祕閣、祕閣校理皆自杜鎬始也。」

按上二書所述宋初館職始除之年月，詳見宋會要職官一八之四七、五〇——五一及選舉三一之二四，本書選任、官聯諸篇亦多有載録。又嘉祐四年初置館閣編定書籍官，熙寧二年始置崇文院校書，亦皆爲館職，可參本書卷二之一九及卷三之一〇。

〔四〕歐陽文忠公集奏議集卷一八又論館閣取士劄子：「舊制，館閣取人以三路：進士高科，一路也；

大臣薦舉，一路也；歲月疇勞，一路也。進士第三人以上及第者並制科及第者，不問等第，並祗一任替回，便試館職；進士第四、第五人，經兩任亦得試；此一路也。兩府臣僚初拜，命各舉三兩人，即時召試，此一路也。其餘歷任繁難久次或寄任重處者，特令帶職，此一路也。」（此劄全文見卷三之二一校證〔一〕）

玉海卷一六五：「圖書之府，著作之庭，與夫校文之處，三者各有司存。譬之蓬、瀛、方壺，鼎峙瀛海，臺觀金玉，鄰居往來，而均爲道家山焉。」原注：「舊制，館閣取之以三路：進士高科，大臣薦舉，歲月疇勞。」

宋會要選舉三一之一九：「紹興元年五月二十五日，翰林學士汪藻言：『準尚書省劄子召試館職，其本院條令案牘，昨因渡江，燒毀殆盡。今省記到合行事件：一、試時務策一道；一、試人合避祖宗廟諱，預行告示；一、試前一日進所試題，試官鎖宿；一、試前五日關內侍省差內臣一員，至日監門搜檢；一、告示赴試官預行納家狀，試卷、草紙一關儀鸞司預行排辦帳設；一、試訖實封諮報，送尚書省施行；一、合依例差點檢、録事、手分共四人行遣；一、有省記未盡，乞比附中書門下後省見行召試等條例實行。』從之。」

玉堂雜記卷下：「祖宗試文，多在學士院，近歲惟試館職耳。既得省劄，召某人試，即下太史局擇日，報內侍省差官一員充監門。前一日學士院進策題，候內批『依』，次早乃引試。支左藏庫錢三十緡充餐錢。試畢，録策題並試卷……按祖宗朝館職者，指昭文、集賢、史館之職也，在内多陞修注，出外則爲帶職，凡轉官、奏補，恩數皆厚，故艱其選，必試而後除，亦以限止無能之人。自神宗罷館職，止是祕書省官，與其他職事官無當不當，尚循館職之名；況狀元不試，餘人多徑除著作、丞、郎，所試者校書、正字而已。」

按北宋館職召試之法，至仁宗、英宗時已有廢放之勢，故歐陽修於治平三年十一月所上又論館閣取士劄子中云：「自科場改爲間歲後，第一人及第者須兩任回方得試，自第二人至第五人更永不試，則進士高科一路已塞矣。」至元豐改官制後，崇文院易爲祕書省，所謂召試館職亦僅存具文而已。馴至哲宗元祐三年七月，右正言劉安世始上論館職乞依舊召試狀，大略云：「伏見祖宗初定天下，首辟儒館以育人材，累聖遵業，益加崇獎，處以英俊之地而厲其名節，觀以古今之書而開其聰明。廩食太官，不任吏責，所以成就德器，推擇豪傑，名卿賢相，多出此途，得人之盛，無愧前古。然自近歲以來，寖輕其選，或緣世賞，或以軍功，或酬聚斂之能，或狥權貴之薦，未嘗較試，遂加貼職，漸開僥倖之門，恐非祖宗之意。伏望陛下明詔執政，今後館職，無俾輕授，必求文學行誼有聞於時，詳察其才，實可長育，然後一依近降條例，召試而命。庶使名器漸重，不容幸得，循致其能，以備官使。」又有第二狀云：「臣近嘗奏請今後館職，欲乞並依元立條制召試而授，已奉旨施行。然臣伏覩所降指揮，尚有未盡，輒復論列，庶幾小補。嘗謂祖宗以來，新進入館之人，鮮有不試而命者，惟是搢紳宿望，治效顯著，或累持使節，或移鎮大藩，欲示優恩，方令貼職。今陛下過聽臣言，追復舊制，雖云大臣奏舉到館職並依條召試方得除授，而繼云其朝廷特除者不在此限，則是不問人才之如何，資歷之深淺，但非奏舉，皆可直除，名爲更張，弊原尚在。臣愚欲乞特降指揮，依倣故事，約自轉運使以上資序特除者，方得不用此制，庶能塞僥倖之門，重館閣之選。」其奏狀見於所著盡言集卷一、長編卷四一二及國朝諸臣奏議卷五九。然館職冗濫之弊卒不能盡革，至徽宗時更變本加厲，漸至不可救藥，館職地位一時亦不復爲士大夫所重。

〔五〕省官自監少至正字　「省」字原脱，據本書殘本補。

宋會要職官一八之一：「元豐五年，初以崇文院爲祕書省。」之五：元豐「五年四月二十三日，詔自今更不除館職，見帶館職人依舊如除職事官，校理以上轉一官，校勘減磨勘三年，校書減二年，並罷所帶職。」「四月二十六日，太中大夫龍圖閣直學士判將作監王益柔爲祕書監，奉議郎集賢校理知太常禮院林希爲承議郎行祕書省著作佐郎，宣德郎館閣校勘邢恕（邢恕原誤作林希，據長編卷三二五改）爲祕書省校書郎。祕書監及著作佐郎、校書郎初除，故具載之。正字準此。」

又職官一八之二引神宗正史職官志：『祕書省監，正四品；少監，從五品；丞，從七品；各一人。監掌書籍、國史、天文曆數之事，少監爲之貳，而丞參領之。凡其屬有五：著作郎一人，從七品；祕書郎、著作佐郎各二人，正八品；校書郎四人，正字二人，從八品。開修時政記、起居注，修纂日曆，祭祀祝辭，則著作郎、佐郎主之；刊寫、分貯集賢院、史館、昭文館、祕閣經籍圖書，則祕書郎主之；編輯校定、正其脱誤，則校書郎（原誤作「祕書郎」，據宋史職官志改）、正字主之。

各以其職隸於長、貳，惟日曆非編修官不預。歲於仲夏曝書，則給酒食費，諫官、御史及待制以上官畢赴。遇庚伏，則前期遣中使喻旨，聽以早歸。大典禮則長、貳預集議。國朝待遇儒臣，非他司比。宴設賜予，率循故事。三館、祕閣有學士、判直或修撰、校理、檢討官，多領他司，寓直其中。」宋史職官志同此。

〔六〕宋史卷一六二職官二：「元祐初，復置集賢院校理，自校理而上職有六等，内外官並許帶，恩數仍舊。又立試中人館職法，選人除正字，京官除校書郎。」

宋會要職官一八之七：元祐元年「五月，詔祕書省自有職事官，其舊帶職及今後除授校理以上職並不供職。十月十六日（按長編卷三八九作十月庚寅，爲十月六日；宋會要職官五六之一六作十月四日，選舉三一之三七又作十月十四日。未知孰是），詔應試中館職者，内選人除試正字，改官請俸等並依太學博士法；未陞朝官除校書郎，陞朝官除祕閣校理（「校書郎陞朝官除」七字原脱，據長編及宋會要職官五六補）。正字供職四年除祕閣校理，仍候改寄禄官日除授；校書郎供職二年除集賢校理。祕書郎、著作佐郎比集賢、祕閣校理，著作郎比直集賢院、直祕閣。應校理以上未有兼領職事者，並於祕書省供職輪宿，依舊例給職食錢，並破御厨食；有兼領者，遇本省迎駕起居及議論事，並預。」又職官一八之八：「二年十月十六日，詔祕書丞及三年除祕閣校理。」又通考卷五六：「元祐四年，祕書郎並除陞朝、知縣以上資序人，任滿除集賢校理。紹興初罷校理。」

按：元祐初復置館職及許内外官帶職事，本書屢有提及，而未詳其始末。據宋會要職官五六之一五——一六：哲宗元祐元年「三月（原作『二月』，據長編改）二十八日，詔職事官許帶職，其班序雜壓依執事官；如職高於寄禄官，並以職爲行、守、試。應緣職添支除酒外，餘不給。内尚書非學士除者，更不帶（原作『待』）待制，候二年加直學士；中丞、侍郎、給舍、諫議非待制除者，通及一年加待制。其見任職事官内舊帶待制以上執事者，並還舊職，祇降敕，仍免謝。集賢殿修撰、直龍圖閣、直集賢院、直祕閣、集賢校理、祕閣校理以上職，今後内外官並許帶，除職食錢並理任外，其餘恩數並依官制以前條貫。」長編卷三七三於此詔下有小注云：「此詔不詳誰所建白，亦不詳何意，劉摯、王巖叟有章論諫。」爲便於校對查考，今據長編所載附録劉、王奏章如左：

劉摯言：「臣伏覩近降指揮增復館職，及職事官並許帶職，給諫以上一年帶待制，尚書二年帶直學士。臣竊謂國朝舊制，庶官之外別加職名，所以厲行誼文學之士，高以備顧問，其次與議論，典校讎，得之爲榮，選擇尤遴。自元豐中修三省寺監之制，其職並罷，滿歲外補，然後加恩兼職，常視治行優劣以爲厚薄。除三館歸祕書省爲職事官外，有直龍圖閣，省郎、寺監長貳補外或領監司帥臣則除之；待制、學士職，給諫以上補外則除之；亦繫一時恩旨，非有必得之理。今盡復館閣，而薦試之法未立，校讎之職無與，則是所復虚名而已，朝廷必不甚惜，人亦不以爲重，近日得之者固已衆矣。臣考之僉言，以謂修廢官耶則實無職事，養人才耶則未加選擇，反復不見其便；至給諫以上限年帶職，尤所未喻。且侍從顧問爲職，自祖宗以來極天下之選，不爲定員，今不考治行，不察流品，幸而至給諫以上，則計日而得之。人才不同，一概除授，臣恐自此員品猥衆，無復澄汰，其有行能高妙、治最尤異者，又將何以益之！臣愚欲乞且依元豐官制施行，或詔臣僚講究本末別行裁定，使名器增重，人不虛授，以稱朝廷勸沮多士之意。」

王巖叟言：「臣伏覩近詔，臣踰月於兹反復思之，不得其義。多士紛紜之議不可勝紀，聊採十説以陳於前，惟陛下垂聽，幸甚！説者曰：立此爲法，庶職事官罷日不煩商量，便可令帶出。臣以謂中書自便則可，爲朝廷體要則未安也。不若因其除外易以職名，在主上恩意則新，於臣下寵光亦異。今既平居無事，先以與之，則一日外補，何以施恩？更進則太優，不加則近薄，雖曰美遷，乃如少貶。此不可一也。借如自尚書一年餘罷，則當與之直學士耶，與之待制耶？與之待制則無以别於侍郎，與之直學士則不應今日所立新制。此不可二也。或尚書侍郎而下以罪被謫，於尋常例當落職者，不知止落職事官之職也，並落職名耶？不落職名則與平遷善罷無以異，並職名落則是不問過之輕重，皆當奪兩重職矣。此不可三也。官制以來，由諫議大夫或中書舍人方爲給事中，由給事中方爲侍郎，而御史中丞又在侍郎之上，其爲等差如此。今一年之後而合爲待制，則等差紛紛，莫可辨矣。此不可四也。昨有自尚書除御史中丞者，豈可一年之後亦止加待制？與待制則爲降官，與直學士則爲亂法。舊制知雜御史乃今侍御史，其於中丞相去甚遠，猶有不歷月踰時或纔滿歲遂遷待制者；今爲中丞一年方得待制，是今中丞反輕於前日之知雜侍御史也。舊制知制誥乃今中書舍人，自居待制之上，次遷當爲翰林學士，其或遷學士，雖至於侍讀學士，若不爲權三司使及權知開封府，皆不爲美遷；今一年後乃得加待制，是今日中書舍人亦輕於前日之知制誥也。又既爲中書舍人，以典制誥爲職事，其於侍從，最爲清近，豈須更帶待制？此不可五也。六曹之官，容以衆材並進，或以財穀稱，或以刑法用，使爲尚書侍郎則可，使兼學士、待制則不可；不然，名品混淆而清濁一流矣。此不可六也。從來以寄禄官爲行、守、試，則試者多而行、守少；加職之後，以職爲行、守、試，則試者少而行、守多，暗升資格，陰益俸錢，而陛下不知。此不可七也。官制以前，尚書、侍郎類爲叙遷之官，故更以帶職爲寵；官制已後，以階爲寄禄，而尚書以下實行其職，故自以職事官爲重，恩數之優非昔日比，無消加職之理。豈可已專官制之重職，又兼舊制之崇名？此不可八也。人主之所以厲世磨鈍，屈天下英雄之心俱入於中者，惟名與器而已，故美名重器，必使有難得之勢，則人以得爲榮，以榮爲勸；若予之不加重，不予不加輕，歲月所積，例以授之，則鄙夫以苟得自矜，而高材以同受爲恥矣。此不可九也。待制職備顧問，非學術該明，議論雅正，誰宜爲之！祖宗之世，其選最清，出入朝廷，纔一二人而已，故當時人人皆以爲貴。今乃立法無有定員，將一年之後，待制滿朝，必有斗量車載之謡，以玩陛下名器。此不可十也。方陛下修明法度、齊正典章之時，而官制職名參錯如此，臣以爲終不可以並行。伏望聖慈特詔輔臣，別加講議，裁定歸一，適於至當，庶行之當世而無礙，垂之將來而可久。」貼黄：「唐室中間，清職要官失於冗濫，故時人爲之語曰：『補闕連車載，拾遺平斗量，把椎侍御史，椀脱校書郎。』至今以爲笑談。臣誠恐明年以後，待制太多，天下之人亦生輕侮，在陛下清明之朝，不可不謹也。」

如右録劉、王所言，則元祐中許内外官帶職事弊病甚多，故至紹聖初即有罷改。宋會要職官一八之一三：紹聖二年「四月，詔職事官罷帶職，非職事官仍舊許帶。易集賢院學士爲集賢殿修撰，直集賢院爲直祕閣，集賢校理爲祕閣校理，見帶職人並改正。」

端拱元年五月辛酉，詔置祕閣于崇文院中堂。〔二〕按六典：祕書省中外三閣，掌典圖書古今文字，皆在禁中。兩漢或徙金馬門外，歷代不常其處。唐季亂離，中原多故，儒雅之風，幾將墜地。故百王之書，蕩然散失，蘭臺延閣，空存名號。上崇尚儒術，屢下明詔，訪求羣書，四方文籍，往往而出，未數年間，已充牣于書府矣。至是，乃于史館建祕閣，仍選三館書萬餘卷以實其中，及内出古畫、墨跡藏其中。凡史館先貯天文、占候、讖緯、方術書五千十二卷，圖畫百十四軸，盡付祕閣。有晉王羲之、獻之、庾亮、蕭子雲、唐太宗、明皇、顔真卿、歐陽詢、柳公權、懷素、懷仁墨跡，顧愷之畫維摩詰像，韓幹馬，薛稷鶴，戴崧牛，〔二〕及近代東丹王李贊華千角鹿，西川黄筌白兔，亦一時之妙也〔三〕。【卷一之二】

〔一〕「中堂」下四庫館臣原按：「續通鑑長編：『端拱元年五月辛酉，置祕閣於崇文院，分三館之書萬餘卷以實其中。命吏部侍郎李至兼祕書監，右司監直史館宋泌兼直祕閣，右贊善大夫史館檢討杜鎬爲校理。』」參校證〔三〕。

〔二〕戴崧牛「崧」原作「松」，據宋會要改。見校證〔三〕。

〔三〕本條文字，見於宋會要職官一八之四七。其原文如下：「太宗端拱元年五月，詔就崇文院中堂建祕閣，擇三館真本書籍萬餘卷及内出古畫墨跡藏其中。凡史館先貯天文、占候、讖緯、方術書五千一十二卷，圖畫百四十軸（「百四十」之數疑誤，玉海卷一六三端拱祕閣條注引會要之文亦作「百十四」，與本書合；然玉海卷二七引實録之文作「百四十」），盡付祕閣。有晉王羲之、獻之、庾亮、蕭子雲、唐太宗、元宗（即玄宗）、顔真卿、歐陽詢、柳公權、懷素、懷仁墨跡，顧愷之畫維摩詰像，韓幹馬，薛稷鶴，戴崧牛，及近代東丹王李贊華千角鹿，西川黄筌白兔（「筌」原誤「鷹」，據本書改），亦一時之妙也。是月，以吏部侍郎李至兼祕書監及提轄祕閣供御圖書，直史館宋泌兼直祕閣，史館檢討杜鎬充校理。此蓋設官之始也。案六典：祕書省中外三閣，掌典圖書古今文字，皆在禁中。兩漢或徙金馬門外，歷代不常其處。唐季亂離，中原多故，百王之書蕩盡，蘭臺延閣，空存名號。太宗崇尚儒術，屢下詔購書及先賢墨跡，小則償以金帛，大則授官，未數年間，充牣書府。至是建閣，命專官領之。自後常以丞、郎、學士兼祕書監，即領閣事。」

按：文中所引唐六典事，參見下條校證〔二〕。隋書經籍志：「魏氏代漢，採綴遺亡，藏在祕書，中外三閣」；玉海卷五二引文選注晉令曰：「祕書郎掌中外三閣經書。」可以互參。又金馬門爲漢代宮門。史記滑稽列傳：東方朔「時坐席中，酒酣，據地歌曰：『陸沈於俗，避地金馬門。』宮殿中可以避世全身，何必深山之中，蒿廬之下！」金馬門者，宦署門也，門傍有銅馬，故謂之金馬門。」蓋漢代徵召之士皆待詔公車，惟才學特優者始令待詔金馬門。後世因以「金馬玉堂」稱翰林院。

又北宋祕閣儲藏，自太宗末至徽宗初百餘年間已多散佚。皇宋事實類苑卷五二引蓬山志亦載本條事，而於「一時之妙也」下又云：「今懷仁墨跡、維摩詰像、韓馬、薛鶴皆不存，考之積年，舊籍亦不復載。大中祥符八年榮王宮火，延燒祕閣，然則書畫豈亦有亡逸耶？祕書省請以祕閣所藏墨跡未經太宗朝摹刻者刊於中，有旨，從之。至建中靖國元年四月二十二日，内出緡錢十五萬趣其工，以八月旦日畢，釐十卷上之。」其下又載前世名家名畫云：「東丹王，名突欲，阿保機之長子也。唐同光中從其父攻勃海扶餘城，下之，改爲東丹國，以突欲爲東丹王。保機死，其母立其次子突數，欲自以失位，且畏逼，遂歸中國。唐明宗賜姓李氏，名贊華，出鎮華州。贊華尤工畫，歸朝，載書數千卷自隨，亦能爲五言詩。其子尤欲亦善丹青。千角鹿出塞外，觀其所畫，誠妙筆也。五星二十八宿真形圖卷，首題梁令瓚姓名，而以箕宿爲風星，蓋避明皇諱也。此號不知畫者爲誰，要是唐人妙筆耳。然經星惟有十二宿，初疑亡去其餘，徐觀其用筆次第，所畫至是而止耳。昔吴道子畫壁，下筆未盡處，後之人終莫能繼，豈妙於藝者當嗇其巧而不欲盡也？傅古龍用筆簡勁，雖拆縑敗裂，而神氣活動，曾不少虧。牧羊圖品格灑落，皆妙作也。比於下庫故畫中得之，因加整治，藏之閣上。牧羊圖乃曾氏子以罪籍没，然驗其印記，蓋太平興國初禁印所蓄也，不知外人何自得之。千角鹿、五星二十八宿真形圖、傅古龍、牧羊圖，崇寧四年八月有旨，取入内留之。」又後山叢談卷四亦云：「祕閣畫有梁令瓚五星二十八宿圖，李公麟謂不減吴生婦女，疑蜀手也。」此皆可反映北宋末祕閣儲藏情況。鐵圍山叢談卷五徽宗末藏書畫條亦具載其事。

淳化元年八月〔一〕，李至等言：「王者藏書之府，自漢置未央宮，即麒麟、天禄閣在其中。命劉向、揚雄典校，皆在禁中，謂之中書，即内庫書也〔二〕。東漢藏之東觀，亦在禁中也。至桓帝，始置祕書監掌禁中圖書祕記，謂之祕書。及魏分祕書爲中書，而祕書監掌藝文圖籍之事。後以祕書屬少府〔三〕，故王肅爲祕書監，表論不應屬少府，以爲魏之祕書即漢之東觀，因是不屬少府。而蘭臺亦有所藏之書，故薛夏云蘭臺爲外臺，祕書爲内閣。然則祕閣之書，藏之於内明矣。晉、宋以還，皆有祕閣之號，故晉孝武好覽文藝，敕祕書郎徐廣典祕書閣，輯四部三萬餘卷；宋謝靈運爲祕書監，補祕閣之遺逸；齊末兵火延燒祕閣，經籍遺散；梁江子一亦請歸祕閣觀書；隋寫祕閣之書，分爲三品，於觀文殿東西廊貯之。然則祕閣之設，其來久矣。及唐開元五年，亦於乾元殿東廊寫四庫書以充内庫，命散騎常侍褚無量、祕書監馬懷素總其事。至十三年，乃更爲集賢殿，因置集賢書院。雖沿革不常，然祕閣之書皆置於内也。自唐室陵夷，中原多故，經籍文物，蕩然流離，近及百年，斯道幾廢。國家承衰弊之末，復興經籍，三館之書，訪求漸備。館内復建祕閣，以藏奇書，總羣經之博要，資乙夜之觀覽，斯實出於宸心，非因羣下之議也。況睿藻宸翰，盈編積簡，則其奥祕，非復與羣司爲比。然自建置之後，寒暑再周，顧其官司，未詳所處。乞降明詔，令與三館竝列。至於高下之次，先後之稱，亦昭示明文，著爲定式。其祕書省既無書籍，原隸京百司，請如舊制。」詔曰：「朕肇興祕府，典掌羣書，仍選名儒，入直於内。文籍大備，粲然可觀，處

【卷一之三】

中禁以宏開，非外司之爲比。自今祕閣宜次三館，其祕書省依舊屬京百司。」〔四〕

此條殘本爲卷一之七。

〔一〕淳化元年八月　「淳化元」三字原作「端拱二」，誤，據宋會要職官一八之四七及長編卷三一、玉海卷一六三等改。長編、玉海均載在八月癸亥，與會要作八月二十一日合；本書卷四之一亦載祕閣「淳化元年詔次三館」。參本條校證〔四〕。殘本此條亦繫於端拱二年，疑係本書宋本誤書，今並改正。

〔二〕謂之中書　「謂之中」三字原脱，詞意不完，據宋會要及皇宋事實類苑卷三一所引蓬山志補。會要之文見下。

〔三〕後以祕書屬少府　「後」原作「初」，據宋會要及本書殘本改。

〔四〕按本條内容，均見於宋會要職官一八之四七——四八，文字小有出入；長編卷三一亦有節録，而與會要又有所不同。今録會要原文如下：淳化元年「八月二十一日，李至等言：『王者藏書之府，自漢置未央宮，即有麒麟、天禄閣，命劉向、揚雄典校，謂之中書，即内庫書也。後漢藏之東觀，皆在禁中也。至桓帝時，始置祕書監掌禁中圖書祕記，謂之祕書。及魏文帝分祕書爲中書，而祕書監掌藝文圖籍之事。後以祕書屬少府，故王肅表論祕書不應屬少府，魏之祕書即漢之東觀，因是不屬少府。而蘭臺亦藏書，故薛夏（卿）云蘭臺爲外臺，祕書爲內閣。晉、宋以還，皆有兹號。晉〔孝〕武好文，令祕書郎徐廣料祕閣，四部三萬餘卷。宋謝靈運爲祕書監，補其遺逸。遭齊兵火，經籍散亡，梁江子一亦請歸祕閣觀書。隋煬帝即位，寫祕閣之書，分爲三品，於觀文殿東西廊貯之。然則兹閣之設，其來尚矣。及唐開元五年，亦於乾元殿東廊寫四庫書以充內庫，命散騎常侍褚無量、祕書監馬懷素總其事。至十三年，乃以集僊殿爲集賢殿，因置集賢書院。雖沿革不常，而祕閣之書，皆置之於內也。自唐室夷陵之後，經籍文物，流離百年。國家承平，復興經籍，三館之書，購求漸備。陛下復建祕閣，以藏其書，總羣（原誤作「郡」）經之博要，資乙夜之觀覽，斯實出於宸心，非因羣下之議也。況睿藻宸翰，盈編積簡，則其奧祕，非復與羣司爲比。然自建置之後，寒暑再周，官司未詳所處。乞降明詔，令與三館並列。至於高下之次，先後之稱，亦乞著爲定式。其祕書省既無書籍，元隸京百司，請如舊制。』詔：（下同本書，略）。」本書殘本所載，字句與輯本及會要亦互有異同。

按：李至奏言中所述前代藏書制度，大致據唐六典卷十祕書省條注文節括而成，有關事實可並參隋書經籍志總序、玉海卷五二及三國志卷一三王肅傳注附魏略薛夏傳、晉書卷八二徐廣傳、宋書卷六七謝靈運傳、梁書卷四三江子一傳等。歷代祕閣之設，可參玉海卷一六三晉三閣、魏三閣、晉祕書閣、晉祕閣、唐祕書閣、唐祕閣諸條。

【卷一之四】

淳化三年五月，詔增修祕閣。先是，度崇文院之中堂爲祕閣之址，而層宇未立，書籍止置偏廳廡内。至是，始修之。八月閣成〔一〕。景德四年五月，詔分内藏西庫地廣祕閣〔二〕。

〔一〕「八月閣成」下四庫館臣原按：「玉海：淳化三年五月增修祕閣，八月閣成。戊辰，賜宰臣李昉以下及三館宴賜詩美之。」

按宋會要職官一八之四八具載其事云：淳化「三年五月，詔增修祕閣。先是，度崇文院之中堂爲祕閣址，而層構未立，書籍止扃偏廳廡内。至是，始命修之。八月閣成，帝作贊賜之，宰相李昉等請刻石閣下。李至上表，引唐祕書省有薛稷畫鶴，郎餘令畫鳳，賀知章草書，當時目爲三絶。又引顔真卿請肅宗題放生池碑額及近翰林學士承旨蘇易簡乞飛白書『玉堂之署』爲比，願賜新額，以光祕府。詔中書、樞密院近臣觀新閣。又賜上尊酒，大官供膳。是日，遣中使賫飛白書『祕閣』二字以賜李至，李昉等相率詣便庭稱謝。退就飲宴，三館學士預焉。又賜御詩以美其事。李至上表，請以御製贊刻石祕閣。帝以宰臣前已陳請，又重違至意，詔曰：『近以延閣載新，萬機多暇，聊書贊詠，以美成功。所紀徽猷，深虞漏略，出於乘輿，豈足多稱。遽覽封章，願刊穹石，垂於不朽，良積厚顏。其贊並序，朕兼爲親書並篆額，以旌祕書省。』」玉海卷一六三所載與會要約略相同。又夢溪筆談卷二四：「内諸司舍屋，惟祕閣最宏壯。閣下穹隆高敞，相傳謂之『木天』。」鐵圍山叢談卷一：「祕閣以盛大一時，目之爲『木天』也；中更天聖之後再立，視舊亦甚偉。」

〔二〕「廣祕閣」下四庫館臣原按：「續通鑑長編引宋敏求東京記曰：『國初置景福内庫，太平興國三年改名内藏；相對有封椿庫，景德四年賜名内藏西庫。』據此書則賜名當在五月以前。」今按宋會要食貨五一之一：「景德四年四月，内藏庫言：準宣，以新衣庫充封椿庫，乞別賜名及置庫兵。詔以内藏西庫爲額。」又長編卷六五：景德四年四月「壬辰，徙新衣庫，以其地爲内藏西庫。物羨溢故也。」此爲内藏西庫賜名之確切日期，較以其地廣祕閣僅差一月。其地在祕閣後，參見本卷第六條校證〔三〕。

按：關於内藏庫的來歷，長編卷一九考證甚詳，然實際仍存兩説。李燾據國史食貨志，謂内藏庫乃太平興國三年十月分左藏北庫而爲之，又改所屬封椿庫爲景福内庫；宋敏求則可能據國史職官志，謂内藏庫由景福内庫改名而來，又別有景福殿庫隸之。今查宋會要（同上）：「内藏庫，太宗太平興國三年十月置，在銀臺門外，又有西庫景福庫隸焉。常度歲計餘積供邦國之用，以諸司使副、内侍置爲監官，或置都監，別有内侍一人爲點檢。」又引真宗語云：「太祖以來有景福内庫，太宗改名内藏庫。」所記與李、宋之言各有相合之處。疑景福内庫原屬左藏北庫，太平興國三年分立而爲内藏庫，同時易封椿庫之名爲景福内庫。附識於此。

省舍

大中祥符七年二月，徙起居院〔一〕。爲禮儀院故也〔二〕。【卷一之五】

〔一〕「徙起居院」下四庫館臣原按：「宋史太宗本紀云：淳化五年四月『置起居院，初復起居注。』職官志云：『舊置起居院，命三館校理以上修起居注。』俱未詳初置何地。」今按：據宋會要職官二之二〇及長編卷三五，起居院原置禁中。參本書殘本卷三之一八校證〔一〕。又，此處「徙起居院」下疑脱「於三館」三字，見校證〔二〕。

〔二〕「爲禮儀院故也」下四庫館臣原按：「玉海：『大中祥符六年八月，徙起居院於三館，以起居院詳定所爲禮儀院。』又宋史禮志云：『真宗置詳定所，命執政、翰林禮官參領之，尋改爲禮儀院。』二書所記並可證合此條，惟此條與玉海年月稍異。」

按：長編卷八一：大中祥符六年八月庚午，「改起居院詳定所爲禮院，以兵部侍郎趙安仁、翰林學士陳彭年同知院事。初置詳定所，即命陳彭年領之，彭年時修起居注，故就起居院置局，於是徙起居院於三館。」（原注：「詳定所自元年四月置，於是改名禮儀院。」）卷八二：大中祥符七年二月庚辰，「以參知政事丁謂判禮儀院，翰林學士陳彭年知院。兵部侍郎趙安仁初與彭年同知院，於是罷之，餘官悉罷，止命謂及彭年二人。凡禮儀院揭榜、刻印、移文他局，並以銀臺司爲準，制度文物及祭祀所用有未合禮者悉令裁定，內外書奏中書禮房所掌者盡付之諸司，職務相涉者咸得統焉。」據所載，陳彭年初以修起居注同知禮儀院事，至七年二月始專領院職。故疑起居院徙三館雖在六年八月定議，其實際施行却在翌年二月。本書此處所載年月或不誤，但於「徙起居院」下當有「於三館」諸字。

大中祥符八年，榮王宮火，焚及崇文院〔一〕，命翰林學士陳彭年檢討建置館閣故事。彭年言：「唐中書、門下兩省，宮城之內有內省，宮城之外有外省。今欲據祕閣舊屋宇間數，重修爲內院，奉安太宗聖容及御書額，置供御書籍、天文禁書、圖畫，其四廊竝充書庫及史館日曆庫，至館閣直官、校理宿直；校勘及抄寫書籍、雕造印版，竝就外院，即於左右掖門外近便處修蓋，仍別置三館書庫。其三館書籍名目，候將來分擘正副本，取便安置。」從之。上以內廷火禁甚嚴，而館閣羣臣更直寓宿，寒沍之月，飲食非便，因命有司檢討故事而行之〔二〕。崇文外院既置於左右掖門外，遂以舊地還內藏〔三〕。

【卷一之六】

〔一〕長編卷八四：大中祥符八年四月「壬申，榮王元儼宮火，自三鼓至翌日亭午乃止，延燒內藏、左藏庫、朝元門、崇文院、祕閣。是日，上爲信都郡王德彝制服發哀，群臣進名奉慰，不及成禮，王旦等請對於内東門之便殿。上曰：『祖宗所積，朕不敢妄費，一朝殆盡，誠可惜也。』旦等曰：『陛下富有天下，財貨不足憂慮，政令賞罰，有所不當耳。臣等備位宰輔，天灾如此，謹當罷斥。竊聞主藏者收救錢帛，諸班軍校皆勠力争前，人百其勇。』上曰：『朕所憂者，惟軍儲爾。錢帛所傷不多，至於大禮賞給，亦可以漸至，若軍儲不足，須至累民，此朕所甚憂也。』遂下詔罪己，令文武百官上封論事，無或隱蔽。」

〔三〕長編卷八四：大中祥符八年五月「壬辰，詔於右掖門外創崇文外院，别置三館書庫。時宫城中嚴火禁甚峻，上以羣臣更直寓宿，寒沍之月，飲食非便，乃命翰林學士陳彭年檢唐故事而修復之。」

宋會要職官一八之五二：大中祥符「八年五月，翰林學士陳彭年言：『唐制，中書、門下兩省、宫城之内有内省，宫城之外有外省。今請據祕閣舊定屋數重修，奉安太宗聖容、御書、供御書籍、天文、圖畫，四廊並充書庫及史館日曆庫，直館、校理宿直；校勘、抄書籍、雕造印版，並就外院。其外院即於左右掖門外就近修蓋，别置三館書庫。其三館書籍名目，候將來分擘正副本，取便安置。』從之。時宫城中嚴火禁甚峻，臣僚寓宿寒沍，飲食非便，因命有司檢討故事而改之。天禧元年八月，詔崇文院以三館爲額。」據此，本書此處所載「館閣直官」上之「至」字，當是衍文或誤字；而「並就外院」下，當有「其外院」三字。

按：會要及本書謂置崇文外院於左右掖門外，長編謂置右掖門外，而會要下文又云置左掖門外，各處所載疑有牴牾。參見本卷第八條校證〔一〕。又左右掖門，乃指宋東都大内之南宫門。宋會要方域一之二：「大内據闕城之西北，宫城周回五里。」「南三門：中稱宣德——梁初曰建國，後改咸安，晋初曰顯德，又改明德，太平興國三年七月改丹鳳，九年七月改乾元，大中祥符八年六月改正陽，景祐元年正月改今名。」東曰左掖，西曰右掖，乾德六年正月賜名。」

〔三〕按：祕閣侵還内藏西庫地事，皇宋事實類苑卷三一引蓬山志有較詳記載。其文如下：「淳化三年五月，詔增修祕閣，八月閣成。景德四年五月，以其迫隘，詔分内藏西庫地廣之。大中祥符八年四月，榮王元儼宫火延燒，而閣後所廣地復爲内庫所有，建大墻以限之。其後以直舍狹隘，數請侵地於内庫，主者所吝，乃詔以大慶殿東廊二十間給崇文院，復以地不方正而格其詔。案其地即殿前都點檢廨舍，太祖龍興於此，國初爲車輅庫，今西京記所謂和鑾門内有車輅庫是也。故前詔稱『車府』焉。」

天聖中〔一〕，祠部員外郎直集賢院謝絳言：「唐室麗正、史官之局，並在大明、華清宫内。太宗肇修三館，更立祕閣於昇龍門左，親飛白題額，作贊刻石於閣下。景德中，圖書寖廣，大延天下英俊之士，乃益以内帑西庫。二聖因數臨幸，親加勞問，遞宿廣内，有不時之召。人人力道術，究藝文，知天子尊禮甚勤，而名臣高位繇此其選也。往者延燔之後，簡編略盡，訪求典籍，是正疑文，而筆工坌集，有司引兩省故事，別創外館，以從繕寫攷校之便。然直舍卑喧，民欄叢接，大官衛尉，供擬滋削，非先朝所以隆儒育才之本意。願開内館，以恢景德之制。」從之〔二〕。【卷一之七】

〔一〕「天聖中」，玉海卷四九作天聖九年，國朝諸臣奏議注作天聖八年。考謝絳天聖五年以太常博士祕閣校理兼國史院編修官，八年六月以三朝國史成而遷官；三館還内係從直集賢院謝絳之請，時在翌年十一月（見下條），故謝氏上奏年份或當以玉海所載爲是。

〔二〕按：本條所録謝氏奏狀全文，見於國朝諸臣奏議卷五九，題上仁宗乞開内館恢復景德之制。所載於「非先朝所以隆儒育才之本意」下，尚有如下文字：「陛下未嘗迂翠蓋，降玉趾，寥寥册府，不聞輿馬之音曠有日矣。議者以謂慕道不篤於古，待士稍損於前，士無延訪之勤，而因循相尚，不自激發，文雅漸弊，竊爲聖時惜也。」下接「願開内館」句。

按：謝氏奏狀中所稱唐麗正、史官之局，當指唐西京、東京諸集賢院及史館。玉海卷一六七引集賢注記並唐會要：「京師集賢院　開元十一年分置此院大明宫光順門外，院内東西八十步，南北六十九步，院中有仰觀臺，即一行師占候之所。　東都集賢院　明福門外大街之西，對武成宫，東西四十一步，南北五十八步，開元十三年三月始移書院於此，西向開門。華清宮集賢院，二十八年造，在宮北横街西羽林仗院，院内東西四十八步，南北五十步。興慶宮集賢院，二十四年駕幸東都，張九齡遣魏光禄先入京造此院，在和豐門横街之南，鄰中書省，院東西二十三步，南北三十步。」新唐書百官志：「開元五年置乾元院，六年更號麗正修書院；十一年置麗正修書學士，光順門外亦置書院；十二年（唐會要作十一年），東都明福門外亦置麗正書院。」又唐會要卷六三：「及大明宮初成，置史館於門下省之南。」以上並參本卷第一條校證〔一〕。

天聖九年十一月，徙三館於左昇龍門外〔一〕。嘉祐四年，還崇文院于禁中。内藏庫請以前十三間與三館，詔從之〔二〕。元豐六年，復以還内藏庫。元祐二年，既復置館職，在省凡二十餘員〔三〕，遂以大慶殿中朝服法物庫與内藏庫，而嘉祐所廣十三間復以歸祕書省，於是遂定〔四〕。【卷一之八】

〔一〕宋會要職官一八之五二：天聖九年「十一月八日，詔徙三館於崇文院。舊在左掖門内、左昇龍門外，前則三館，後構祕閣，分藏羣書。自大中祥符八年宮城延燔（「八年」原誤「四年」，「延」原誤「廷」），以寫録編籍，權從左掖門外道北（「從」當作「徙」）。至是，仁宗以逼近市囂，非多士討論之所，命還舊所焉。」（原注：「時大臣有表賀者，以優詔答之。」）

長編卷一一〇：天聖九年十一月「辛巳，徙三館於崇文院。先是，三館、祕閣在左掖門内、左昇龍門外。大中祥符八年大内火，權寓右掖門外。至是，修崇文院成，復徙之。昭文館大學士呂夷簡奉表稱謝。」按：所載三館權寓之所，與會要有左、右掖門之異。

〔二〕「詔從之」下四庫館臣原按：「原本以此上四十二字分置大中祥符八年條後，此下『元豐六年』至『於是遂定』句錯接前條『從之』句下，今據文義移正。」

按：此處「嘉祐四年」以下文字當仍有錯訛。考崇文院大中祥符八年四月延燔，五月於左右掖門外權置崇文外院，天禧元年八月崇文外院改稱三館，天聖九年十一月以重修崇文院成，遂以三館還舊所，已俱見本篇以上諸條。又據宋會要職官一八之五三：嘉祐四年「九月，詔以内藏西庫地還崇文院。」則本書此處所載當僅爲地基調配之事，而不涉崇文院之遷還。故疑行文應作「嘉祐四年，還崇文院以禁中内藏西庫地，内藏庫請以前十三間與三館，詔從之。」詳參本條校證〔四〕所引蓬山志之文。

又，四庫館臣改移原文順序，似亦欠妥。考大中祥符八年條末句謂以崇文院「舊地還内藏」，則下接三館徙故址，再請内藏歸還舊地，正順理成章，於文義並無齟齬。惟下條「天聖中謝絳言」云云，插入天聖九年或嘉祐四年後，似覺唐突。疑謝絳奏狀原爲「天聖九年十一月徙三館於左昇龍門外」之注文，而後世傳抄混入正文，遂致文義淆亂。録以備考。

〔三〕按元祐間復置館職事詳見卷一之一校證〔六〕，事在元祐元年；此處以言二年事而連帶所及，故不復詳標始復時日。其「二十餘員」名數未詳。

〔四〕按本條所載嘉祐以後崇文院侵還内藏西庫地之事，皇宋事實類苑卷三一引蓬山志所載亦較本書爲詳。其文如下：「景德四年五月，詔分内藏西庫地廣祕閣。大中祥符榮王宮火延燔，詔制（當作「置」）三館於左右掖門外，以爲崇文外院，乃以其地歸内帑。天聖九年十一月，復三館於崇文院，其直舍未暇增修。至嘉祐四年，差官編校館閣書，朝廷復以内帑屋三十間還崇文。自後書庫、直舍方具。元豐五年，改崇文院爲祕書省，内帑復請其地。六年十二月，詔以前所得屋三十間歸之。哲宗朝，又詔内帑復祕書，仍以朝服法物庫給與之，以充所取之數。本省尚慮他時復有侵紊，則有司復先其所守，奏乞定爲永久之制。有詔可之。」按所載内藏西庫地交涉屋數作「三十間」，與本書作「十三間」不同，疑當從蓬山志。

又「大慶殿中朝服法物庫」，「大慶殿中」疑當作「大慶殿後」。宋會要食貨五二之一六：「朝服法物庫，太平興國二年置。分三庫，一在大慶殿後，一在右掖門内北廊，一在正陽門外西廊。掌百官朝服、諸司禮衣、儀仗，以諸司使、副使、三班内侍三人監。」

政和中，新作明堂于皇城之東隅，遷左藏庫于天漢橋之東北。又度地於端門之東南，馳道之左、横街之南爲祕書省〔一〕。方棟宇未成，遷祕書省于西府之空位。空位二相屬，前位居省官與祕閣四庫之書，古畫、器物咸在；後位爲著作局編修會要所。宣和三年，新省成〔二〕。櫺星門東向，在景靈宫東北門少西；殿門南向，中爲右文殿。殿之後爲道山堂，堂之後爲監、少直舍。直舍之後爲著作局，局有廳，有直舍、書庫吏舍，周以兩廡。右文殿東廡便門之東，祕閣在焉。祕閣之後爲提舉官廳事，廳事之後爲提舉官直舍，直舍之後爲編修會要所，書局旋罷，不果入。祕閣之南爲丞、郎直舍，直舍之南爲提舉三館祕閣官廳事，周以四廡，校、正直舍與吏舍、書庫等在焉。朱碧輝焕，棟宇宏麗，上鄰清都，爲京城官府之冠〔三〕。【卷一之九】

〔二〕宋會要職官一八之一七——一八：政和「五年四月八日，上詣景靈宫朝獻，還幸祕書省。詔曰：『延見多士，歷覽藏書之府，典謨訓誥與祖宗遺文皆在，又以館天下之儒學，而屋室淺狹，上漏旁穿，若不足以容，甚非稱太平右文之盛。可令書藝局重行修展。』」「八月十二日，詔祕書省移於他所，以其地爲明堂。」

長編紀事本末卷一二五：政和五年「八月癸卯，詔修建明堂布告大廷，依大禮例奏告天地、宗廟、社稷、宫觀、諸陵及五岳四瀆等。己酉，詔祕書省移他所，以其地爲明堂。杭州觀察使陳彦言：『明堂基宜正臨丙方稍東，方以據福德之地。』故有是詔。」

鐵圍山叢談卷一：「政和五年，因建明堂，有旨，徙祕書省出於外，在宣德門之東，亦古東觀類。」

玉海卷一二一：政和五年「八月十二日，詔以祕書省地爲明堂，遷祕書省於新左藏庫。」

按：天漢橋，俗稱州橋，爲宋時東京城内汴河十三橋之一，見東京夢華録卷一河道條。又端門乃東京皇城之南門。宋會要方域一之二〇——二一：「皇城，隋曰太微城，亦號南城，宮城之外夾城。南面三門，中曰端門，北對五鳳樓，南對定鼎門，東曰左掖，西曰右掖。」

〔二〕宣和三年新省成　「三」疑當作「二」。玉海卷一二一：「宣和二年九月新省成，十二月詔王安中撰記。」宋會要職官一八之二一：宣和二年「十二月二十二日，守侍御史張申奏：『臣竊觀祕書新省宏壯華麗，乞詔鴻儒撰述記序，刻之翠琰，特頒宸翰，賜以名額。』詔差王安中撰。」

〔三〕東京夢華録卷二：「宣德樓前左南廊對左掖門，爲明堂頒朔布政府。祕書省右廊南對右掖門。近東則兩府八位，西則尚書省。御街大内前南去，左則景靈東宮，右則西宮。」

又夢粱録卷九：「祕書省在天井坊之左。東都建於禁中，紹興間以殿司寨基建。省有殿，扁曰右文之殿。祕閣在殿後，專奉御書製書畫古器等。兩廡則累朝制書石刻（「制」當據南宋館閣録作「御」）。國史實録院在殿東，提舉官閣在殿西。道山堂在閣後；東西二閣監、少之位，丞簿館職閣列於兩廊堂之前。著作之庭在堂後，有小軒，置石刻東坡畫竹於中。西有四閣，著作、著佐之位。國史日曆所在著作庭東廡，有汗青軒；編纂會要所在著作庭西廡。日曆、會要庫，經史諸子書籍庫，共七庫，俱列於殿外東西兩廡。書列庫在著作庭之右。後圃有羣玉堂，以東坡畫竹真跡爲屏。有蓬萊亭，前爲鑿池，度以石橋，池上叠石爲山。又有亭者六，扁曰芸香、席珍、方壺、含章、茹芝、繹志。次有射圃矣。含章亭後有渾儀基，乃太史推占星象之用也。敕令所在侍郎橋南，專爲詳定編修諸司敕令，蓋謹法度、廣賢才耳。」此南宋祕書省建制之大略，可與本書所載互參。詳見南宋館閣録卷二省舍門。

儲藏

淳化元年七月，以御製祕藏詮十卷，逍遥咏十一卷，祕藏諸雜詩賦十卷〔一〕，佛賦一卷，幽隱律詩四卷，懷感一百韻詩四卷，懷感迴文五七言一卷，凡四十一卷，藏於祕閣〔二〕。【卷一之一〇】

此條殘本爲卷二之五。

〔一〕「十卷」下四庫館臣原按：「原本脱此二句，今據玉海增入，方符四十一卷之數。」今按殘本不脱。

〔二〕懷感一百韻　「懷感」原作「感懷」，據玉海卷二八及本書殘本乙正。下述迴文詩亦冠以「懷感」二字。

宋會要職官一八之四七：「淳化元年七月，内降御草書詩十首、故實二紙，又出御製詩文凡四十一卷，並藏於閣上。」

淳化三年九月，幸新祕閣〔一〕。帝登閣，觀羣書齊整，喜形于色，謂侍臣曰：「喪亂以來，經籍散失，周孔之教，將墜于地。朕即位之後，多方收拾，抄寫購募，今方及數萬卷，千古治亂之道，竝在其中矣。」即召侍臣賜坐命酒，仍召三館學士預坐。日晚還宮，顧昭宣使王繼恩曰：「爾可召傅潛、戴興，令至閣下，恣觀書籍，給御酒，與諸將飲宴。」潛等皆典禁兵，帝欲其知文儒之盛故也〔二〕。他日，又詔侍臣曰：「邇來武人子孫，頗有習儒學者，蓋由人所好耳。」呂蒙正曰：「國家褒待文士，爵禄非輕，故人人自勸，乃聖化所及。」〔三〕

【卷一之一二】

〔一〕「九月幸新祕閣」下四庫館臣原按：「續通鑑長編及玉海作十月己未。」今按：今本長編卷三三及玉海卷二七均作九月己未，不作十月，四庫館臣誤檢。

〔二〕「文儒之盛故也」下四庫館臣原按：「續通鑑長編：『上幸祕閣觀書，賜從臣及直館閣官飲。既罷，又命皇城使王繼恩召馬步兵都虞侯傅潛、殿前都指揮使戴興等飲晏，縱觀羣書。上意欲武將知文儒之盛也。』李燾按云：『據職官志、會要，淳化四年始置昭宣使，此時未也。繼恩但爲皇城使爾，實録並藝文志皆誤。』據彼則此書所云昭宣使亦誤。」（按館臣所引長編之文，本書原載訛誤及擅改之處頗多，計有：「直館閣官，」「官」字脱去；「召馬步兵」，「兵」字改「軍」；「戴興等飲宴」，「飲宴」作「宴飲」；「上意欲武將知文儒之盛」，「欲」下多出「使」字，「武將」改「武臣」；「據職官志」，「據」字删去；「實録並藝文志」，「藝文志」誤改「職官志」。今並據今本長編卷三三所載原文更正。）

〔三〕按此條内容，自「九月幸新祕閣」至「文儒之盛故也」一段，俱見於宋會要職官一八之四八，文字亦同，惟「即召侍臣賜坐命酒」下，會要尚有「三行」二字。自「他日」而下文字，疑亦爲宋會要舊文，而今本宋會要逸去。

至道元年六月，命内品〔一〕、監祕閣三館書籍裴愈使江南、兩浙諸州，尋訪圖書。如願進納入官，優給價值；如不願進納者，就所在差能書吏借本抄寫，即時給還。仍齎御書石本所在分賜之〔二〕。愈還，凡得古書六十餘卷，名畫四十五軸，古琴九，王羲之、貝靈該〔三〕、懷素等墨跡共八本，藏於祕閣。先是，遣使於諸道〔四〕，訪募古書、奇畫及先賢墨跡，小則償以金帛，大則授之以官，數年之間，獻圖書於闕下者不可勝計，諸道又募得者數倍〔五〕。復詔史館盡取天文、占候、讖緯、方術等書五千一十二卷〔六〕，並内出古畫、墨跡百一十四軸，悉令藏於祕閣。圖書之盛，近代無比〔七〕。【卷一之一二】

此條殘本爲卷二之八。

〔一〕命内品　「命」字原脱，據本書殘本及宋會要崇儒四之一七補。「内品」爲内侍階官名。

〔二〕「所在分賜之」下四庫館臣原按：「續通鑑長編：『上嘗草書經史三十紙，召翰林侍讀吕文仲一一讀之，列祕閣官屬名位，刻石摹印，裝飾百軸。於是付愈齎詣名山福地、道宮佛寺，各藏數本；或丘園養素、好古博雅之士（「好古」原作「好名」，據今本長編改），爲鄉里所稱者，亦賜之。』與此詳略互異，可以相證。」今按館臣所引，見於長編卷三八，末有小注云：「賜石刻，實録在六月戊戌。」宋會要崇儒六之四：「至道元年，太宗草書經史三十紙，詔翰林侍讀吕文仲一一讀之，因遣刻石，以數百本並列祕閣官吏姓名，付内侍裴愈，令於江東名山福地、道宫佛廟，各藏一本；或高隱不仕、敦樸有行，爲道里所稱者，亦分賜之。」所載與長編有「數百本」、「各藏一本」之異。

〔三〕貝靈該　三字原脱，亦據本書殘本及宋會要崇儒四之一七補。

〔四〕遣使於諸道　「遣」字原脱，據本書殘本及長編卷三一補。

〔五〕「數倍」下四庫館臣原按：「宋袁褧楓窗小牘云：『國朝開獻書之路，祥符中獻書者十九人，得書萬七百五十四卷。』今按祥符獻書後此十數年，與此處内容不相涉。

〔六〕「五千一十二卷」下四庫館臣原按：「續通鑑長編云『天文、占候、讖緯、方術等書五千一十卷』，與此稍異。」今按宋會要、玉海等均作「五千一十二」，疑長編脱「二」字。參本書卷一之二。

〔七〕長編卷三一：淳化元年「八月癸卯朔，祕書監李至與右僕射李昉、吏部尚書宋琪、左散騎常侍徐鉉及翰林學士、諸曹侍郎、給事、諫議、舍人等祕閣觀書，上聞之，遣使就賜宴，大陳圖籍，令縱觀。翌日甲辰，又詔權御史中丞王化基及三館學士並賜宴祕閣。先是，遣使詣諸道購募古書奇畫及先賢墨跡，小則償以金帛，大則授以官，數歲之間，獻圖籍於闕下者不可勝計，諸道購得者又數倍。乃詔盡取天文、占候、讖緯、方術等書五千一十卷並内出古畫墨跡一百一十四軸，悉令藏於祕閣，圖籍之盛，近代所未有也。」

按：此處自「先是」而下文字，長編繫於淳化元年（九九〇年）事下，與本書綴於至道元年（九九五年）不同。考太宗朝於太平興國九年（九八四年）正月正式下詔求書，規定獻書及三百卷以上堪任職官者授以官，不及三百卷者據卷帙多少優給金帛（見本書殘本卷二之二），而在此前後又屢詔諸道諸州購募圖書；此處謂「數年之間」獻書者不可勝計，與上述事實相合，故載記應以長編繫於淳化元年下爲宜，不當置於至道元年下。疑此段文字本書原綴於卷五之三「賜宴如前」諸字下，而後人誤置於此。卷五之三現存「賜宴如前」以下内容，亦係誤接他處文字，參見該條校證〔二〕。今並表出以識誤。

咸平二年七月甲辰，幸國子監〔一〕，還幸崇文院閱羣書，命從官縱覽。登祕閣，觀太宗聖製墨跡，上惻愴久之。賜祕書監楊徽之、集賢院學士錢若水及館閣官、點檢書籍劉承珪等器帛職掌緡錢〔二〕。【卷一之一三】

〔一〕「幸國子監」下四庫館臣原按：「續通鑑長編作七月甲寅。考此日之後又有癸丑，則甲寅乃甲辰之訛。」今按：今本長編作甲辰，不作甲寅，四庫館臣所據有誤。

〔二〕宋會要職官一八之五一：咸平「二年七月，幸崇文院，召祕書監楊徽之、集賢院學士錢若水等開書庫遍（原誤「編」）閱羣書。登祕閣，觀太宗御製書墨跡（玉海卷二七作「御製御書墨跡」），真宗甚惻愴。降閣，召侍臣頒賜三館祕閣職官銀器衣著各有差。五年七月，幸三館，閱四庫書久之，賜直官、校理器帛有差，又賜書吏緡錢。」

咸平三年二月，詔藏太宗御集三十卷於祕閣，仍録別本藏三館〔一〕。【卷一之一四】

此條殘本在卷一之一二，首無「咸平」二字。

〔一〕玉海卷二八：「咸平三年二月壬子，翰林侍讀學士呂文仲上新編太宗御集三十卷。詔藏祕閣，仍録別本藏三館。」宋史卷二九六呂文仲傳：「咸平三年拜工部郎中充翰林侍讀學士，受詔集太宗歌詩爲三十卷。」

咸平間，帝嘗謂宰臣曰：「三館祕閣書籍，近聞頗不整一，多有散失，讎校亦匪精詳，遂使傳聞迭爲差誤。自今凡差官校勘及典掌者，當嚴行約束，庶絶因循。」〔一〕直史館謝泌上言：「國家圖書，未有次序。唐朝嘗分經史子集爲四庫，命薛稷、沈佺期、武平一、馬懷素人掌一庫。望遵故事。」上嘉之，遂命泌與館職四人分領四庫，泌領集庫〔二〕。四年三月〔三〕，

【卷一之一五】

詔三館所少書有進納者，卷給千錢，三百卷以上量材録用。

此條殘本析爲卷二之六、之七，首無「咸平間」三字。

〔二〕「庶絶因循」下四庫館臣原按：「玉海：『咸平元年十一月，以三館祕閣書籍歲久不治，詔朱昂、杜鎬與劉承珪整比，著爲目録。二年閏三月甲午，詔三館寫四部書來上，常置禁中，以便觀覽。三年二月丙午，昂以司封郎中加吏部，鎬以校理爲直祕閣，賜金紫。昂等受詔編館閣圖籍目録，至是奏御。』此書所載，當即此數年間事。」

長編卷四三：咸平元年十一月戊午，「内侍裴愈（『愈』原作『俞』）監三館祕閣書籍，歲久不治，命内品劉崇超代之。尋詔知制誥朱昂（『昂』原誤『帛』）與祕閣校理杜鎬、莊宅使劉承珪排整，著爲目録。」

宋會要職官一八之五一：咸平元年「十二月，命司封郎中知制誥朱昂與莊宅使勝州刺史劉承珪、比部員外郎祕閣校理杜鎬點檢三館祕閣書籍。二年春，上新編書目，詔以昂爲吏部郎中，承珪爲北作坊使，鎬直祕閣，賜金紫以旌之。帝謂宰臣曰：『近聞圖書之府，甚不整齊，假借之餘，散失尤多，兼校讎不精，傳聞差誤。自今差官校勘及掌書史，卿等嚴行約束，杜絶因循。』昂等上言：四部書爲朝臣所借者凡四百六十卷。詔除諸王宮給本抄寫外，餘並督還之。」

按會要所載詔修書目月份及朱昂等奏上書目年月與玉海均不合，疑當從玉海；但三年二月有丙辰、戊午，而無丙午，待考。又所編書目，玉海卷五二作咸平館閣圖籍目録，注云「『圖』一作『書』」；又注：「中興書目有皇朝祕閣書目一卷，十九門，六千七百九卷，不知作者。」未知是否即此時目録。

〔二〕「泌領集庫」下四庫館臣原按：「謝泌請分經史子集爲四庫，人掌一庫，玉海載在端拱初，與此書作咸平間有異。又載仁宗天聖五年十月，上曰：『三館書較開元四録所失甚衆，宜加求募。』直史館謝泌言：請依唐校書，人掌一庫。上嘉之。則年月後端拱，較咸平更遠。附識於此。」

按：宋會要職官一八之五二：仁宗天聖五年「十月，同太后幸御書院觀太宗、真宗御書（『幸』下十字原脱，據長編卷一〇五及玉海卷二七補）。上曰：『三館書校開元所失甚衆，宜加求募，進及三百餘卷以上者賜出身。』直史館謝泌言：圖書未有次序，請依唐薛稷、沈佺期、武平一、馬懷素人掌一庫。上嘉之，命泌分領。」所載謝泌上言事亦贅於天聖五年下。查宋史卷三〇六謝泌傳：「端拱初爲殿中丞，獻所著文十篇、古今類要三十卷，召試中書，以直史館賜緋。時言事者衆，詔閤門非涉僥望，乃許收之，繇是言路稍壅。泌抗疏陳其不可，……復言：『國家圖書，多失次序。唐景龍中嘗分經史子集四庫，命薛稷、沈佺期、武平一、馬懷素分掌。望遵復故事。』遂令直館分典四部，以泌知集庫。」又查長編卷二九，太宗詔求直言在端拱元年三月，則謝泌上言分掌四庫書必在端拱初無疑；且謝泌大中祥符五年已去世，更不涉天聖以後事。又據本書沿革篇及宋會要等所載，端拱元年五月始置祕閣，並分三館書萬餘卷置其中，則謝泌上言當即在此前後。會要誤爲天聖五年十月，疑由當時仁宗曾引其事，而史臣不察，誤記於當下所致。玉海卷五二引謝泌傳得其實；而卷一六八全抄上引宋會要之文，其「同太后幸」下亦脱「御書院觀太宗真宗御書」十字，則屬以誤傳誤。本書載在咸平間亦失當，宜從殘本所載釐爲兩條；但下述進書賞格亦咸平四年事，仍不可置於謝泌上言下。疑所載「直史館謝泌上言」云云原獨立爲一條，而其上尚有領條文字，後世脱去，故誤竄至此。並參殘本校證。因原本已不存，無從查對，今暫從所録，不作更動。

〔三〕四年三月　疑當作「四年十月」。宋會要崇儒四之一七載有咸平四年十月求書詔全文。詳見本書殘本卷二之一二。

麟臺故事卷二

修纂

太平興國七年，詔翰林學士承旨李昉、翰林學士扈蒙、給事中直學士院徐鉉、中書舍人宋白、知制誥賈黄中、吕蒙正、李至、司封員外郎李穆、庫部員外郎楊徽之、監察御史李範、祕書丞楊礪、著作佐郎吴淑、吕文仲、胡汀〔一〕、著作佐郎直史館戰貽慶〔二〕、國子監丞杜鎬、將作監丞舒雅等閲前代文集，撮其精要，以類分之，爲文苑英華〔三〕。續命翰林學士蘇易簡、中書舍人王祐、知制誥范杲、宋湜與宋白等共成之，雍熙三年上之，凡一千卷〔四〕。【卷二之一】

此條殘本爲卷三之一。

〔一〕胡汀　「汀」上原有「河」字，據宋會要崇儒五之一及本書殘本刪。會要之文見下。

〔二〕戰貽慶　「戰」原作「戴」，亦據宋會要及本書殘本改。會要該葉有不知何人所加小注一段，其辭云：「熊克九朝通略並川本小類書所載並取諸此。名世姓氏辨證元有戰姓，後漢初戰競爲諫大夫，今修書官戰貽慶殆其後歟！國史並會要並作『戰』，惟淳熙館閣官以稀姓爲疑，偶失稽考，既修中興館閣書目，乃改爲『戴貽慶』，誤矣。今有忠訓郎戰迪，兩任汀州差遣，見居於汀。」從語氣看，此注當出南宋人手筆，不似後人所增；理宗時井研李心傳曾統理宋十三朝會要，此或當時遺文。

〔三〕按：本條自「文苑英華」四字以下至「雍熙」二字以上文字，殘本均作注文，且較本書多出三十七字，與宋會要所載相合。見校證〔四〕。

〔四〕宋會要崇儒五之一：「太平興國七年九月，命翰林學士承旨李昉、學士扈蒙、直學士院徐鉉、中書舍人宋白、知制誥賈黄中、吕蒙正、李至、司封員外郎李穆、庫部員外郎楊徽之、監察御史李範、祕書丞楊礪、著作佐郎吴淑、吕文仲、胡汀、著作佐郎直史館戰貽慶、國子監丞杜鎬、將作監丞舒雅閲前代文集，撮其精要，以類分之，爲千卷。雍熙三年十二月書成，號曰文苑英華。昉、蒙、蒙正、至、穆、範、礪、淑、文仲、汀、貽慶、鎬、雅繼領他任，續命翰林學士蘇易簡、中書舍人王祐、知制誥范杲、宋湜與宋白等共成之。帝覽之稱善，降詔褒諭，以書付史館，賜器幣各有差。」

長編卷二七：雍熙三年十二月，「上以諸家文集其數實繁，雖各擅所長，亦榛蕪相間，乃命翰林學士宋白等精加銓擇，以類編次，爲文苑英華一千卷，壬寅上之，詔書褒答。」

玉海卷五四引實録：「雍熙三年十二月壬寅，翰林學士宋白等上。（原注：『宋白等表曰：席繙經史，堂列縑緗，咀嚼英腴，總覽翹秀。撮其類列，分以部居，使沿泝者得其餘波，慕味者接其妍唱。』）上覽而善之，詔答曰：『近代以來，斯文浸盛，雖述作甚多，而妍媸不辨。遂令編輯，止取菁英，所謂擿鸞鳳之羽毛，截犀象之牙角。書成來上，實有可觀，宜付史館。』」

玉海同卷：「景德四年八月丁巳，詔三館分校文苑英華。以前所編次，未盡允愜，遂令文臣擇前賢文章，重加編録，芟繁補缺換易之，卷數如舊。」（原注：「景德中，上謂宰臣曰：『今方外學者少書誦讀，不能廣博。文苑英華先帝纘次，當擇館閣文學之士校正，與李善文選並鏤板頒布，庶有益於學者。』」）又引實録：「祥符二年十月己亥，命太常博士石待問校勘；十二月辛未，又命張秉、薛映、戚綸、陳彭年覆校。孝宗以祕閣本多舛錯，命周必大校讎以進，淳熙八年正月二十二日以一百十册藏祕閣。」

宋會要附録周必大文苑英華跋：「臣伏覩太宗皇帝丁時太平，以文化成天下。既得諸國圖籍，聚名士於朝，詔修三大書，曰太平御覽，曰册府元龜，曰文苑英華。今二書閩、蜀已刊，惟文苑英華士大夫家絶無而僅有。蓋所集止唐文章，如南北朝間存一二。是時印本絶少，雖韓、柳、元、白之文尚未甚傳，其他如陳子昂、張説、九齡、李翺等諸名士文集，世尤罕見，故修書官於宗元、居易、權德輿、李商隱、顧雲、羅隱輩或全卷收入。當真宗朝姚鉉銓擇十一，號唐文粹，由簡故精，所以盛行。近歲唐文摹印浸多，不假英華而傳；況卷帙浩繁，人力難及，其不行於世則宜。臣事孝宗皇帝，間聞聖諭欲刻江鈿文鑑，因及英華。雖祕閣有本，然舛誤不可讀，俄聞傳旨取入，遂經乙覽。時置御前校正書籍一二十員，皆書生稍習文墨者，月給餐錢，滿數歲補進武校尉，既得此爲課程，往往妄加塗注，繕寫裝飾，付之祕閣。後世將遂爲定本，臣過計有三不可：國初文籍雖寫本，然校讎頗精，後來淺學改易，浸失本指，今乃盡以印本易舊書，是非相亂，一也；凡廟諱，未祧止當闕筆，而校正者於賦中以『商』易『殷』，以『洪』易『弘』，或值押韻，全韻隨之，至於唐諱及本朝諱，存改不定，二也；元闕一句或數句，或頗用古語，乃以不知爲知，擅自增損，使前代遺文幸存者轉增疵纇，三也。頃嘗屬荆州帥范仲藝、均倅丁介稍加校正，晚幸退休，徧求別本，與士友詳議，疑則闕之，凡經、史、子、集傳注，通典、通鑑及藝文類聚、初學記，下至樂府、釋老、小說之類，無不參用。惟是元修書時歷年頗多，非出一手，叢脞重複，首尾衡決，一詩或析爲二，二詩或合爲一，姓氏差互，先後顛倒，不可勝計。其間賦多用『員來』，非讀泰誓正義，安知今之『云』字乃『員』之省文。以『堯韭』對『舜榮』，非本草注，安知其爲菖蒲。又如『切磋』之『磋』，『馳驅』之『驅』，『掛帆』之『帆』，『僊裝』之『裝』，廣韻各有側音，而流俗改『切磋』爲『效課』，以『駐』易『驅』，以『席』易『帆』，以『仗』易『裝』。今皆正之，詳注逐篇之下，不復徧舉。始雕於嘉泰改元春，至四年秋訖工，蓋欲流傳斯世，廣熙陵右文之盛，彰阜陵好善之優，成老臣發端之志。深懼來者莫知其由，故列興國至雍熙成書歲月，而述證誤本末如此。闕疑尚多，謹俟來者。七月七日少傅觀文殿大學士致仕益國公食邑一萬伍千六百户食封伍千八百户臣周必大謹記。」

咸平三年十月，上命翰林學士承旨宋白、起居舍人知制誥李宗諤修續通典，以祕閣校理舒雅、直集賢院李維、石中立、王隨爲編修官〔一〕，直祕閣事杜鎬爲檢討官。四年九月成二百卷，上乃詔特付祕閣。先是，淳化中，太宗命翰林學士蘇易簡與三館文學之士撰集此書，會易簡等各莅他務，罷其事。至是，復詔成之〔二〕。【卷二之二】

此條殘本爲卷三之二。

〔一〕石中立　此三字原作「右中允」，接下爲王隨職官，誤，今據本書殘本及玉海卷五一改。宋史卷二六三石中立傳亦載其嘗直集賢院，可與本書證合，蓋諸字與中立姓名形近而訛。又王隨，玉海作任隨，疑以任隨爲是。王隨咸平間始舉進士，似不應此時已直集賢院，且宋史卷三一一本傳亦不載其嘗直集賢院或爲太子中允。任隨宋史無傳，其咸平中嘗以著作佐郎直集賢院領校史記，景德元年正月上覆校史記並刊誤文字五卷，見本書殘本卷二之二二。又下文「直祕閣事杜鎬」，殘本無

「事」字。

〔二〕長編卷四七：咸平三年十月丙辰，「命翰林學士承旨宋白等修續通典。」卷四九：四年九月「丙戌，翰林學士承旨宋白等上新修續通典二百卷，詔付祕閣，仍賜宴以勞之，賜器幣有差。其書重複猥雜，大爲時論所非，卒不傳布。上尋欲改作，亦弗果也。」

玉海卷五一：「咸平三年十月，監修國史李沆請命官續修通典。己未，詔翰林承旨宋白、知制誥李宗諤編修。白等又請命舒雅、楊億、李維、石中立、任隨同編修，杜鎬檢討。」此載編修官又有楊億、任隨，而無王隨，與本書異。疑王隨爲任隨之訛。又同卷云：其書二百卷、目録二卷，「起唐至德初，至周顯德末，凡食貨二十、選舉十二、職官六十三、禮四十、樂五、兵十二、刑十一、州郡二十六、邊防十一。時論非其重複，不以傳布。」

按：南宋末陳振孫直齋書録解題尚著録此書，或曾有抄本流傳。

咸平四年九月，翰林侍講學士國子祭酒邢昺〔一〕、直祕閣杜鎬、祕閣校理舒雅、直集賢院李維、諸王府侍講孫奭、殿中丞李慕清、大理寺丞王焕、劉士玄、國子監直講崔偓佺表上重校定周禮、儀禮、公羊、穀梁傳、孝經、論語、爾雅七經疏義，凡一百六十五卷，命摹印頒行〔二〕。賜宴於國子監，昺加中散大夫，鎬等竝遷秩。至景德二年九月，又命侍講學士邢昺、

【卷二之三】

兩制詳定尚書、論語、孝經、爾雅錯誤文字，以杜鎬、孫奭被詔詳校，疏其謬誤故也〔三〕。

此條殘本在卷二之二。

〔一〕「邢昺」下四庫館臣原按：「『侍講』原本作『侍讀』。據後文『景德二年九月又命侍講學士邢昺』云云，則『讀』字爲『講』字之訛；且爾雅注疏有昺奉敕校定之序，亦書翰林侍講學士守國子祭酒。今據以改正。」今按北宋初置侍讀、侍講學士始末，詳見於宋會要職官六之五六——五七，可證是時邢昺爲侍講學士無疑。參本書卷三之一。

〔二〕四庫館臣於「七經疏義」下原按：「玉海：咸平三年三月癸巳，命邢昺等校定周禮、儀禮、公羊、穀梁傳正義，又重訂（玉海原文作『定』）孝經、論語、爾雅正義，距此表上之日凡一載有半。」又於「一百六十五卷」下按：「玉海云一本作一百六十三卷。」今按玉海又云：「十月九日，命摹印頒行，於是九經疏義具矣。」長編卷四九所載與玉海及本書悉合。

〔三〕玉海卷四三：「咸平元年正月丁丑，劉可名上言諸經板本多誤，上令擇官詳校。景德二年五月一日戊申，幸國子監，歷覽書庫，觀羣書漆板。問祭酒邢昺曰：『板數幾何？』昺曰：『國初印板止及四千，今僅至十萬，經史義疏悉備。』帝曰：『非四方無事，何以臻此！』因益書庫十步，以廣所藏，又詔褒之。九月辛亥，命侍講學士邢昺與兩制詳定尚書、論語、孝經、爾雅文字。先是，國子監言：『羣經摹印歲深，字體誤缺，請重刻板。』因命崇文檢詳杜鎬、諸王侍講孫奭詳校。至是畢，又詔昺與兩制詳定而刊正之。祥符七年九月，又並易、詩重刻板本，仍命陳彭年、馮元校定。自後九經及釋文有訛缺者，皆重校刻板。」

景德二年九月，命刑部侍郎資政殿學士王欽若、右司諫知制誥楊億修歷代君臣事迹。欽若等奏請以太僕少卿直祕閣錢惟演、都官郎中直祕閣龍圖閣待制杜鎬、駕部員外郎直祕閣刁衎、户部員外郎直集賢院李維、右正言祕閣校理龍圖閣待制戚綸、太常博士直史館王希逸、祕書丞直史館陳彭年、姜嶼、太子右贊善大夫宋貽序、著作佐郎直史館陳越同編修。初命欽若、億等，俄又取祕書丞陳從易、祕閣校理劉筠。及希逸卒，貽序貶官，又取直史館查道、太常博士王曙，後復取直集賢院夏竦〔一〕，又命職方員外郎孫奭注撰音義。凡九年，至大中祥符六年成一千卷上之。總三十一部，部有總序；一千一百四門，門有小類；外目録、音義各十卷〔二〕。上覽久之，賜名册府元龜〔三〕。又録婦人事迹爲八十卷，賜名彤範〔四〕。

景德四年八月己亥〔五〕，幸上清宫大相國寺，還幸崇文院，觀所編君臣事迹。王欽若楊億以草本進御，上徧覽久之。又入四庫閲視圖籍，謂宰臣等曰：「著書難事，議者稱先朝實録尚有漏略。」億進曰：「史臣紀事，誠合詳備。臣預修太宗實録，凡事有依據、可載簡冊者，方得紀録。」上然之，賜修書官器幣有差。【卷二之四】

此條殘本爲卷三之三，所載較此爲加詳。

〔一〕復取直集賢院夏竦　「取」字原脱，據本書殘本補。

〔二〕門有小類外目録音義各十卷　殘本「小類」作「小序」，「外」作「又」，較本書爲愜。原書真宗序文作「小序」。

〔三〕長編紀事本末卷一六王欽若等編修冊府元龜事迹條：「景德二年九月丁卯，令資政殿大學士王欽若、知制誥楊億修歷代君臣事迹。欽若等請以直祕閣錢惟演等十人同編修。初令惟演等各撰篇目，送欽若暨億看詳，欽若等又自撰集上進，詔用欽若等所撰定，有未盡者，奉旨增之。又令宮苑使勝州刺史勾當皇城司劉承珪、内侍高品監三館祕閣圖書劉崇超典掌其事。編修官非内殿起居，當赴常參者免之；非帶職，不當給實俸者特給之；其供帳飲饌，皆異於常等。

「三年正月癸酉，賜編修君臣事迹官太僕少卿直祕閣錢惟演等蓯蓉。舊制，方物之賜止及近臣，至是，優禮此職故也。四月丙子，幸崇文院，觀四庫圖籍及所修君臣事迹，遍閲門類，詢其次序。王欽若、楊億悉以條對，有倫理未當者立命改之。上謂侍臣曰：『朕此書蓋欲著前代事實，爲將來典法，使開卷者動有資益也。』賜編修官金帛有差。

「四年四月丁丑，上謂王欽若等曰：『近覽唐實録，恭帝即位，坐朝常晚，羣臣班於紫宸殿有頓踣者。拾遺劉棲楚切諫，叩龍墀不已，宰臣宣諭乃退，恭帝爲動容，遣中使慰勞。諫臣舉職，深可獎也，而史臣以逢吉之黨，目爲鷹犬，甚無謂也。今所修君臣事迹，尤宜區別善惡，有前代褒貶不當如此類者，宜析理論之，以資世教。』八月壬寅，上幸崇文院，觀新編君臣事迹。王欽若、楊億等以草本進御，上遍覽之，賜修書官器幣有差。（按長編原文於「上遍覽之」下仍有：「入四庫閱視圖籍，謂宰臣曰：『著書難事，議者稱先朝實録，尚有漏落。』億進曰：『史臣記事，誠合詳備。臣預修太宗實録，凡事有依據、可載簡册者，方得記録。』上然之。」下接「賜修書官」句。）乙巳，詔編修君臣事迹官祕書丞陳從易、著作佐郎直史館陳越、大理評事祕閣校理劉筠月增給錢五千，以從易等修書服勤，而俸入比同僚尤薄故也。十一月癸酉，上謂王欽若曰：『君臣事迹崇釋教門有布髮於地令僧踐之，及自剃僧頭以徼福利，此乃失道惑溺之甚者，可並刊之。』十二月乙未，手札賜王欽若曰：『編修君臣事迹官皆出遴選，朕於此書，非獨聽政之暇資於披覽，亦欲區別善惡垂之後世，俾君臣父子有所戒鑒。起今後自初修官至楊億，各依新式，遞相檢視，內有脱誤、門目不類、年代帝號失次者，並署曆，仍書逐人名下，隨卷奏知，異時比較功程，等第酬奬，庶分勤惰。』委劉承珪專差人置曆。（原注：詳見欽若事迹。）

「大中祥符三年五月辛巳，内出手札示編修君臣事迹官曰：『張楊爲大司馬，下人謀反，輒原不問，乃屬之仁愛門，此甚不可者。且將帥之體與牧宰不同，宣威禁暴，以刑止殺。今兇謀發覺，對之涕泣，愈非將帥之才。春秋息侯伐鄭大敗，君子以爲不察有罪，宜其喪師。今張楊無刑威，反者不問，是不察有罪也。可即商度改定之』」（「即」字原脱，據長編原文補）。

「六年八月庚午（按長編事在壬申），樞密使王欽若等上新編修君臣事迹一千卷，上親製序，賜名册府元龜，編修官並加賞賚。左正言直史館陳越先死，無子，同列爲奏其事，上憫之，賜其兄咸同三傳出身。」

又玉海卷五四景德册府元龜條：景德「三年四月丙子，四年八月壬寅，車駕再幸編修之所，再閱門類。楊億悉以條對，編次未及倫理者改正之。帝曰：『朕編此書，蓋取著歷代君臣德美之事，爲將來取法，至於開卷覽古，亦頗資於學者。』皆命從官坐，賜修書官器幣。王欽若以南、北史有『索虜』、『島夷』之號，欲改去。王旦曰：『舊史文不可改。』趙安仁曰：『杜預注春秋，以長曆推甲子多誤，亦不敢改，但注云日月必有誤。』乃詔欲改者注釋其下，凡所録以經籍爲先。億又以羣書中如西京雜記、明皇雜録之類，皆繁碎不可與經史並行，今並不取，止以國語、戰國策、管、孟、韓子、淮南子、晏子春秋、呂氏春秋、韓詩外傳與經史俱編；歷代類書，修文殿御覽之類，採摭銓擇。

凡三十一部，部有總序；千一百四門，門有小序。初撰篇序，諸儒皆作，帝以體例不一，祥符元年二月丙午，遂擇李維等六人撰訖，付楊億竄定。五月甲申，手札詔凡悖惡之事及不足爲訓者，悉删去之。日進草三卷，帝親覽之，摘其舛誤，多出手書詰問，或召對指示商略。三月丁卯，詔或有增改事，標記覆閱之。（原注：二年十月丁未，手札令王欽若等書名，其增損悉書之。）凡八年而成之。六年八月十三日壬申，欽若等以獻。表曰：『推明凡例，分别部居，皆仰稟於宸謨，惟奉遵於成憲。刊除非當，隳括無遺，每煩乙夜之覽觀，率自清衷而裁定。昔甘露石渠，止於奏議；開元麗正，徒有使名。矧皇覽、博要之言，玉鑑、珠英之作，但詞林之見采，非治本之宜先。洪惟聖上之能，獨出百王之首。』（原注：崇政殿進呈。）凡千卷，目録十卷，音義十卷，詔題曰册府元龜。御製序曰：『太宗皇帝始則編小説而成廣記，纂百氏而著御覽，集章句而製文苑，聚方書而撰神醫；次復刊廣疏於九經，校闕疑於三史，修古學於篆籀，總妙言於釋老。洪猷丕顯，能事畢陳。朕遹遵先志，肇振斯文，載命羣儒，共司綴緝。粤自正統至於閏位，君臣善迹，邦家美政，禮樂沿革，法令寬猛，官師論議，多士名行，靡不具載，用存典刑。凡勒成一千一百四門，門有小序，述其指歸；分爲三十一部，部有總序，言其經制。凡一千卷。』（原注：祥符八年十二月乙丑，欽若等上版本。宴編修官，上作詩一章，賜令屬和。）

「一本云：景德四年九月戊辰，上謂輔臣曰：『所編君臣事迹，蓋欲垂爲典法，異端小説，咸所不取。觀所著篇序，援據經史，頗盡體要，而誡勸之理，有所未盡也。』欽若等曰：『自纘集此書，發凡起例，類事分門，皆上稟聖意，授之羣官，間有凝滯，皆答陳論。今蒙宣諭，動以懲勸爲本，垂世之急務也。』十月癸亥，上謂輔臣曰：『朕每因暇日閱君臣事迹草本，遇事簡則從容省覽，事多或至夜漏二鼓乃終卷。』（原注：編修官自彭年至劉筠十一人；景德二年奉敕編修，楊億至宋貽序七人。）天禧四年閏十二月癸丑，賜輔臣各一部。

按玉海列有三十一部門數，又附記云：「唐志類書有張太素策府五百八十二卷。」

〔四〕又録婦人事迹爲八十卷賜名彤範　「婦」原作「前」，據本書殘本及玉海改。彤範，殘本録全名作彤管懿範。玉海卷五四：大中祥符「八年閏六月庚辰，樞密使王欽若上奉詔編修后妃事迹七十七卷（原注：崇文總目類書類七十卷），賜名彤管懿範。大約如册府元龜，凡六部，百十四門。詔欽若撰序。（原注：先是，元年，詔婦人事別爲一書。）九月丙寅，欽若上所撰序。」

〔五〕景德四年八月己亥　「己亥」疑當作「壬寅」。宋史卷七真宗紀二：「八月壬寅，幸大相國寺，遂幸崇文院觀書，賜修書官器幣。」長編卷六六亦作「壬寅」，見前引本末之文。是月甲午朔，己亥爲六日，壬寅爲九日。

按：此處自「景德四年」以下文字，原本雖另起一段，其内容實包含於上述記載中，故今合爲一條，不再另行標出。

大中祥符元年六月，崇文院檢討杜鎬等校定南華真經摹刻版本畢，賜輔臣人各一本〔二〕。五年四月，崇文院上新印列子沖虛至德真經，詔賜親王、輔臣人各一本〔二〕。景德中，朝謁諸陵，路經列子觀，詔加至德之號，又命官校正其書〔三〕。至是刊版成，賜校勘官金帛有差。二年二月，諸王府侍講兼國子監直講孫奭言：「莊子注本，前後甚多，惟郭象所注特會莊生之旨，請依道德經例，差館閣衆官校定，與陸德明所撰莊子釋文三卷雕印。」詔奭與龍圖閣待制杜鎬等同校定以聞。已而言者以爲國學版本爾雅釋文頗多舛誤，又命鎬、奭同詳定之。至大中祥符四年，又命李宗諤、楊億、陳彭年等讎校莊子序，摹印而行之。蓋先是，崇文院校莊子本，以其序非郭象之文，去之。至是，上謂其文理可尚，故有是命〔四〕。

【卷二之五】

此條殘本爲卷二之二四。

〔一〕玉海卷四三：「景德二年二月甲辰，（命孫奭、杜鎬）校定莊子，並以釋文三卷鏤板。」此初校年月，距摹刻畢賜本凡三年餘。參校證〔四〕。又同書卷五三：唐天寶元年二月丙申，號莊子南華真經。

〔二〕「賜親王輔臣人各一本」下四庫館臣原按：「玉海：『四年三月校列子。』至此表上，凡一年。」今按此見玉海卷四三。同書卷五三：「天寶初號（列子）沖虛真經，景德四年二月丙寅加『至德』二字。」（「丙寅」二字當誤，是月戊辰朔，無丙寅；長編卷六五作丙子，宋史真宗紀作戊子，未知孰是。）

〔三〕按詔加列子號已見前注，然命官校正其書實在大中祥符四年，不在景德中。宋史真宗紀：大中祥符四年三月「丙申，謁安陵、永昌諸陵；壬寅，幸列子廟。」宋會要崇儒四之四：「大中祥符四年三月，詔崇文院校勘到列子沖虛真經仍如至德之號。時真宗祀汾陰朝陵，回至中牟縣，幸列子觀（『觀』原誤『勸』），因訪所著書，命直史館路振、崔遵度、直集賢院石中立校勘。至五年校畢，鏤板頒行。」自校正至刊板凡一年，前注所引玉海之文是。

〔四〕宋會要崇儒四之三：景德「二年二月，國子監直講孫奭言：『諸子之書，老、莊稱首。其道清虛以自守，卑弱以自持，逍遥無爲，養生濟物，皆聖人南面之術也。故先儒論撰，以次諸經。唐陸德明撰經典釋文三十卷，内老子釋文一卷，莊子釋文三卷。今諸經及老子釋文共二十七卷，並已雕印頒行，唯闕莊子釋文三卷，欲望雕印，冀備一家之學。又莊子注本，前後甚多，率皆一曲之才，妄竄奇說，唯郭象所注，特會莊生之旨，亦請依道德經例，差官校定雕印。』詔可，仍命奭與龍圖閣待制杜鎬等同校定刻板。鎬等以莊子序非郭象之文，因删去之（『删』原誤『册』）。真宗嘗出序文，謂宰臣曰：『觀其文理可尚，但傳寫訛舛耳。』乃命翰林學士李宗諤、楊億、龍圖閣直學士陳彭年等別加讎校，冠於首篇。」按真宗命校莊子序，玉海卷五五注載在大中祥符四年十一月丙子，與本書合。然據本書上文，莊子本文及其釋文已於大中祥符元年六月摹刻板本畢，會要又謂「真宗當出序文」，乃命李、楊、陳等校正其序「冠於首篇」，則其事當在刻板之前，似不應遲至四、五年後。因疑此處大中祥符四年，當作景德四年。其詳待考。

又玉海卷四三：「爾雅音義一卷，釋智騫所撰，吳鉉駁其舛誤。天聖四年五月戊戌，國子監請摹印德明音義二卷頒行。先是，景德二年四月丁酉，吳鉉言國學板本爾雅釋文多誤，命杜鎬、孫奭詳定。」此北宋校爾雅釋文事。

按：宋初校羣經及諸子釋文，見於玉海者尚有：建隆中崔頌、尹拙、田敏、聶崇義等校定禮記、三傳、毛詩等釋文；開寶中陳鄂、姜融等校定孝經、論語、爾雅等釋文，李昉、李穆、扈蒙等校定尚書釋文，周惟簡、陳鄂等重修定陸德明古文尚書釋文；咸平中杜鎬等校定道德經；大中祥符中校補張鎰、丁公著二家孟子音義等。因上述多由國子監主持，故本書未予著録。附記於此。

大中祥符元年十一月，天書扶持使丁謂請以天書降後祥瑞編次撰贊，繪畫於昭應宮。詔謂與龍圖閣待制戚綸聯條奏，其贊令中書門下、樞密院、兩制、尚書丞郎、給諫、待制、館閣官分撰〔一〕。

【卷二之六】

〔一〕長編卷七〇：大中祥符元年十一月「丁丑，車駕至自泰山」；壬午，「詔以正月三日——天書降日爲天慶節，休假五日。京師於上清宮建道場七日，宰相迭宿。罷日，文武官、内職皆集，賜會錫慶院。是夕京師張燈，五日内無得用刑，仍禁屠宰。諸州建道場三日，羣臣亦賜會。丁謂請以天書降後祥瑞編次撰贊，繪畫於昭應宫。詔謂與龍圖閣待制戚倫、陳彭年同編次，其贊令中書門下、樞密、兩制、尚書丞郎、給諫、待制、館閣官分撰。」卷七二：二年十二月「辛丑，三司使丁謂等上泰山封禪朝覲祥瑞圖百五十，昭宣使劉承珪上天書儀仗圖一，召近臣觀於滋福殿，俄又示百官於朝堂。」

大中祥符元年十二月，刑部員外郎直史館龍圖閣待制陳彭年請以天書降後至上尊號以前制敕章表儀注等編爲大中祥符封禪記。詔翰林學士李宗諤、權三司使丁謂、祕閣校理龍圖閣待制戚綸與彭年編録，送五使看詳〔一〕。【卷二之七】

此條殘本爲卷三之五，首無「大中祥符元年」六字。

〔一〕長編卷七〇：大中祥符元年十二月壬辰，「命丁謂、李宗諤、戚綸、陳彭年等編修封禪記。從彭年之請也。」卷七四：三年十月「庚申，丁謂等上大中祥符封禪記五十卷，上製序藏祕閣（『上』字原闕，據長編紀事本末卷一七補），賜謂等器帛。」

玉海卷五七：「謂等就起居院編録，至三年十月書成，凡五十卷。皆先爲記事，次列儀注、御製、册祝、樂章、步虚詞、御札、詔敕、德音、表狀、頌、碑、銘、記、贊，分門載之。庚申，丁謂等上之，帝爲製序。」

又，「詔五使看詳」，「五使」指封禪泰山所設之大禮使（王旦）、禮儀使（王欽若）、儀仗使（馮拯）、鹵簿使（陳堯叟）、橋道頓遞使（趙安仁）。

大中祥符九年三月，加王欽若檢校太師，又加兵部郎中直史館張復、祠部員外郎直集賢院祁暐階勳，賜度支員外郎直集賢院錢易、太常博士祕閣校理慎鏞緋魚，皆預校道藏故也〔一〕。是日，曲宴賞花於後苑，上作五言詩，從臣咸賦，因射於太清樓下〔二〕。【卷二之八】

此條殘本爲卷二之二七，首無「大中祥符」四字。

〔一〕長編卷八六：大中祥符九年三月己酉，「樞密使王欽若上新校道藏經，賜目録名寶文統録。上製序，賜欽若及校勘官器幣有差。尋又加欽若食邑、校勘官階勳，或賜服色。初，東封後令兩街集有行業道士修齋醮科儀（原注：二年七月壬申），命欽若詳定，成羅天醮儀十卷（原注：八年正月丙申）。又選道士十人校定道藏經（原注：二年八月辛卯）。明年，於崇文院集官詳校，欽若總領，鑄印給之。舊藏三千七百三十七卷，太宗嘗命散騎侍郎徐鉉、知制誥王禹偁、太常少卿孔承恭校正寫本送大宮觀。欽若增六百二十二卷，又以道德陰符經乃老君聖祖所述，自四輔部升於洞真部。欽若自以深達教法，多所建白。時職方員外郎曹穀亦稱練習，欽若奏校藏經，未幾出爲淮南轉運使，奏還卒業，詮整部類，升降品第多其爲也。仍令著作佐郎張君房就杭州監寫本。初，詔取道、釋藏經互相毁訾者皆删去之，欽若言（原注：是年是月）：『老子化胡經乃古聖遺迹，不可削去。』又言（原注：五年十二月）：『九天生神章玉京通神消災救苦五星祕授延壽定觀内保命六齋十直，凡十二經，溥濟於民，請摹印頒行。』從之。」（原注：「此段總載，或已有入長編者，當檢討删去。曹穀即驗汾陰靈文者。七年五月癸丑，欽若上洞真部六百七十卷。」）

〔二〕長編卷八六：「戊申，召宗室觀書玉宸殿。己酉，復召宗室宴射苑中。前召觀書，從容移晷，不暇置宴，故復召焉。」按此宴與王欽若等上道藏經在同日，而長編書賜宴於前，列上書於後，則宴射原非專爲上書而設也。

天禧四年，詞臣楊億、錢惟演、盛度、薛暎、王曙、陳堯咨、劉筠、晏殊、宋綬、李行簡請出御集箋解其義。詔億等並同注釋，宰相寇準都參詳，參知政事李迪同參詳，直館、校理二十八人充檢閲官，成一百五十卷〔一〕。是冬，中書、樞密院又請重編御集，錢惟演、王曾領之，成三百卷〔二〕。又采至道、咸平後至大中祥符九年時政記、起居注、日歷嘉言美事，爲聖政記一百五十卷〔三〕。【卷二之九】

此條殘本爲卷三之七，内容較此稍詳。

〔一〕「一百五十卷」下四庫館臣原案：「玉海載『六月甲午，詔宰相寇準、參政李迪參詳，學士楊億、錢惟演、盛度等十人爲注釋官，仍就禁中崇文院爲注釋所。七月壬子，又以館閣官張復等二十七人爲檢閲官。準、迪罷，丁謂、馮拯代之。又命祖士衡、錢曖、聶冠卿、李淑分定卷第，按國朝日歷益注新事，分一百五十卷。』視此所記較詳，而檢閲官二十七人，與此二十八人亦有異。」

按所引玉海之文，見該書卷二八。原載其上又有：「天禧元年十一月庚子，龍圖閣待制李虚己等上新編御集百二十卷，目録三卷，召輔臣向敏中等於滋福殿以示之。觀畢稱謝。四年春，著作佐郎張仲尹上言：『御製文集望詔儒臣箋注。』既而兩制拜章繼請，遂從之。」（原注：「實録云四年六月甲子學士楊億等言，會要同。」）據所載，則箋注御集事實始於張仲尹奏請。又本書「李迪同參詳」下，殘本有夾注一百零九字，謂「準尋罷，丁謂、李迪相，並充都參詳，後以馮拯、曹利用充」，與玉海作「準、迪罷，丁謂、馮拯代之」亦不同。查宋史宰輔表，是年六月寇準罷相，七月李迪、丁謂、馮拯入相，曹利用亦加同平章事，十一月李、丁並罷，當以本書殘本所載爲是。

〔三〕「三百卷」下四庫館臣原按：「玉海載三百卷之目，頌銘碑文十八卷，贊八卷，詩三十七卷，賜中宮詩七卷，賜太子歌詩箴述五卷，龍圖閣歌詩四卷，水殿詩一卷，清景殿詩二卷，四園詩三卷，三教詩九卷，讀經史詩四卷，維城集三卷，奉道詩十卷，歲時新咏五卷，樂章一卷，樂府集并詩詞五卷，論述十卷，序八卷，箴七條各一卷，記六卷，又三卷，又一卷，書十卷，正説十卷，承華要略二十卷，静居集三卷，玉宸集五卷，法音前集七卷，春秋要言五卷，試進士題一卷，密表密詞六十九卷，玉京集二十卷，授時要録二十四卷，凡三百三十一卷。而玉海又引書目云：『詩八十九卷，歌十五卷，詞四卷。』又引實録云玉京集三十卷。則較原數三百卷俱爲不符，附此攷異。」

按真宗御集之目，又見於宋會要職官七之一一，但其中漏書三教詩九卷。據所載，玉京集三十卷及授時要録二十四卷實不包括在御集之内；玉海下文注引中興館閣書目，亦云「玉京集二十卷與授時要録不在御集目中。」若除去二書，又據玉海補三教詩九卷，則會要所載正合三百卷之數。其目如下：頌銘碑文十八卷，贊八卷，詩三十七卷，賜中宮歌詩手書七卷，賜皇太子歌詩箴述五卷，龍圖閣歌詩四卷，西涼殿歌詩一卷，清景書事詩二卷，宜聖殿四園歌詩三卷，三教詩九卷，讀經史詩四卷，維城集三卷，奉道詩十卷，歲時新詠五卷，歌十五卷，詞四卷，樂章一卷，樂府集三卷，樂府新詞二卷，論述十卷，序八卷，箴七條各一卷，記文三卷，祭文挽歌詞一卷，書十卷，正説十卷，承華要略二十卷，静居集三卷，法音集七卷，（此爲前集，景祐中又有法音後集）玉宸集五卷，春秋要言五卷，試進士題目一卷，密表密詞六十九卷。

又長編卷九六：天禧四年十一月戊午，「上御龍圖閣，召近臣觀聖製文論歌詩。上曰：『朕聽覽之暇，以翰墨自娱，雖不足垂範，亦平生遊心於此。』丁謂等言：『聖製廣大，宜有宣布，請鏤板以傳不朽。』許之，遂宴於資政殿。庚申，内出聖製七百二十二卷示輔臣。壬戌，宰臣等言：『聖製已約分部秩，望令雕板摹印，頒賜館閣及道釋經藏名山勝境，仍（原作「乃」）命内臣規度禁中嚴浄之所，别創殿閣緘藏。』詔可。尋於龍圖閣後修築，命入内都知張景宗、副都知鄧守恩管勾，是爲天章閣。」此真宗御集重編始末。又宋會要職官七之一一：「天禧五年二月，修天章閣功畢，命兩街僧道具威儀，教坊作樂，奉真宗御集御書，自玉清昭應宫安置於天章閣。四月，詔近臣、館閣、三司、京府官觀御書御集於閣下，遂宴於羣玉殿。」玉海卷二八同此。

〔三〕長編卷九六：天禧四年十一月壬戌，宰臣等「又言：『陛下臨御以來，功業隆盛，望令中書、樞密院取時政記中盛美之事，别爲聖政録。』從之。仍令樞密副使錢惟演、參知政事王曾編次，丁謂等參詳。」

宋會要職官七之一一：「又取至道元年四月訖大中祥符歲中書、樞密院時政記，史館日曆、起居注善美之事，録爲聖政記，凡一百五十卷，並命工鏤板。又以御書石本爲九十編，命中使岑守素等主其事，至是畢功焉。」

天聖末國史成，始於修史院續纂會要。明道二年，命參知政事宋綬看詳修纂；慶曆四年四月，監修國史章得象上新修國朝會要一百五十卷。以編修官尚書工部員外郎天章閣待制史館檢討王洙兼直龍圖閣，賜三品服〔一〕。【卷二之一〇】

此條殘本爲卷三之八。

〔一〕「三品服」下四庫館臣原按：「説郛載此條闕『以編修官』以下三十一字。」

長編卷一〇九：天聖八年六月「癸巳，監修國史呂夷簡等〔上〕新修國史於崇政殿。初，太祖太宗正史帝紀六、志五十（當從玉海卷四六作「五十五」），傳五十九，凡一百二十卷；至是，修真宗史成，增紀爲十、志爲六十、傳爲八十，總百五十卷。」七月「丁巳，詔修史官修國朝會要」。（原注：「慶曆四年四月成書。」）

玉海卷五一：「天聖八年七月丁巳，詔史官修國朝會要。明道二年十二月癸巳，命參政宋綬看詳修纂。康定元年四月己亥，命綬同提舉編修；景祐四年六月甲申，命史館檢討王洙編修。慶曆四年四月己酉，修國史章得象上新修國朝會要一百五十卷（原注：一本云編修官王洙纂。建隆以來止慶曆三年，凡八十五年）。以編修官王洙兼直龍圖閣，賜三品服。」（原注：「制度沿革，大小畢録。」）

郡齋讀書志：「三朝國朝會要一百五十卷，皇朝章得象天聖中被詔，以國朝故事、因革制度編次，宋綬、馮元、李淑、王舉正、王洙同修，得象監總。慶曆四年書成上之。」

又玉海同卷：「會要止修至慶曆三年，後事莫述。熙寧三年九月十六日，翰林學士王珪請續修慶曆四年以後，止熙寧三年。珪以舊書尚有遺事，所載頗多吏文，因略加增損，凡十二年乃成。元豐四年九月己亥，宰臣王珪上之。續慶曆四年，止熙寧十年，通舊增損，成三百卷，總二十一類，别爲八百五十五門，文簡事詳，紀載有法，後莫能及之。」

又皇宋事實類苑卷三一引蓬山志：「康定元年四月，宋綬任禮部尚書知樞密院同提舉編修會要，雜置官屬，寓局於崇文院，迄今因之，著爲故事。」

景祐二年九月〔一〕，詔翰林學士張觀等刊定前漢書、孟子，下國子監頒行〔二〕。議者以爲前代經史，皆以紙素傳寫，雖有舛誤，然尚可參讎。至五代，官始用墨版摹六經〔三〕，誠欲一其文字，使學者不惑。至太宗朝，又摹印司馬遷、班固、范曄諸史，與六經皆傳，于是世之寫本悉不用。然墨版訛駮，初不是正，而後學者更無他本可以刊驗。會祕書丞余靖建言前漢書官本差舛，請行刊正，因詔靖及王洙盡取祕閣古本校對，踰年，乃上漢書刊誤三十卷〔四〕。至是，改舊摹版，以從新校。然猶有未盡者，而司馬遷、范曄史尤多脱略，惜其後不復有古本可正其舛謬云。明年，以校勘史記、漢書官祕書丞余靖爲集賢校理，大理評事國

子監直講王洙爲史館檢討〔五〕，賜詳定官翰林學士張觀、知制誥李淑、宋郊器幣有差。【卷二之一一】

此條殘本爲卷二之三〇。

〔一〕景祐二年九月　「二年」原作「元年」，據本書殘本並參長編、玉海等改。說詳校證〔二〕。

〔二〕「下國子監頒行」下四庫館臣原按：「玉海：景祐二年，祕書丞余靖言前漢書謬誤，請刊正，詔靖及國子監直講王洙校對。踰年，乃上漢書刊誤三十卷。九月壬辰，詔學士張觀等刊定頒行。據此書，則余靖建言前已詔張觀等刊定，玉海詳後而略前耳。」

按：館臣所考不可據，其所引玉海之文，與今本玉海卷四三所載亦有異。玉海原載如下：景祐「二年九月壬辰，詔翰林學士張觀刊定前漢書下胄監頒行。祕書丞余靖請刊正前漢書，因詔靖盡取祕閣古本對校。踰年，乃上漢書刊誤三十卷。至是，改舊摹板。」據此，則二年九月實係刊板時日，而非余靖上言及初校時日。現存景祐本漢書卷末載余靖上言在元年九月，至二年九月始校畢刊行，長編卷一一七亦繫本條事於二年九月，均與玉海合；而本書下文亦云「至是，改舊摹板以從新校」，則繫年當作「二年九月」，不當作「元年九月」。本書原作「元年九月」，當是後人傳抄時所改，故今改正之。

又，長編、玉海均不載此時有校孟子事，疑本書此處「孟子」二字亦係誤書。今本宋會要崇儒四之四及玉海卷四三均載校孟子在大中祥符四年十月，七年正月上進。

〔三〕至五代官始用墨板摹六經　「官」下，本書榕園叢書本有「本」字，未知何據。下文余靖建言有「前漢書官本」之語。

五代會要卷八：「後唐長興三年二月，中書門下奏請以石經文字刻九經印板。敕令國子監集博士儒徒，將西京石經本各以所業本經句度抄寫注出，仔細看讀，然後顧召能雕字匠人，各隨部帙刻印，廣頒天下。如諸色人等要寫經書，並須依所印敕本，不得更使雜本交錯。」此五代雕印儒家經典之始，亦古代刻書史上一劃時代大事。

〔四〕景祐本漢書卷末：「景祐元年九月，祕書丞余靖上言：『國子監所印兩漢書，文字舛訛，恐誤後學。臣謹參括衆本，旁據它書，列而辨之，望行刊正。』詔送翰林學士張觀等詳定聞奏。又命國子監直講王洙與靖偕赴崇文院讎對。二年三月，靖又上言：『案顏師古叙例云：班固漢書舊無注解，唯服虔、應劭等各著音義，自名其家。至西晉晉灼集爲一部，凡十四卷，又頗以意增益，時辨二學當否，號曰漢書集注。永嘉之亂，此書不至江左。有臣瓚者，莫知氏族，考其時代，亦在晉初，又總集諸家音義，稍以己見廁續其末，擿摭前說，多引汲冢竹書，凡二十四卷，分爲兩帙，凡稱集解、音義，即其書也。蔡謨全取此書，散入衆篇。自是以來，始有注本。至唐太宗時，皇太子承乾命顏師古更加刊整，删繁補略，裁以己說，儒者服其詳博，遂成一家。總先儒注解，名姓可見者二十有五人，而爵里年代史闕載者殆半。考其附著及舊説所承注釋源流、名爵年次，謹條件以聞，望德刻於本書之末，庶學者啓卷具知。』奏可。」卷末又載前漢書景祐二年九月校畢，凡增七百四十一字，損二百一十二字，改正一千三百三字。

按：通考卷二百引崇文總目，謂新校史記一百三十卷、前漢書一百卷、後漢書九十卷，皇朝張觀等校；余靖等又「自録其校讎之説，别爲三史刊誤四十五卷（歐陽文忠公集卷二三及蔡忠惠集卷三六所載余靖碑銘、墓誌俱作「四十卷」，與通考不同）。本書止言漢書刊誤三十卷，未言及三史刊誤，似史記、後漢書校尚未完，故下文謂「司馬遷、范曄史尤多脱略。」玉海卷四九引國史志，謂漢書刊誤亦「議者譏其疏謬」。宋史藝文志著録漢書刊誤三十卷，無三史刊誤。

又太宗朝初校三史在淳化五年七月，見本書殘本卷二之二〇。

〔五〕國子監直講王洙　「講」原作「學」，據長編卷一一七及本書殘本改。按本條文字，長編所載略同本書，當亦宋會要崇儒門勘書篇舊文，而今本會要不存。

【卷二之一二】

景祐三年十月乙丑，御崇政殿觀三館祕閣新校兩庫子集書，凡萬二千餘卷。賜校勘官并管勾使臣、寫書吏器幣有差。是日，賜輔臣、兩制、館閣官宴於崇文院〔一〕。

此條殘本爲卷二之三二。

〔一〕景祐三年十月乙丑　「十月」二字原脱，據長編卷一一九及玉海卷二七補。按：本條文字，長編所載同本書，惟「寫書吏」三字作「書寫史」；玉海所載亦略同。

又，仁宗朝新校三館祕閣書自景祐元年閏六月始，見本書殘本卷二之一七。

仁宗嘗集天地辰緯雲氣雜占凡百五十六篇，離三十門，爲十卷，號寶元天人祥異書。寶元二年，召輔臣於太清樓出而示之，命庋於祕閣〔一〕。【卷二之一三】

此條殘本在卷二之一八。

〔一〕按長編卷一二五：寶元二年十一月「癸巳，以皇子生，燕宗室（玉海卷一六四作『宴輔臣宗室』）於太清樓。讀三朝寶訓，賜御詩（玉海作『賜御書』）。又出寶元天人祥異書示輔臣。其書蓋上所集天地辰緯雲氣雜占，凡七百五十六，釐三十門，爲十卷。」所載「凡七百五十六」，其下不著「篇」字，與本書作「百五十六篇」迥異。玉海未載其數。疑當從長編。蓋所集爲雜占之文，總共七百五十六條，故分類多至三十門。

慶曆元年十二月，翰林學士王堯臣等上新修崇文院總目六十卷〔一〕。景祐中，以三館祕閣所藏書，其間亦有謬濫及不完之書，命官定其存廢，因倣開元四部録，著爲總目而上之〔二〕。庚寅，詔提舉修總目官資政殿學士尚書禮部侍郎張觀〔三〕、右諫議大夫宋庠、翰林學士兼龍圖閣學士尚書兵部員外郎知制誥判集賢院王堯臣、翰林學士兼侍讀學士起復尚書兵部郎中知制誥判昭文館聶冠卿、尚書兵部員外郎知制誥郭稹，竝加階及食邑有差；編修官太常博士直集賢院吕公綽爲尚書工部員外郎，殿中丞天章閣侍講史館檢討王洙爲太常博士，館閣校勘殿中丞刁約、太子中允歐陽修、祕書省著作佐郎楊儀、大理評事陳經竝爲集賢校理；管勾三館祕閣内殿承制王從禮爲供備庫副使，入内東頭供奉官裴滋候御藥院滿日優與改官，高班楊安顯爲高品〔四〕。張觀、宋庠雖在外，以嘗典領，亦預之〔五〕。【卷二之一四】

此條殘本爲卷三之一〇。

〔一〕「六十卷」下四庫館臣原按：「玉海作六十卷，又引中興書目及國史志云六十六卷。」今按長編亦作六十卷，郡齋讀書志、通考作六十四卷，通志藝文略、直齋書録解題及宋史藝文志同國史志，皇宋事實類苑又作六十七卷，所載不一。

〔二〕「上之」下四庫館臣原按：「玉海：『景祐元年閏六月，以三館祕閣所藏有謬濫不全之書，辛酉，命翰林學士張觀、知制誥李淑、宋祁（疑宋郊之誤，説見本書殘本卷二之一七校證〔一〕）將館閣正副本書看詳，定其存廢，僞（當作「譌」字）謬重複，竝從删去，内有差漏者令補寫校對，倣開元四部録，約國史藝文志，著爲目録，仍令翰林學士盛度等看詳。』所記視此書更詳，張觀等三人名及盛度等看詳事可補此書所略。」

按：長編卷一三四所載同本書，惟「上之」二字下又有：「所藏書凡三萬六百六十九卷，然或相重，亦有可取而誤棄不録者。」郡齋讀書志載其書四十六類，又引國史云：「書録自劉向至毋煚所著皆不存，由是古書難考，故此書多所謬誤。」又據直齋書録解題：「時撰定諸儒皆有論議，歐公文集頗見數條，此惟六十六卷之目耳，題云紹興中改定。」是此書原有序釋，而後來佚去。今有四庫全書十二卷輯本。

〔三〕禮部侍郎張觀　「侍郎」原作「郎中」，據長編卷一三四改。宋史卷二七六張觀傳：「知審官院，遂拜同知樞密院事。康定中西兵失利，因議點鄉兵，久之不决，與王鬷、陳執中俱罷，以資政殿學士禮部侍郎知相州。」亦可證本書作「郎中」誤。其罷樞密院職在康定元年三月，距上進崇文總目不足兩年。

〔四〕「高品」下四庫館臣原按：「玉海但云編修呂公綽等進職，而王洙以下八人名不著，當以此書補其闕。」今按長編所載諸人加恩除職均同本書。

〔五〕張觀宋庠雖在外　「雖」字原脱，據本書殘本及長編補。

嘉祐四年九月，歐陽修爲史館修撰，言：「史之爲書，以紀朝廷政事得失及臣下善惡功過，宜藏之有司。往時李淑以本朝正史進入禁中而焚其草，今史院惟守空司而已。乞詔龍圖閣別寫一本下編修院，以備討閲故事。」從之〔一〕。【卷二之一五】

此條殘本爲卷三之二四。

〔一〕按本條文字見於宋會要職官一八之七九及長編卷一九〇，所載歐陽修之言與本書無異，惟會要「李淑」作「史官」。長編有小注云：「江氏雜志：『陳相就史館檢先君傳，云嘗爲縣小史，因此進本入内。至今史館無國史。』與歐陽修所言不同，當考。會要載修言但稱『史官』，無李淑姓名，當考。」

【卷二之一六】

熙寧三年十月，詔館閣校勘王存、顧臨、祕書省著作佐郎錢長卿、大理寺丞劉奉世同編經武要略，兼删定諸房例册，仍令都副承旨管勾〔一〕。

此條殘本爲卷三之一五。

〔一〕「管勾」下四庫館臣原按：「玉海又云：熙寧五年五月癸未，命内藏庫副使同編修；九年秋修畢上之。可補此條所未備。」

今按玉海卷一四一原載其書編纂緣起云：「熙寧二年五月癸巳，樞密院言：『本諸文書，凡關祖宗以來制所宜施於久遠者，今欲删取大旨，著爲一書；及聖政釐革條章，以次紀録；或有條理未備，更該説使臯所冀當職者，得以屢省其要，以時考察，則本兵大計，綱紀不廢。其事目凡十，曰兵制、馬政、邊防、夷狄、屬國、城守、器械、捕盗、選才、責效，各以事類相從。候編次成册，仍於逐門各留空紙，以備書載將來措置事件。』從之。仍賜名經武要略。」

又長編卷二一六：熙寧三年十月「丙戌，著作佐郎館閣校勘王存、大理寺丞館閣校勘顧臨、著作佐郎錢長卿、大理寺丞劉奉世同編修經武要略，兼删定諸房例册，仍令都副承旨提舉編定。上曰：『存等皆館職，不欲令提舉，可改爲管勾。』」卷二二七：熙寧四年十月「丙辰，樞密院編修經武要略，祕書丞館閣校勘王存、著作佐郎館閣校勘陳侗、大理寺丞劉奉世、前秀州崇德縣令蘇液並檢詳樞密院諸房文字，存兵房，侗禮房、户房，奉世吏房，液權同兵房。奉世仍改太子中允，液改著作佐郎，禮遇添給、日直人從、出謁之禁視中書檢正官，帶館職及本院編修文字依舊，餘差遣並罷。既而存以母老辭，改差祕書丞朱明之。」卷二三三：熙寧五年五月「癸未，內藏庫副使知儀州郭固同編修經武要略。」

又通考卷二二一武經總要條引李燾語：「昔杜君卿取前世用兵故事，分一百三十餘門編入通典。國朝修經武要略亦承用之，但微有附益耳。」其書卷數未詳。宋史藝文志著録有王存樞密院諸房例册一百四十二卷。

熙寧八年六月，尚書都官員外郎劉師旦言：「今九域圖涉六十餘年，州縣有廢置，名號有改易，等第有升降，而所載古跡有出于俚俗不經者。」詔三館祕閣删定。其後又專命太常博士集賢校理趙彦若〔一〕、衛州獲嘉縣令館閣校勘曾肇删定，就祕閣不置局。彦若免删定，從之。以舊書不繪地形，難以稱圖，更賜名曰九域志〔二〕。【卷二之一七】

此條殘本在卷三之六。

〔一〕太常博士集賢校理趙彦若　「集賢」上原有「直」字，據本書殘本及長編卷二六五删。長編所載本條文字略同本書。

〔二〕「九域志」下四庫館臣原按：「『彦若免删定』句有脱字。玉海：熙寧八年六月辛丑，劉師旦言九域圖訛舛，請删定。乃命集賢校理趙彦若、館閣校勘曾肇充删定官。彦若辭，復命光録丞李德芻，而知制誥王存審其事。既成，王存言不繪地理（『理』當作『形』），難以稱圖，更名九域志。此條與玉海證合，乃悉端委。」

按館臣所引，係節取玉海卷一四、一五兩處文字而成。今録其原文如下：「祥符初，命李宗諤修圖經。有司請約唐十道圖以定賦役，上命學士王曾修九域圖，六年成（原注：崇文目二卷）。先王建國，詔地事則有圖，詔觀事則有志，比生齒則有籍。近世撮其大要，會爲一書，趣時施宜，文約事備，則唐十道圖、本朝九域圖是也。熙寧四年二月甲戌，召集賢校理趙彦若歸館管當，畫天下州軍府監縣鎮地圖。先是，中書命畫院待詔繪畫，上欲有記問者精考圖籍，故命彦若。六年十月戊戌，上十八路圖一及圖副二十卷。八年六月辛丑，劉師旦言九域圖訛舛，請删定。既成，王存言不繪地形，難以稱圖，更名九域志。」（以上卷一四）

熙寧「四年二月甲戌，命趙彦若考圖籍，畫天下地圖。六年十月甲午（原注：一云戊戌），上十八路圖二（前作『一』，此作『二』，當有一誤）及圖副二十卷。八年七月十一日（作『七月』誤，當從前載作『六月』，七月無辛丑，長編亦在六月），詔三館祕閣删定九域圖，以都官員外郎劉師旦言：『今九域圖（「圖」字原脱）自大中祥符六年修定，至今涉六十餘年，州縣有廢置，名號有改易，等第有升降，所載古迹有出於俚俗不經者，乞選有地理學者重修。』乃命集賢校理趙彦若、館閣校勘曾肇充删定官。彦若辭，復命光禄丞李德芻删定，而知制誥王存審其事。既而上言，以舊書不繪地形，難以稱圖，更賜名九域志。壤地之離合，户版之登耗，名號之升降，鎮戍城堡之名，山澤虞衡之利，皆著於書（原注：始四京，終化外州）。道里廣輪之數，昔人罕得其詳，今一州之内，首叙州封，次及旁郡，彼此互舉，弗相混淆。總二十三路，京府四，次府十，次州十，州二百四十二，軍二十七，監四，縣一千一百三十五，爲十卷。」（原注：曲阜集有進表。）又引會要：「元豐三年閏九月延和殿進呈，六年閏三月（是年閏六月，不閏三月）詔鏤，八年八日（『年』疑爲『月』之誤）頒行，十卷。」（以上卷一五）

職掌

祕書省在光化坊，隸京百司〔一〕。判省事一人；如監闕，以判祕書省官兼充〔二〕。景德四年，詔祕閣書籍内臣同提舉。掌祭祀版，正辭録外，有常例祭者，竝著作局分撰；或在京闕著作局官，亦有祕書丞、郎撰者〔三〕。舊制，常祀祝文祕書省嶽瀆竝進書，學士院惟五嶽進書，四瀆則否；至咸平六年十二月，詔四瀆祝文竝進書〔四〕。大中祥符二年，更令兩制、龍圖閣待制與太常禮院取祕書省、學士院祝版，據正辭録重定，付逐司遵用。景德初，詔祕書省揀能書人寫祝版，委祕書監躬親點檢，謹楷不錯，方得進書〔五〕。省有監、少監〔六〕、丞、郎、校書郎、正字、著作郎、佐郎，是時皆以爲官，常帶出入，亦猶尚書省寺監丞郎、卿少、郎官、丞簿等，皆爲官也。即官至祕書監（原註：今中大夫），有特令供職者，或以他官兼監〔七〕，至道中宋白以翰林學士承旨兼祕書監〔八〕、淳化中李至自前執政以吏部侍郎（原註：今通奉大夫）兼祕書監〔九〕、大中祥符九年楊億以祕書監判祕閣兼祕書省事是也。然議者以爲億正爲祕書監矣，不當更言判省閣，蓋有司之誤也〔一〇〕。自後兩省五品以上官不兼監者止云判，其祕書省事亦掌爲之。祕書監之領祕閣、省事，猶著作佐郎（原註：今宣教郎）在三館則修日曆〔一一〕，正言（原註：今承議郎）、司諫（原註：今朝奉郎）供職本院或在從班則行諫諍之職〔一二〕，侍御史（原註：今朝請郎）監察御史（原註：今承議郎）供職本臺則行糾彈之職也。太平興國中，左拾遺田錫上疏，以爲今三館之中有集賢院書籍而無集賢院職官，雖有祕書省職官而無祕書省圖籍〔一三〕。然至淳化元年，始以太子中允和嶹直集賢院〔一四〕。若祕書省，則所掌祠祭祝版而已，書籍實在三館祕閣；而所謂職官者，猶今寄禄官耳，則雖無書籍可也。【卷二之一八】

此條自「祕書省在光化坊」以下至「則行糾彈之職也」，殘本爲卷一之六；自「太平興國中」以下，則在卷一之八。

〔一〕宋會要方域一之一二：「至道元年十一月二十五日，詔張洎改撰京城内外坊名八十餘，分定布列，始有雍、洛之制。」按據該篇所載，宋時東京内城原分左右各兩廂，光化坊在右第一廂（右掖門外），此廂多官衙及禁軍營地。又玉海卷一一七：「都亭驛在光化坊。」

秘書省隸京百司事參本書卷一之三。

〔二〕宋會要職官一八之一引兩朝國史志：「祕書省判省事一人，以判祕閣官兼，凡邦國經籍圖書悉歸祕閣，本省惟掌常祭祀祝版而已。書令史一人，楷書六人。」按此乃宋初情形，至元豐改官制，則祕書省取代崇文院，凡經籍圖書等事已無所不統。下文田錫上疏參此。

〔三〕詔祕閣書籍内臣同提舉 「祕閣」二字下，據宋會要（見下）當有「監」字，疑原書誤脱。殘本亦無此字。又「掌祭祀版」，殘本「祀」作「祝」；揆諸宋人文例，當稱「祭祀祝版」，似二本各脱一字。

宋會要職官一八之二：「太宗淳化元年八月，詔祕閣次三館，祕書省仍舊隸京百司。二年二月，詔祕書省著作局掌撰祠祭祝文，今定正辭録三卷，令祕書省依此行用。自後凡正辭録外，有常例祭者，著作局分撰；或在京闕著作局官，亦有祕書丞、郎撰者。真宗景德元年十二月，詔祕書省揀能書人寫祝版，委祕書監躬親點檢，謹楷不錯，方得進御書名。四年，又令祕閣監書籍内臣同提點。」

又玉海卷五八：「淳化二年七月戊申，祕書監李至以新撰正辭録三卷上。先是，祠祀祝詞命著作局官屬臨事撰進，多不合典禮，向來所用之文，辭義淺近，罔依古式。至是，乃撰成數百首上進，永爲定式焉。一本云：凡百九十三首，内八十四首新製，餘皆依舊詞。取左氏『祝史正辭』之義也。真宗景德元年十二月癸卯，命知制誥李宗諤及楊億、陳彭年詳定。祥符二年四月庚寅，命兩制、禮官取祕書省、學士院祝版據正辭録重定。」（又見卷一〇二）

〔四〕長編卷七〇：大中祥符元年十二月「丁未，詔四瀆祝文自今並進署。舊制，常祀學士院惟五嶽進署，四瀆則否，故有是詔。」按所載繫於大中祥符元年十二月，與本書作咸平六年十二月有異。疑當從長編。咸平六年十二月無丁未。又「進署」，本書作「進書」，當因避英宗諱改。

〔五〕按：上述重定正辭録與書寫祝版事，已並見校證〔三〕所引宋會要及玉海之文。長編卷七一載重定正辭録之文與本書同。

又「方得進書」下四庫館臣原按：「南宋館閣録：『紹興元年四月十四日，詔樂章贊頌敕葬輓祭文之類，竝依舊制，長、貳分請官撰。』是可徵祕書省舊制，自掌祭祀祝版外，又掌樂章祭文之類，故館閣録載撰樂章諸官名，自丞、郎至正字皆預焉。此書專及祭祀祝版，與館閣録詳略互異。」今按所引見於南宋館閣録卷五修撰門。

〔六〕省有監少監　「少監」二字原不載，據本書殘本補。

〔七〕按：此處文字，自「即官至祕書監」至「或以他官兼監」，疑有脱誤。元豐官志不分卷：「祕書監元豐官禄正議大夫　掌古今經籍圖書、國史、實録、天文曆數之事。太宗初置昭文、史館、集賢、祕閣諸館職，祕書監但以爲寄禄官，有以他官兼者，有特令供職者，有以判祕閣兼者。其時經籍悉歸祕閣，所掌止祭祀祝版而已。」據所載，則本書此處脱去「有以判祕閣兼者」一項，且以「他官兼監」置後，順序亦欠妥。蓋下文所舉宋白、李至、楊億諸例，實是以他官兼者、特令供職者、以判祕閣兼者各一，故其上行文應如元豐官制所載方合。附識於此。

〔八〕宋白兼祕書監事，宋史卷四三八本傳載「至道初爲翰林學士承旨，二年遷户部侍郎，俄兼祕書監」，似與本書有異。

〔九〕宋史卷二六六李至傳：「累遷右補闕知制誥。太平興國八年轉比部郎中爲翰林學士，冬，拜右諫議大夫參知政事。雍熙初加給事中。時議親征范陽，至上疏，以爲兵者兇器，戰者危事，用兵之道，必務萬全（下略）。至以目疾累表求解機政，授禮部侍郎，進秩吏部。會建祕閣，命兼祕書監，選三館書置閣中，俾至總之。」

按：李至初兼祕書監，宋會要及長編均載在端拱元年五月，本書此處作「淳化中」，不確，參本書卷一之二校證〔一〕、〔三〕。又，「以吏部侍郎兼祕書監」，殘本「吏部」作「禮部」；按之宋史本傳，「吏」、「禮」似可兩書，然宋會要及長編皆作「吏部」，不作「禮部」，與本書合。疑以作「吏部」爲是。

〔一〇〕宋會要職官一八之二：「大中祥符九年，詔祕書監楊億判閣兼祕書省事。億爲正監，不當更言判省、閣，有司悞也（『悞』原誤『憶』）。」

宋史卷三〇五本傳：「册府元龜成，進秩祕書監。七年，病愈，起知汝州。會加玉皇聖號，表求陪預，即代還，以爲參詳儀制副使，知禮儀院，判祕閣、太常寺。」

〔一一〕「修日曆」下四庫館臣原按：「文獻通考云：『日曆所屬祕書省，著作郎、佐郎掌以宰相時政記、左右史起居注所書會集修撰。』此書於修日曆專舉著作佐郎，似有闕文。」

按：元豐官制不分卷：「著作郎　寄禄爲奉議郎　掌修纂日曆、祭祀祝辭。宋初爲寄禄官，元豐復始正其職。日曆所隸焉」。

「著作佐郎　寄禄爲宣教郎　掌以宰相時政記、左右史起居注所書會集修撰爲一代之典。舊於門下省置編修院專掌國史，實修日曆。官制行，屬祕書省。」

據所載，著作郎、佐郎雖同修日曆，而其職掌似亦有别。神宗以后，日曆多以著作佐郎修纂，亦有以校書郎、正字修纂者，可參宋會要運曆一之一五——一八。

〔一二〕正言司諫　「正言」下夾注「今承議郎」四字原脱，而「司諫」二字又混入注文，遂成如下形式：

「正言（原注：司諫，今朝奉郎）。」並據本書殘本改補。

〔一三〕按田錫太平興國五年九月二十三日由著作佐郎除左拾遺直史館，六年九月八日除河北南路轉運副使，十三日入辭直進封事，詳見長編卷二二。本書此處所引即田氏此次奏狀中語。其奏狀凡言軍國機要者一，朝廷大體者四。其大體之二云：「案六典：左右拾遺、補闕掌供奉諷諫，凡發令舉事有不便者，小則上封，大則廷爭；給事中職在封駁詔，封謂封還不行，駁謂駁正所失；起居郎、舍人立赤墀之上記録言動，即左右史之任也。邇來諫官廢職，制詔有所未當，給事中不敢封駁，遺、補亦不敢直言其失；起居郎、舍人不得升陛記言動，聖朝美事或有所遺，陛下德音或有不録。又御史不能彈奏，左右丞今尚闕員；中書舍人典掌書命，未聞訪之以事。臣意其各有所蓄，欲待顧問，望因清燕，召而訪之，俾盡悃誠，以觀器業。又集賢院雖有書籍而無職官，祕書省雖有職官而無圖籍。伏讀去年九月丁未詔書，戒勵百官並於朝堂習儀，及委憲司糾察，斯蓋復古道，振朝綱。然但見習儀，未見舉職；若職業各舉，則威儀自嚴。願陛下擇才任之使，各司其局。」據所載，本書此處「有集賢院書籍」上，似應亦如下句加「雖」字。

〔一四〕「直集賢院」下四庫館臣原按：「玉海云：『先是，但有直史館，淳化元年八月丁卯，以呂祐之等四人直昭文館，戊辰，以和㠓直集賢院，備三館之職。』」參本書卷三之一。

崇文院於三館直院、直館、直閣、校理、校勘之外，三館、祕閣又各置檢討、編校書籍等官，其位遇職業亦館職也〔一〕。校勘校對書籍不帶出，天聖五年晏殊知南京，辟館閣校勘王琪簽書南京留守判官公事，特許帶行，以殊故也〔二〕。嘉祐四年正月〔三〕，置館閣編定書籍官，以祕閣校理蔡抗、陳襄、集賢校理蘇頌、館閣校勘陳繹，分史館、昭文館、集賢院、祕閣書而編定之〔四〕。元豐官制行，既皆罷而不置；至元祐中，祕書省職事官與館職之外，又置校黃本書籍，蓋校書之比也〔五〕。【卷二之一九】

此條殘本析爲卷一之八、之九。

〔二〕以上參本書卷一之一校證〔三〕。

〔三〕宋會要職官一八之五二：仁宗天聖「五年二月，以大理評事館閣校勘王琪簽書南京留守判官廳公事，特令帶館閣校勘外任。校勘官無有帶外任者，時晏殊奏辟琪，特有是命。」長編卷一〇五：天聖五年正月「庚申，降樞密副使刑部侍郎晏殊知宣州。先是，太后召張耆爲樞密使，殊言：『樞密與中書兩府同任天下大事，就令乏賢，亦宜使中材處之。耆無他勳勞，徒以恩倖極寵榮，天下已有私徇非材之議，奈何復用爲樞密使也？』太后不悅。於是從幸玉清昭應宮，從者持笏後至，殊怒，撞以笏，折其齒。監察御史曹修古、王沿等劾奏：『殊身任輔弼，百僚所法，而忿躁無大臣體。古者三公不按吏，先朝陳恕於中書榜人，即時罷黜。請正典刑，以允公議。』殊坐是免。尋改知應天府。」二月「己亥，以大理評事館閣校勘王琪簽書南京留守判官事。館閣校勘無出外者，琪爲晏殊所辟，特許之。」

又宋會要職官一八之五一：「至道三年七月，詔虞部員外郎董元亨依前充史館檢討。檢討、修撰二職皆不帶外任，元亨時出知漳州，罷職，至是始代歸，復授焉。」是宋初檢討、修撰亦不帶外任。

〔三〕「四年正月」下四庫館臣原按：「玉海作四年二月丁丑。」今按宋會要崇儒四之七及長編卷一八九、二六〇亦均作「二月」，與玉海同，當以「二月」爲是。據本書殘本，當是正月吳及上言請選館職編寫書籍，二月乃有蔡抗等除職。因殘本亦作「正月」，故今暫兩存。

〔四〕「編定之」下四庫館臣原按：「玉海云：嘉祐四年，正言吳及請選館職三兩人，分館閣吏人編寫書籍，因命抗等，令不兼他局，二年一代之。六月己巳，又益編校官，每館二員，及二年者選人。六年十二月辛丑，三館祕閣上寫黄本書六千四百九十六卷，補白本書二千九百五十四卷。」今按所引文字，「及二年者選人」句不完，玉海原文其下仍有「京官除館閣校勘，朝官除校理」十二字。又「三館祕閣上寫黄本書」，「閣」字原誤「書」，亦據玉海原文改。此處内容詳參本書殘本卷二之一七及其校證。

〔五〕館職之外　「館職」二字原倒置，據殘本乙正。

又「蓋校書之比也」下四庫館臣原按：「玉海引會要：元祐二年六月八日，祕書省言：寫祕閣黄本，以崇文總目比校，別造書目。紹聖元年罷校對黄本。」

按：哲宗朝校對黄本書籍及徽宗朝續校並編目之事，宋會要職官一八載之頗詳，爲便於參考，今擇要附録如下：

一八之七——八：元祐「二年六月八日，祕書省言：『昭文館黄本書籍已編寫了當，撥與祕閣收藏，其史館、集賢院未有上件書籍。祕閣定本内，名件與卷帙多闕，見今祕閣黄本亦多有闕。有旨，令先將定本補足闕少名件，校對無差，即先補寫祕閣黄本，内有印本者印補充。乞在省官與供職校理分校祕閣所藏黄本書，補完校正；仍乞將崇文總目比較，無闕少書，即別造帳目。合用黄白池紙及裝背綾絹之類，依料次下合屬庫務供送。内館閣無本及不堪者，許於龍圖、天章、寶文館、太清樓及諸官司關借；合要印本書，下國子監用黄紙印造。元係諸州、軍印本，許從本省牒户部，下本處印造。舊崇文院每月破公使錢七十貫、菜盤錢二十貫，欲比附共破錢四十貫，充裝背黄白攧竹、麪糊所需之物，並官員茶食果子之類費用。舊編校每月各破茶湯錢十貫，今本省官已有職錢，在館供職校理取朝旨。舊編校所楷書五十人，今乞差三十人，手分四人，抄寫人不許諸處抽差及免謄録；依所請外破錢，每月支三十貫。在館校理如無兼領，每月各支錢十貫。』八月，祕書省言：『舊例，逐員每月校對書籍功，册葉背面二十一紙。契勘既已校對黄本，其本省見置補寫書籍局合行減罷。』有旨，校書功依例，補寫書籍局減罷。」

一八之九——一〇：元祐四年四月，「祕書省言：『崇文總目内書籍，是將四館分書併合著録，自來逐館分書多少不等，每處未有全依得總目内數目者。今既先用黄紙書一本充祕閣收藏，即自嘉祐中編校，後來所寫書本，尚猶未能足數。即今見行添補，欲將祕閣先退下舊白本及諸館分舊書或兼本者，亦依崇文總目編次一本，充史館收藏；其餘接續編次集賢、昭文，内集賢一本充諸處借取外，其餘更不得借出。又江南、西川、荆南、兩浙等書，並是祖宗初平僭僞收取入館，可惜散失將盡。今欲不拘全與不全，並於庫下收貯，內有唐朝零碎舊書，仍乞別藏祕閣。又近世書並家籍等，多是一時獻到送付祕閣，乞別作一帳收係，內有名賢著述，亦別謄寫，其餘即於空閑庫分收管。』從之。」

一八之一〇：「五年六月四日，詔祕書省見校對黄本書籍未了，可添一員，以明州定海縣主簿秦觀充，三年理爲一任，滿日依太學博士條。」

一八之一二：「七年三月七日，祕書省言：本省節次添差到校對黄本書籍官共五員，即未有京朝官關陞資序、選人改官及比附舊例立定年限遷除條式。有旨，承務郎以上到任三年理爲一任，與除正字；選人並依太學博士條改官。」

一八之一三：紹聖元年「閏四月二日，詔罷祕書省校對黄本。以元祐所置，故罷之。」

一八之一四：「徽宗崇寧二年五月四日，禮、户部言：『祕（原誤「校」）書省見謄寫三館書籍充祕閣書，至今一十七年，裝褫成書共二千八十二部。所謄寫者，據三館帳籍，猶有一千二百一十三部及闕卷二百八十九卷未寫。元立楷書係三十人額，每月各人支錢三貫五百文，每日寫字二千五百。若使工課如限內，即三十人所寫，除假外，一年計可寫四百有餘萬字。今一十七年尚未寫畢，顯是自來點勘疏略，致得因循，虚費請受。今來乞立程限。』從之。」

一八之一九：政和七年「十一月十四日，祕書省校書郎孫覿奏：『太宗建崇文院爲藏書之所。景祐中，仁宗詔儒臣即祕書省所藏編次條目，所得書以類分門，賜名崇文總目。神宗始以崇文院爲祕書省，釐正官名，獨四庫書尚循崇文舊目。頃因臣僚建言訪求遺書，今累年所得，總目之外凡數百家，幾萬餘卷。乞依景祐故事，詔祕書省官以所訪遺書討論撰次，增入總目，合爲一卷。乞別製美名，以更崇文之號。』從之。仍命覿及著作郎倪濤、校書郎（『書』原誤『官』）汪藻、劉彥適撰次，曰祕書總目。」

元豐官制行，祕書省分四案：曰國史案，掌編修日曆事；曰太史案，掌太史天文渾儀等事；曰經籍案，掌典籍之事；曰知雜案，掌本省雜事。大槩如此。（原註：有元豐官制格子具載，訪索未獲。）〔一〕政和中，增置道教案〔二〕。【卷二一之二〇】

〔一〕宋會要職官一八之三：「元豐五年，職事官貼職悉罷。及官制行，（祕書省）立爲定員，釐正其事，分案四，設吏八，太史局隸焉。」

按原注元豐官制格子，疑指宋會要中所見元豐官制敕令格式。此書宣和間已字畫漫滅，秩序差互，故至南宋初已難以訪尋。宋會要職官五六載有哲宗元祐以降官方編定官制之書的大略情況，今一並擇要附録如下——

五六之二〇：元祐「八年十二月二日，尚書左僕射呂大防言：『乞倣唐六典委官置局，修成官制一書，以爲國朝大典。仍乞令修史院官兼領。』從之。」（玉海卷一一九：「詔於祕書省置局，令范祖禹、王欽臣編修，宋匪躬、晁補之檢討。）紹聖元年「五月一日，詔罷編修官制局。」

五六之二二：紹聖二年「七月二十五日，三省言：『夔州路轉運判官黎珣言：「臣於先朝元豐七年中曾進開封六曹官制格，尋令知府蔡京編修成書。今其具草見在，欲望紹承前志，早還天府，以正官司之弊。」』詔送户部尚書蔡京看詳以聞。」

五六之二四：「徽宗崇寧元年六月二十九日，詔令國史院以神宗所定官制，依唐六典編修成書。」

五六之三一：「政和二年三月十七日，奉議郎左司諫王甫奏：『臣比者欽承聖訓，委臣參照違格目事務，條列元祐紊亂事迹年月並釐正類成事件，甚盛舉也。臣愚謂當將應該官制格目所載省曹司監一切事務，依今來聖旨悉行照參，及條列廢紊事迹年月，取元豐以後繼述增立之事，並依例補充，釐正成書奏御，斷自淵衷，然後頒之天下，以昭萬世。伏望陛下留神，如上當聖心，即乞特降詔旨，仍乞更不置局，止以參詳補完官制格目所爲名。』」（玉海卷一一九：「政和三年八月修，參照官制格目，凡九百餘册。」）

五六之四三：政和六年「六月四日，太師魯國公蔡京等奏：『崇、觀、政和以來，中書省除授内外省官制，參照元豐舊格，成書一百二十卷。乞以中書省官制事目格爲名。』詔頒行。」

五六之四九：宣和二年八月「二十七日，臣僚上言：『元豐官制敕令格式字畫滅漫，秩序差幺，條目無倫，檢舉遵奉，殆不可考。夫以内外官司昔嘗欲降元豐法令，不惟歲月之久，寖以散失，亦有如省部轄下，元不曾被受法處。今紹述政事成憲，有司奉行，大懼違戾，然非朝夕從事於其間，豈得周知盡聞，以時而檢舉哉！伏望聖慈命有司契勘内外官司，別行頒降。』從之。」

又玉海卷一一九：元豐三年「九月乙亥，詳定官制所上以階易官寄禄新格」；五年「七月壬午，尚書省奏：自五月一日行官制，其指揮條例集爲二册。」此爲當時原始文件。同卷又載：「元符二年六月廿四日，劉賡請以官制敕令格式藏館閣，從之。」此疑指元祐間修訂稿。

〔三〕宋會要職官一八之一八——一九：政和六年二月「八日，詔道録院見隸屬鴻臚寺，本寺掌蕃夷朝貢等事，金狄之教正當純治之，其道教當改隸祕書省。」「八年正月二十六日，提舉祕書省道録院蔡攸言：『踏逐到閶闔門外西排岸司，止有小屋二十餘間及相鄰軍器所垛木場，地步可以修蓋提舉祕書省左右街道録院。』從之。」

長編紀事本末卷一二七：宣和元年正月乙卯，「御筆：『僧已降詔改爲德士，所有僧録司可改作德士司；左右街道録院可改作道德院，德士司隸屬道德院，蔡攸通行提舉。天下州府僧正司可並爲德士司。』」

又「增置道教案」下四庫館臣原按：「南宋館閣録：『曰知雜案，掌行本省官到替、通理遷改關陞批書、祠祭差官行事，及人吏遷補應知雜等事；曰經籍案，掌行祕閣御製御書、圖畫、經史子集書籍并朝廷檢閱典故，及御前取降圖畫、書籍及修撰祠祭樂章等事；曰祝版案，掌行每歲祭天地、社稷、宗廟及應大、中、小祠祝版并修撰祝詞及軷祭祝文等事；曰太史案，掌行太史局曆日、文德殿鐘鼓院、測驗渾儀刻漏所、應官生遷補事。』較之此書，無國史案及道教案，而此書亦無祝版案。」今按所引見於南宋館閣録卷十職掌門。原引有誤，今所録已據館閣録本書釐正。

崇寧以後，置編修國朝會要所、詳定九域圖志所二局於祕書省〔一〕。會要以從官爲編修，餘官爲參詳，修書官爲檢閱文字，與祖宗時異。祖宗時，會要已有檢閱文字官，然林希以檢閱文字而詔俾同編修，則知檢閱文字官不編修，編修官乃下筆耳。崇寧反是。九域圖志，前朝固嘗修定，止就館閣而不置局。崇寧雖就祕書省，然置局設官，以從官爲詳定，餘官爲參詳，修書官爲編修官。檢閱、編修，其進用視祕書省官而無定員，當時宰執、從官大抵由此塗出，合祕書省之士至數十人。然二書皆祖宗時所嘗修，亦在三館，但不別置局耳〔二〕。初，王黼得政，欲盡去冗費，專事燕山，于是在京諸局皆罷，編修會要亦不復置官，與九域圖志令省官分修而已。初罷諸局，黼念貴倖恐復造膝開陳，卒不可罷，於是得旨亟行，令局官當日罷，書庫官人吏皆即赴吏部。於是文書草沓，皆散失。乃不知朝廷每有討論，不下國史院而常下會要所者，蓋以事各類從，每一事則自建隆元年以來至當時因革利害，源流皆在，不如國史之散漫簡約，難見首尾也。故論者惜其罷之無漸，而處之無術也〔三〕。

【卷二之二一】

此條殘本在卷一之一三。

〔二〕詳定九域圖志所　「詳」字原脱，據本書殘本補。

宋會要職官一八之一四：元符三年「十二月十二日，詔就祕書省置局編修國朝會要。」（時徽宗已即位未改元）

玉海卷五一：「元符三年十二月甲辰，徽宗詔祕省修（國朝會要），命王覿、曾肇續編元豐至元符；又詔起治平四年，止崇寧五年，凡四十年。二書皆弗克成。政和八年十二月丁未，有司獨上帝系、后妃、吉禮三類，凡一百一十一卷（原注：並目録）。其書通章得象、王珪所編，稍益以熙寧後事（原注：累朝已成之書通加删改）。」按其書南宋乾道間重修，名續四朝會要，斷自神宗之初，迄於靖康之末，凡六十年，總三百卷，分二十一類，六百六十六門，參通考卷二〇一引李燾序。（玉海作「二百卷」，又注云：「綴集於散亡之餘，十僅得其六七。」）

又玉海卷一五：「紹聖四年九月十七日，兵部侍郎黄裳言：『今九域志所載甚略，願詔職方取四方郡縣、山川、民俗、物産、古跡之類，輯爲一書，補綴遺缺。』詔祕省録山海經等送職方檢閲。大觀二年四月二日，詳定九域圖志强淵明上言續修其書，詔四方以事來上。」（原注：「宣和罷書局，不及成。」）據所載，續修九域圖志始於哲宗紹聖四年，而正式置局疑在大觀初。同修者又有何志同等人。

〔二〕按：仁宗、神宗朝編修國朝會要及删定九域圖志事，已分見本卷第一〇、一七條及其校證。徽宗朝命官改修及詳定、參詳、編修、檢閱之制，其詳已不可考，惟本書略存其梗概。又北山集卷三五載有程俱建炎三年二月所上省官劄子，其中説到：「竊見元豐官制行，在京職事官不盡除足，至紹聖間，六曹郎官猶通輪宿直，此可見。崇寧以後，當國者好夸喜權，省曹寺監郎官丞簿始皆除足。館職至數十人，既冗且濫，官益以輕，事不加治。」可與本書此處所載内容互參。

〔三〕容齋隨筆卷一三：「國朝會要自元豐三百卷之後，至崇寧、政和間復置局修纂。宣和初，王黼秉政，罷修書五十八所。時會要已進一百十卷，餘四百卷亦成，但局中欲節次覬賞，故未及上。既有是命，局官以謂若朝廷許立限了畢，不過三兩月可以投進，而黼務悉矯蔡京所爲，故一切罷之。官吏既散，文書皆爲棄物矣。建炎三年，外舅張淵道爲太常博士，時禮寺典籍散佚亡幾。而京師未陷，公爲宰相言：宜遣官往訪故府，取見存圖籍悉輦而來，以備掌故，此若緩而甚急者也。宰相不能用。其後逆豫竊據，鞠爲煨燼，吁可惜哉！」所載可與本書互證。

祖宗朝，三館宿官或被夜召，故宿直惟謹〔一〕。祕書省監、丞以下日輪一員省宿，當宿官請急，即輪以次官，參假日補填；内長、貳五日一員，正旦、寒食、冬至節假並入伏不輪。其後宿官請急，不報以次官，止關皇城司照會。至元祐，遂引例立爲法，宿官請假，更不輪以次官〔二〕。政和六年，措置祕書省官請當宿官告假即輪以次官，候參假補填，月具直宿請假官員數、職位、姓名報御史臺。官、吏各爲歷，長、貳點檢覺察，即吏告假報以次人及補填，如宿官法。日輪職掌二人，孔目官、專副至守當官通輪；楷書二人，正名楷書至守闕通輪；庫子二人，裝界作、翰林司、厨子各一人，親事官四人，剩員五人〔三〕。【卷二之二二】

〔一〕按：宋初館閣宿直之制，可參本書卷三之二與本卷下條及其校證。

〔二〕按：元祐引例爲法事未見他書記載。據夢溪筆談卷二三：「館閣每夜輪校官一人直宿，如有故不宿，則虛其夜，謂之豁宿。故事：豁宿不得過四，至第五日即須入宿。遇豁宿，例於宿曆名位下書『腹肚不安，免宿』。故館閣宿曆，相傳謂之『害肚曆』。」疑所指即元祐間情形。

又元豐間曾立百官番宿之制。長編卷三二五：元豐五年四月甲戌，「三省擬定百官番宿。門下省：給事中、左諫議大夫、左司諫、左正言、起居郎；中書省：舍人、右諫議大夫、右司諫、右正言、起居舍人；尚書省：尚書侍郎、郎中、員外郎。詔給事中、中書舍人、左右諫議大夫、尚書侍郎以上並免宿。尚書都省及六曹一員遞宿，省寺監長、貳五日點一宿，餘官番直。」又宋會要職官一八之五：元豐「二年十一月十六日，集賢校理王子韶言：『閣宿官遇假日不許設火，亦無燈燭，緣舊日遇假多寡豁宿。近來不許豁宿，冬月寒冷，宿直不便。乞依班房例，雖遇休假，量與給火。』從之。」此均可與本書所記互證。

〔三〕宋會要職官一八之一八：政和「六年二月七日，蔡攸奏：『祕書省長、貳五日輪一員，正旦、寒食、冬至節假並入伏不輪；丞以下日輪一員直宿，若請假，即輪以次官，參假日補填。置曆抄轉，長、貳每旬點檢覺察。月具直宿請假官員數、職位、姓名報御史臺。人吏諸色人直宿別置曆，日押當宿官，每旬長、貳點檢覺察，如有請假事故，即當宿官驗實給假告，報以次人，候參假日補填。職掌二人，孔目官、專副至守當官通輪；楷書二人，正名楷書至守闕通輪；裝界作一名，庫子二人，翰林司一名，厨子一名，親事官四人，剩員五人。』從之。」

按：南宋祕書省宿直亦承此例。宋會要職官一八之二五：紹興二年「十一月七日，詔祕書省依舊制，日輪官一員止宿，遇請假驗實即以次官。長、貳五日一次點宿。」

景德初置龍圖閣學士、直學士、待制、直閣，竝寓直祕閣，每五日一員遞宿〔一〕。後置天

章閣待制，亦寓直於祕閣，與龍圖閣官遞宿〔二〕。【卷二之二三】

此條殘本在卷一之八。

〔一〕景德初置龍圖閣學士　「閣」字原脱，據本書殘本補。

宋會要職官七之一三：「龍圖閣在會慶殿西偏，北連禁中。閣東曰資政殿，西曰述古殿。閣上藏太宗御製御書及典籍、圖畫、寶瑞之物，內侍三人掌之。太宗御製御書文集總五千一百一十五卷、軸、册，又有御書紈扇數十。其下列六閣：經典閣三千三百四十一卷，史傳閣七千二百五十八卷，子書閣八千四百八十九卷，文集閣七千一百八卷，天文閣二千五百六十一卷，圖畫總七百三軸、卷、册，瑞總閣奇瑞二十三、瑞木十六、衆瑞百一十三、雜寶百九十五。」（按所載六閣貯藏之數，又見於長編卷五九及玉海卷五二、一六三。然長編載「經典閣三千七百六十二卷，史傳閣八百二十一卷，子書閣一萬三百六十二卷，文集閣八千三十一卷，天文閣二千五百六十四卷，圖畫閣一千四百二十一軸、卷、册」，與會要全不相同。玉海據實録轉載，與會要相合，惟圖畫「七百三軸、卷、册」作「七百一軸、卷、册」，又謂「圖畫閣一本作瑞物閣」，並記有「古賢墨跡二百六十六卷」。）

「學士、直學士、待制、直閣：自學士以下並寓直於祕閣，每五日一員遞宿。今直閣與館職輪宿。」

又本書「待制直閣」下四庫館臣原按：「玉海：景德元年十月己酉，龍圖閣成，以戚綸、杜鎬兼待制。四年八月丁巳，以杜鎬爲直學士。祥符三年七月己亥，以鎬爲學士，陳彭年直學士。九年十月壬辰，置直閣。」今按玉海原注：「閣初建無歲月，咸平四年十一月丁亥始御是閣，見於國史。」又引會要：「大中祥符所造，以奉太宗御書。然自咸平四年十一月丁亥已嘗御是閣，召近臣觀御書及古今圖書，自後嘗召近臣觀書，更當考究。」此處四庫館臣所引乃實録之文。又據長編等載，大中祥符九年十月壬辰，始以大理評事崇文院檢討國子監直講馮元爲太子中允直龍圖閣。

〔三〕「與龍圖閣官遞宿」下四庫館臣原按：「玉海：咸平二年七月丙午，以兵侍楊徽之、户侍夏侯嶠爲侍讀學士，祭酒邢昺爲侍講學士，設直廬于祕閣。然則寓直祕閣不獨龍圖閣官也。」今按所引直廬事詳見本書卷三之二。

宋會要職官七之一〇——一二：「天章閣在會慶殿西、龍圖閣之北，藏真宗御製。閣東曰羣玉殿，西曰蕊珠殿；北曰壽昌閣（『閣』原作『殿』，據玉海卷一六三、一六〇改）：東曰嘉德殿，西曰延康殿，内以桃花文石爲流杯之所。學士、直學士、待制、侍講（原注：遞直、侍講於邇英、延義二閣，閣在崇政殿庭廡下）。

「真宗天禧五年二月，修天章閣功畢，令兩街僧道具威儀，教坊作樂，奉真宗御集御書，自玉清昭應宮安置於天章閣。四月，詔近臣、館閣、三司、京府官觀御書御集於閣下，遂宴於羣玉殿。（按：玉海卷一六三載天禧四年十一月初詔作天章閣，十二月興工，五年三月閣成，奉安御製，四月宴羣臣。詔以「天章」爲名，蓋取「天書祥符」之意。）

「仁宗天聖八年十月，詔曰：『真宗皇帝燀赫景炎，丕隆寶構，凡資禮樂之用，稽成辰象之文。俯近禁楹，創崇層構，榜以天章之美，冠於策府之名。宜建官聯，並置材彥，可特置天章閣待制。』尋命范諷、鞠詠充職。

「景祐三年三月，詔以崇政殿說書賈昌朝、趙希言、王宗道並爲天章閣侍講，比直龍圖閣，預內殿居班在本官上（按「居」上疑脫「起」字）。

「慶曆七年八月，詔曰：『欽惟聖考，濬發宸文，百篇森布於寶函，三襲肇興於華閣。肆於纂紹之始，務闡師儒之隆，遂延講勸之臣，欽佇論思之益。掩王府藏書之盛，處金門待詔之材，宜廣侍從之員，抑亦副遹追之志。特置天章閣學士、直學士（『直學士』三字原闕，據玉海卷一六三補。長編卷一六一僅載直學士，不載學士；玉海注謂『學士罕以命人，迄仁宗世，王羣一人而已』），在龍圖閣學士、直學士之下。

「皇祐三年八月十二日，知制誥兼侍講王洙言：『景祐中，詔置天章閣侍講在本官之上，內朝班著與直龍圖閣相次，其職儀恩例並與帶職官同。臣昨與盧士宗並充天章閣侍講日，臣以兼直龍圖閣即得與館閣臣僚同例；其盧士宗唯赴講筵供職外，其餘三九園苑賜筵及非時宣召頒賜並不霑預，祇同不帶職人例。此蓋有司從初，失於申明，恐非朝廷優待經術之意。乞自今天章閣侍講官如不兼帶館職名者，並許依直龍圖閣例，赴祕閣供職宿直。所冀設官典職，事體一均。』詔天章閣侍講並依館閣臣僚例宣詔頒賜。」

按據上述記載，天章閣設官實倣龍圖閣，其寓直祕閣官員，當亦不獨待制而已。

麟臺故事卷三

選任

國初既已削平僭亂，海寓爲一，於是聖主思與天下涵泳休息[一]，崇儒論道，以享太平之功。時三館之士固已異于常僚，其後簡用益高，故恩禮益異，以至治平、熙寧之間，公卿侍從莫不由此塗出。至元豐改官制，易崇文院爲祕書省，自正字以上雖同職事官，然選任之意尚倣祖宗故事云[二]。

祕閣初建，李至以前執政爲祕書監，則其選可知矣。時宋泌以直史館兼直祕閣，杜鎬以史館檢討爲祕閣校理，端拱元年也。

祕閣既具官屬，淳化初始以和嶹直集賢院，又以起居舍人直史館呂祐之、左司諫直史館趙昂、金部員外郎直史館安德裕、虞部員外郎直史館句中正竝直昭文館。先是，但有直史館，至是，始命祐之等分直昭文館，備三館之職〔三〕。

祖宗朝，館職多以試除，亦有自薦而試者。至道三年，金部郎中直昭文館李若拙上書自陳，乃命學士院試制誥三道，因以爲兵部郎中史館修撰。時若拙既已爲館職矣，又自陳丐遷，蓋與張去華乞與詞臣較其文藝之優劣而得知制誥者同類，此可謂誤恩，非可以爲永訓也〔四〕。咸平初，有祕書丞監三白渠孫冕上書言事，召賜緋魚，且令知制誥王禹偁試文，除直史館，後爲名臣〔五〕。【卷三之二】

此條殘本析爲卷一之一四——一七，凡四條。

〔一〕思與天下涵泳休息　「思」原作「恩」，據本書殘本改。守約篇乙集本亦作「思」。

〔二〕按：宋代館閣盛時，其選任之優、恩禮之異，時人論之極多，在此遽難列舉。今人倪士毅於所撰北宋館閣制度述略一文中，對此曾有概括的叙述，爲簡便起見，今移録如左，以見其大略——

「館閣也是宋代士大夫入仕的終南捷徑。許多士大夫通過館閣可以做到兩制官（翰林學士、知制誥）和宰相、參知政事。這裏是培養高級官僚的場所。慶曆三年（一〇四三）范仲淹說：『我朝崇尚館殿，目爲清華，輔相之材，多由此選。』元祐三年（一〇八八）七月右正言劉安世也說：『祖宗初定天下，首辟儒館，以育人材，累朝遵業，益加崇奬。處於英俊之地而厲其名節，觀以古今之書而開其聰明，稟食太官，不任吏責，所以成就德器，推擇豪傑，名卿賢相，多出此途。』這些在館閣任職的『學士』，俸禄優厚，官職清閑，『因其校讎，得以考閱，使知天地事物，古今治亂，九州四海，幽荒隱怪之説，無所不通』。每遇國家重大典禮政事，可以參予討論，以備顧問。所以館閣是『儲材』之地，以『備大臣之選』。太宗時李昉、吕端都是由館閣出身而升任宰相的，吕端有詩贈李昉説：『憶昔僦居明德坊，官資俱是校書郎。青衫共直昭文館，白首同登政事堂。』當時傳爲士林佳話。尤其治平、熙寧年間，公卿侍從，由館閣出身的，更不勝枚舉（如富弼、韓琦、曾公亮、韓絳、吴充、王珪等都是）。歐陽修又論館閣取士札子中説：『自祖宗以來，所用兩府大臣多矣。其間名臣賢相，出於館閣者，十常八九也。』英宗繼位所用兩府之臣一十三人，而八人出於館閣。當時『兩府闕人，則必取於兩制，兩制闕人，則必取於館閣』。由此可見館閣確是『輔相養材之地』，培養高級官僚的地方。」（文載宋史研究會一九八二年年會編刊宋史研究論文集，河南人民出版社一九八四年七月版）

〔三〕備三館之職　「備三館」三字原脱，據本書殘本及宋會要補。

宋會要職官一八之四七：端拱元年五月，「以吏部侍郎李至兼祕書監及提轄祕閣供御圖書，直史館宋泌兼直祕閣，史館檢討杜鎬充校理。」一八之五一：淳化元年「八月二十五日，以起居舍人直史館呂祐之、左司諫直史館趙昂、金部員外郎直史館安德裕、虞部員外郎直史館勾中正並直昭文館。先是，但有直史館，至是，始命祐之等分直昭文館，備三館之職也。二十六日，以太子中允和嶬直集賢院。集賢舊無直院之名，惟江南李氏嘗以朝士任之，至是始置，從新制也。」

〔四〕宋會要職官一八之七八：「至道三年十一月，以直昭文館李若拙爲史館修撰。若拙上書自陳，乃命學士院試制誥三道，因有茲命。」

又選舉三一之一二：「太祖乾德二年正月十日，祕書郎直史館張去華上章訴居官久次，且言祠部郎中知制誥張澹及祠部員外郎知制誥盧多遜、殿中侍御史師頏等文學膚淺，願與校其優劣。帝臨軒策試，命翰林學士承旨陶穀、學士竇儀、吏部尚書張昭、知制誥趙逢、高錫考其程試。以澹所對不應策問，責授左司員外郎。擢去華爲右補闕，賜襲衣銀帶鞍馬。」按此處祇言去華擢右補闕，未言其知制誥，與本書不同。宋史張去華傳所載與會要合，但誤師頏爲蘇頌。本傳於「賜襲衣銀帶鞍馬」下又云：「朝議薄其躁進，以是不遷秩者十六年。」

〔五〕祕書丞監三白渠孫冕　「三白渠」三字原脱，據本書殘本及宋會要補。

宋會要選舉三一之二四：「真宗咸平元年九月七日，舍人院試祕書丞孫冕雜文，詔直史館。冕監三白渠，上書言事，召入，賜緋魚袋，且令知制誥。王禹偁試文，命之。」按三白渠在京兆涇陽縣，爲涇河引水渠，見宋史河渠志。志載孫冕至道間以著作佐郎總監三白渠。

真宗咸平二年七月丙午，以兵部侍郎兼祕書監楊徽之、户部侍郎夏侯嶠竝守本官充翰林侍讀學士，國子祭酒邢昺守本官充翰林侍講學士，翰林侍讀兵部員外郎吕文仲爲工部郎中充翰林侍讀學士。按故事，唐開元中置侍讀，其後有翰林侍講學士〔一〕。五代以來，四方多事，時君右武，不暇嚮學，故此職久廢。太宗崇尚儒術，聽政之暇，觀書爲樂，殆至宵分，手不釋卷。由是命文仲爲翰林侍讀，寓直禁中，以備顧問，然名秩未崇。帝聰明稽古，奉承先志，首置此職，擇耆儒舊學以充其選，班秩次翰林學士，禄賜如之。設直廬於祕閣，侍讀更直，侍講長上，日給尚食珍膳，夜則迭宿，令監館閣書籍中使劉崇超日具當宿官名於内東門進入。自是多召對詢訪，或至中夕焉〔二〕。【卷三之二】

〔一〕「其後有翰林侍講學士」下四庫館臣原按：「文獻通考云：『唐開元十三年置集賢院侍講學士、侍讀直學士。』又云：『學士講讀之官，皆始於唐開元之時，講讀隸集賢殿，故通典於集賢學士條下附載。』舊唐書職官志云：『至德以後，翰林學士例置六人，内擇年深德重者一人爲承旨。』此云開元中置侍讀，其後有翰林侍講學士，著講讀官繫翰林亦自唐始，可補通考及職官志所略。」按所引通考之文，其首句通考卷五四原作「十三年置集賢院侍讀學士、侍讀直學士」；又云漢「雖有侍講之號，而未以名官，至唐開元十三年始置」。館臣所引學士、直學士，一繫侍講、一繫侍讀，上下不相應。本書所載當據唐六典。該書卷九注：「開元中，褚無量、馬懷素侍講禁中，爲侍讀，其後康子元等爲侍講學士。」

〔三〕宋會要職官六之五六：「太宗聽政之暇，日閱經史，患顧問闕人，太平興國八年始用著作佐郎呂文仲爲侍讀；尋又爲翰林侍讀，賜緋魚，寓直御書院，立本官班，嘗出經史召文仲讀之。真宗咸平元年，又訪通經義者於參知政事李至。至薦國子直講崔頤正，召於後園，令讀尚書大禹謨，面賜五品服。然自楊徽之始建學士之職。後馮元爲翰林侍講，不帶學士；又有馮宗元（通考作馬宗元）爲侍講，高若訥爲侍讀，不加別名，但供職而已。」（下載楊徽之等除職及寓直等事與本書同。）

又玉海卷一六七注：「元豐中去『翰林』字及學士名，元祐七年復之，以命蘇軾、趙彥若。中興後唯紹興六年范冲爲之。」又云：「侍讀、侍講，春秋二時開延義、邇英閣，則執經史常日侍奉備顧問。」

【卷三之三】

咸平中，王曾爲進士第一，通判濟州。代還，當試學士院。時寇準作相，素聞其名，特試於政事堂，除著作郎直史館〔一〕。

（二）石林燕語卷七：「寇萊公初入相，王沂公時登第。後爲濟州通判，滿歲當召試館職，萊公猶未識之，以問楊文公，曰：『王君何如人？』文公曰：『與之亦無素，但見其兩賦，志業實宏遠。』因爲萊公誦之，不遺一字。萊公大驚，曰：『有此人乎！』即召之。故事，館職皆試於學士院或舍人院，是歲沂公特試於中書。」可並參宋史卷三一〇王曾本傳。

又宋會要選舉三三之三：景德「二年三月二十三日，將作監丞王曾爲著作郎直史館。」此王氏除館職日期。其爲進士第一在咸平五年。

乾興元年十一月，以集賢校理王舉正、館閣校勘李淑竝爲史館編修官。時修撰李維、宋綬言：「史館修撰舊四員，今祖士衡出外。伏緣先朝日曆，自大中祥符元年後未曾撰集，欲望擇館閣二員爲編修官。」遂以命之（一）。【卷三之四】

此條殘本爲卷三之二二。

（一）宋會要職官一八之七九：「乾興元年（原注：仁宗即位未改元）五月，詔史館見修先朝日曆，委判館官已下疾速修撰。」「十一月，判館李維、修撰宋綬言：『當館修撰官舊四人，今祇臣等二人。伏緣先朝文字，自大中祥符元年已後，至今未曾撰集，卷帙浩大，程限甚邇，欲望擇館閣官二員充編修官。』遂詔集賢校理王舉正、館閣校勘李淑同共編修。舉正等所集，盡真宗朝而罷。」（按：據所載，本書「欲望擇館閣」下當脱「官」字。殘本亦脱。）

又運曆一之一五：「乾興元年十一月八日，詔差太常丞集賢校理王舉正、大理評事館閣校勘李淑編修日曆。時以日曆住滯一十三年，限秋季修畢，修撰官以爲言也。」

又宋史卷二九九祖士衡傳：「遷起居舍人、注釋御集檢閲官，遂知制誥，爲史館修撰，糾察在京刑獄，同知通進銀臺司。天聖初，以附丁謂落職，知吉州。」按祖氏落職出外，據本書當在乾興間，與本傳稍異。其初除修撰疑在天禧五年，是年九月丁謂等上箋注釋教御集三十卷，見長編卷九七。

明道年間，武寧軍節度使兼侍中夏竦、武勝軍節度使同中書門下平章事程琳薦尚書屯田員外郎張碩、祕書丞蔡抗、太子中舍季仲昌、節度掌書記李師錫等試館職。仁宗以爲：館職當用文學之士名實相稱者居之，時大臣所舉多浮薄之人，蓋欲以立私恩爾，朕甚不取也。於是碩等送審官院與記姓名而已〔一〕。然士遜之子友直竟爲祕閣校勘，與盛度之子中甫皆賜同進士出身〔二〕。後陳升之爲諫官，言：「比來館閣選任益輕，非所以聚天下賢才、長育成就之意也。請約自今在職者之數著爲定員，有論薦者中書籍其名，若有闕，即取其文學行義傑然爲衆所推者召試，仍不許大臣緣恩例求試補親屬。」上曰：「自今大臣舉館職，中書籍其名，即員闕，選其文行卓然者取旨，召試學士院攷校，毋得假借等第。」自是近臣無復以恩求試職者〔三〕。至至和元年十月，宰臣劉沆子太常寺太祝瑾令學士院召試館職。先是，沆以監護温成皇后園陵畢，固辭恩賚，而爲其子請之。嘉祐二年，遂除祕閣校勘〔四〕。　【卷三之五】

此條殘本在卷一之二一。

〔一〕按：夏竦、程琳薦張碩、蔡抗等人事，本書繫於「明道年間」，當係誤書。據長編卷一六九：皇祐二年「冬十月丙辰」，「河陽三城節度使兼侍中英國公夏竦爲武寧軍節度使，進封鄭國公」；「武昌節度使同平章事判大名府程琳爲武勝節度使」。是此時夏、程方加武寧、武勝節度，蓋因明堂大禮（是年九月）而推恩。又，又據宋會要選舉三一之三五：嘉祐三年「十一月二日，學士院試將作監丞鄭獬賦詩三上，太常博士蔡抗賦詩三下，獬爲著作郎直集賢院，抗本官充祕閣校理。」則蔡抗召試館職更後於明道二十餘年；且蔡氏景祐中進士，亦不得於此前之明道年間即已薦試館職。疑

「明道年間」當作「皇祐年間」。殘本不載此四字，當有所據。似是本書之明以前傳本已有闕脱，而永樂大典編纂者以意爲之，妄填「明道」二字。其張碩等人送審官院記姓名事待查。館職薦舉令中書門下籍記舉狀姓名當始於嘉祐二年，參校證〔三〕所引宋會要之文。

〔二〕宋會要選舉三一之二八：天聖「七年閏二月七日，學士院試將作監丞館閣讀書張友直詩賦稍優，詔充祕閣校理。（友直）刑部尚書知江寧府士遜之子，士遜前奏入館閣讀書，至是表求兼職，特（原誤作『侍』）行召試，命之。」按：友直以大理評事入館閣讀書在天聖四年五月十六日，見同上三三之三。會要作「充祕閣校理」，與本書作「祕閣校勘」不同。疑當作「館閣校勘」。

又同上九之三：天聖「十年三月二十六日，賜太常寺奉禮郎館閣讀書盛申甫進士及第。」（原注：「申甫，翰林學士度之子，表求試，命舍人院考較，賦稍優，詩稍堪，特奬之。」）又三一之二九：景祐二年「六月七日，學士院試祕書丞盛申甫賦三上、詩三下，詔充集賢校理。申甫先在館閣校勘書籍，有詔，候及三年。至是歲滿，命試。」按：申甫以奉禮郎入館閣讀書在天聖九年正月二十三日，見同上三三之四。

〔三〕按：本書此處所載陳升之言，乃嘉祐二年十二月奏上。考北宋館閣取士，至仁宗朝已漸趨冗濫，故當時臣下屢奏勿以恩澤求試，以重館閣選任。宋會要選舉三二之六——一〇召試雜録欄内，録有慶曆至嘉祐間部分有關奏狀及詔旨，中有陳升之奏狀二，可詳本書之所略，今擇要附録數條如左：

慶曆三年「十一月二十六日，詔今後見任、前任兩府及大兩省以上官，不得陳乞子弟親戚入館閣職事並讀書之類。其進士及第三人以上，一任迴日無過犯者，許進獻該述經旨時務文字十卷，下兩制看詳，文理優通者進呈取旨，內召試入優等者方補館閣職事。如遇館職少少供職（『少少』疑爲『少人』之誤，長編作『遇館職闕』），即取曾有兩地（長編作『兩府』）臣僚二人或大兩省以上三人同罪保舉文學德行堪充館閣職事者，令進所著該述經旨時務文字十卷，依前項下兩制看詳等第，進呈取旨。」（按：此詔又見於宋會要職官一八之五二，文詞較略，而繫於是年「十一月十九日」，與此處作「二十六日」不同。長編卷一四五載在十一月癸未，即十九日，下有小注云：「此即范仲淹等所陳十事，其二曰『抑僥倖』，已具九月丁卯。會要以爲十一月二十六日詔。」）

四年「四月六日，諫官上言：館職闕人，即乞朝廷先擇舉主，方許薦人。詔自後（長編卷一四八作『今後』）館閣闕官，即據合舉人數，降敕委學士院與在京龍圖閣直學士以上，或舍人院在京待制，同共保舉有文學德行官員，具姓名並所著該述經旨時務文字十卷以聞。」

「八年九月二十四日，殿中丞侍御史何郯言：『近年大臣罷兩府任，便（原作『使』，據長編卷一六五改）陳乞子弟召試充館職或出身，用爲恩例。望自今後館閣不許臣僚陳乞子弟外，其陳乞及奏舉召試出身，候有科場與免取解，及南省試，令赴御前與舉人同試，以塞私倖。』詔今後臣僚言兒孫弟姪等乞出身及館職，如有該合恩例者，類聚一處，候及三五人，送學士院試詩賦論三題，仍封彌謄録考試。其試官令中書具學士姓名進呈點定，仰精加考試。候試到等第，臨時取旨。」

「皇祐元年六月二十六日，監察御史陳升之言：『切以三館職事文儒之高選，近時無復典故，用人益（原作「盖」）輕，遂爲貴遊進取之要津。慶曆中嘗有詔旨，今後見任、前任兩府及大兩省以上官，不得陳乞子弟親戚入館閣職事，然（原作「熏」）撓於横恩，遂寢（原作「寖」）不用。美官清秩，爲國者所以礪世磨鈍之具，今悉以私權貴之家，天下寒俊何以勉進，朝廷賢才何所教育！望申明前敕，嚴爲科禁，澄汰濫進，必清其選，使在位者皆得文行充實之人，然後舉行故事，時因閒燕，延備訪問，則於治體不爲無益。』詔今後近上臣僚援引奏乞子孫得試者，如試中，祇與轉官或出身，更不與館閣。」（文中改字據長編。長編卷一六六載以上内容爲陳旭奏，下有小注云：「會要皇祐元年六月二十六日事，實録無之。嘉祐二年十二月十一日旭又建議。旭所云『撓於横恩』當考。」按陳旭即陳升之，宋史本傳：「升之初名旭，避神宗嫌名改焉。」）

「四年六月十三日，詔今後學士院試人，據所試文字依公考定，不得假借優等。」

「嘉祐元年八月一日，詔大臣自今毋得乞子弟及親戚召試出身。」

「二年十二月十一日，知諫院陳升之言：『比來館閣選任益輕，』不足以備天子顧問而堪公卿之事。近制，舉人進用不得專守舊比進士高科，議者且循常調，試其才可，然後升擢。欲望朝廷約今館閣在職人數，限爲定員，其因任使特授者不以充數；應二府及近臣每有論薦，並令中書門下籍其名，若員有缺，即取其間文學行義傑然爲衆所推者，方得召試，仍不許大臣緣恩例試補親屬，庶幾清途無濫者。』詔今後大臣舉官充館職，令中書且與籍記舉狀，候在館員數稍多，即於數内選實有文行爲衆所稱者取旨與試，仍令學士院精加考較，公定優劣，不得假借等第。」（按：本書所載陳升之奏言中，「請約自今在職者之數」句原脱「約」字，今據本書殘本並參會要所載補入。）

又歐陽修論舉館閣之職劄子：「臣伏見國家近降詔書，條制館閣職事，有以見陛下慎於名器，漸振紀綱。然而積弊之原，其來已久，僥倖之路，非止一端，今於澄革之初，尚有未盡。其甚者，臣竊見近年外任發運轉運使、大藩知州等，多以館職授之，不擇人材，不由文學，但依例以爲恩典。朝廷本意，以其當要劇之任，欲假此清職以爲重，然而授者既多，不免冒濫，本欲取重，人反輕之。又加比來館職之中，大半膏粱之子，材臣幹吏，羞與比肩，亦有得之以爲恥者。假之既不足爲重，得之又不足爲榮，授受之間，徒成兩失。臣欲乞今後任發運轉運使、知州等，更不依例帖職。若其果有材能，必欲重其職任，則當升拜美官，優其秩禄。況設官之法，本貴量材，隨其器能，自可升擢，豈必盡由儒館，方以爲榮。臣竊見近年風俗偷薄，士子奔競者多，至有偷竊他人文字干謁權貴，以求薦舉，如丘良孫者；又有廣費資財，多寫文册，所業又非絶出，而惟務干求勢門，日夜奔馳，無一處不到，如林槩者。此二人並是兩制臣僚奏乞召試。內丘良孫近雖押出，而林槩已有召試指揮。舊來本無兩省以上舉館職明文，尚猶如此奔競；今若明許薦人，則今後薦者無數矣。臣欲於近降詔書內兩省以上舉館職一節，添入『遇館職闕人，即朝廷先擇舉主，方得薦人』。仍乞別定館閣合存員數，以革冗濫。又臣竊見近降詔書，不許權貴奏子弟入館閣，此蓋朝廷爲見近年貴家子弟濫在館閣者多，如呂公綽、錢延年之類，尤爲荒濫，所以立此新規，革其甚弊。臣謂今後膏粱子弟既不濫居清職，則前已有館閣者雖未能沙汰，尚須裁損。欲乞今貴家子弟入館閣見在人中，若無行業文詞爲衆所知，則不得以年深遷補龍圖、昭文館並待制、修撰之類，所貴侍從清班，不至冗濫。」按歐陽修此奏，長編附載於上引宋會要所録慶曆三年十一月詔下，當亦該月之事。又見於歐陽文忠公集卷一〇一奏議第五。

〔四〕宋會要選舉三一之三四：嘉祐「二年七月二十四日，學士院試職方員外郎林億、光禄寺丞劉瑾賦詩三下，詔億充祕閣校理，瑾充館閣校勘。億，樞密使高若訥壻，以罷政府恩陳乞。瑾，宰臣沆之子；先是，沆監護温成皇后園陵畢，固辭恩賚，而爲瑾陳乞，有詔，候二年，至是，並命試。」

景祐三年四月〔一〕，宰臣文彦博言：「直史館張瓌十餘年不磨勘，朝廷奬其退静，嘗特遷兩官，今自兩浙轉運使代還差知潁州，亦未嘗以資序自言。殿中丞王安石進士第四人及第，舊制一任還，進所業求試館職，安石凡數任，並無所陳，朝廷特令召試，而亦辭以家貧親老；且文館之職，士人所欲，而安石恬然自守，未易多得。大理評事韓維嘗預南省高薦，自後五六歲不出仕宦，好古嗜學，安于退静。並乞特賜甄擢。」詔賜張瓌三品服；召王安石赴闕，俟試畢，别取旨；韓維下學士院與試。然二人者卒不就試〔二〕。至和二年，始以維爲史館檢討〔三〕；嘉祐元年，瓌同修起居注〔四〕；四年，安石直集賢院〔五〕。【卷三之六】

此條殘本與上條合爲一條。

〔一〕景祐三年四月　此繫時年月均誤，説詳校證〔二〕。

〔二〕宋會要選舉二七之二八：「皇祐三年五月，宰臣文彦博等薦工部郎中直史館張瓌、殿中丞王安石、大理評事韓維，皆以恬退，乞賜甄擢。詔賜張瓌三品服，召王安石、韓維試於學士院。」長編卷一七〇：皇祐三年五月「庚午，宰臣文彦博等言：『臣等每因進對，嘗聞德音，以搢紳之間，多務奔競，匪裁抑之，則無以厚風俗。若恬退守道者稍加旌擢，則奔競躁求者庶幾知恥。』」（下接「伏見工部郎中直史館張瓌」云云，文字與本書大致無異，略）

按據會要及長編所載，本條繫時「景祐三年四月」當爲「皇祐三年五月」之誤；且文彦博慶曆八年由參政擢宰相，王安石慶曆二年進士，韓維寶元元年以進士奏名禮部，張瓌皇祐二年爲工部郎中直史館，均在景祐三年後，作「景祐」顯不合。本書殘本亦誤，當是宋本已如此。並參本條以下諸校證。又，若據改正後繫年，本條當移至下條後。

〔三〕宋會要職官一八之五三：「至和二年四月二十九日，詔今後檢討更不得舉試館職。八月十四日，翰林學士承旨孫抃等言：『堪會史院修日曆，有檢討官三兩員在本院刊修。今本院全闕檢討官，乞差大理評事韓維充。』詔維充史館檢討。」嘉祐「八年七月二十三日，監修國史韓琦言：『史院日曆未修者十餘年，今將修先朝實録，而日録未備，檢討闕官，請以祠部員外郎直祕閣呂夏卿、太子中允祕閣校理韓維兼職。』詔以夏卿、維並兼史館檢討。」

〔四〕宋會要選舉三三之三：「天聖三年十二月十九日，贈太師中書令王欽若妻李氏言：『婿大理評事張瓌進士登科，伏望特與校理職名。』御札批：爲欽若無子，張瓌與充祕閣校理。」

宋史卷三三〇張瓌傳：「積閥當遷，十年不會課，文彦博爲言，特遷之，徙兩浙轉運使。加直史館，知潁州、揚州，即拜淮南轉運使。三司下諸道責羨財，淮南獨上金九錢，三司使怒，移文譙切，瓌以賦數民貧對。入修起居注，知制誥。」

長編卷一八四：嘉祐元年七月「己亥，工部郎中直史館張瓌爲户部郎中，都官員外郎劉述爲兵部員外郎，屯田員外郎王彦臣爲都官員外郎。知審官院胡宿等言：『三人者，自明堂覃恩逮今六年，不下磨勘文字。』特遷之。」疑張瓌同修起居注在同時。明堂大禮在皇祐二年九月。

〔五〕宋會要崇儒三三之八：至和「二年三月二十一日，翰林學士羣牧使楊偉等言：『判官殿中丞王安石文行推高，乞除職名，供職中書門下。』檢會王安石累有旨召試，本人不願，詔特充集賢校理。安石固辭不拜。」三三之九：嘉祐「四年五月十九日，中書門下言：『三司度支判官祠部員外郎王安石累除館職，並辭未受，今取旨。』詔與直集賢院。」按安石辭集賢校理狀今見於臨川文集卷四十，前後凡四首。宋史卷三二六王安石傳亦云：「先是，館閣之命屢下，安石屢辭，士大夫謂其無意於世，恨不識其面，朝廷每欲俾以美官，惟患其不就也。」

慶曆五年，詔翰林學士王堯臣詳定選任館閣官。請自今遇館閣闕人，許帶職大兩省以上舉有文學行實者二人，在外舉一人，更從中書採擇召試；其進士及第三人以上自如舊例。詔凡有臣僚奏舉，並臨時聽旨〔一〕。

祖宗朝有館閣讀書，或上書自陳，或美妙被選，或宰執子弟。景德初，撫州進士晏殊年十四，特召試詩、賦各一首，乃賜進士出身。後二日，復召試詩、賦、論三題於殿内，移晷而就。上益嘉之，以示輔臣及兩制、館閣攷卷官，擢爲祕書省正字。賜袍笏，令閱書於祕閣，就直館陳彭年溫習，以其尚少，慮性或遷染故也〔二〕。後翰林侍讀學士楊徽之卒，以遺恩官其外孫宋綬爲太常寺太祝。綬年十五，召試中書，真宗奇其文，特遷大理評事，聽於祕閣讀書，同校勘天下圖經。大中祥符元年，復試學士院爲集賢校理，與父皐同在館閣，每賜書輒得二本，世以爲榮。封泰山覃恩，真宗先賜同進士出身，翼日乃轉大理寺丞〔三〕。真宗得此二人，蓋天下之英也。

先是，有祕書省正字邵焕乞於祕閣讀書，嘗從其請〔四〕。天聖四年，樞密副使張士遜請其子大理評事友直爲校勘，上曰：「館職所以待英俊，可以恩請乎？」止令於館閣讀書，因詔自今館閣校勘毋得增員〔五〕。明道元年冬，以太常博士楊偉、郭稹並爲集賢校理，殿中丞宋祁、太子中允韓琦爲太常丞直集賢院，大理評事石延年、趙宗道爲祕閣校理。又詔自今須召試，無得陳乞〔六〕。明年，光禄寺丞盛申甫、馬直方猶自陳在館讀書歲久，願得帖職。

上止令大官給食，候三年與試，因詔後毋得置。申甫先以其父翰林侍讀學士知河陽府盛度之請，得讀書館閣云〔七〕。他日，上謂輔臣曰：「圖書之府，所以待賢雋而備討論也。比來公卿之族多以恩澤爲請，殆非詳慎之意也。其詔自今輔臣、兩省、侍從不得陳乞子弟親戚爲館職，進士及第第三人以上亦考所進文，召試入等者除之。」〔八〕【卷三之七】

此條殘本爲卷一之二〇。

〔一〕許帶職大兩省以上舉有文學行實者二人　「大」字原闕，「文學」原作「文字」，據長編卷一五七及本書殘本補改。又「並臨時聽旨」，長編「聽旨」作「取旨」。

按：此處文字，長編載在慶曆五年九月癸未，其內容可與會要所載慶曆三年十一月詔及八年九月詔前後檢照，互作參考，見本篇第五條校證〔三〕。

〔二〕宋會要選舉九之五——六：景德二年「五月十五日，召撫州進士晏殊試詩、賦各一首，大名府進士姜蓋詩六篇。賜殊進士出身，蓋同學究出身。後二日，召殊試詩、賦、論三題於殿內，移晷而就，擢爲祕書省正字。賜袍笏，令讀書於祕閣，就直館陳彭年習諸科。」（原注：「時殊年十四，蓋年十二，咸以雋秀聞。是日，帝親試禮部舉人，特召殊等面試，而有是命。」）

按：晏殊事又見歐陽文忠公集卷二二晏公神道碑、夢溪筆談卷九、長編卷六〇及宋史本傳等。四庫館臣於本書「令閲書於祕閣」下原亦有按語云：「司馬光日録：『晏元獻公殊年十三，真宗面試詩賦，疑其宿構，明日再試詩賦，愈美，上大奇之，即除祕書省正字，令於龍圖閣讀書。』與此書所稱祕閣互異。宋史本傳與本書合。」今考會要、長編及晏公神道碑等均作「祕閣」，不作「龍圖閣」。時陳彭年以祕書丞直史館兼崇文院檢討，景德三年遷右正言充龍圖閣待制，或温公以彭年除職而言之。

〔三〕「宋綬爲太常寺太祝」下四庫館臣原按：「宋史本傳：綬以徽之遺奏爲太常寺太祝。」又「同校勘天下圖經」下四庫館臣原按：「東都事略綬本傳載此事不著遷大理評事，可以此書補其闕。」

按宋史卷二九六楊徽之傳：徽之無子，「卒年八十，贈兵部尚書，賜其家錢五十萬、絹五百疋，録其外孫宋綬太常寺太祝，姪孫偃集並同學究出身。」又宋會要選舉三一之一三：「景德二年十月二十四日，太常寺太祝宋綬、奉禮郎邵焕並召試中書，命爲大理評事。綬年十五，焕年十八。前一日，内出姓名付中書，帝嘉其敏贍，並命遷秩，仍令綬讀書於祕閣。」

又宋史卷二九一宋綬傳：「大中祥符元年復試學士院爲集賢校理，與父臯同職，後賜同進士出身，遷大理寺丞。」按：封泰山覃恩在大中祥符元年十一月，宋綬賜出身及遷職當在此時。宋臯則咸平三年二月二日以太常丞直集賢院，見宋會要選舉三三之二。

又會要及宋史本傳均未載此時宋綬同校勘天下圖經，其事待考。本傳云：「及祀汾陰，召赴行在，與錢易、陳越、劉筠集所過地志風物故實，每舍止即以奏。」此乃大中祥符四年事，距宋綬初在館閣讀書已六年。

〔四〕宋會要選舉三三之二：咸平二年「六月十二日，祕書省正字邵焕於祕閣讀書，從焕自請也。」

〔五〕宋會要職官一八之五二：「天聖四年五月，樞密副使尚書左丞張士遜言：『臣男大理評事友直幼親筆墨，望令於館閣校勘。』詔友直且於館閣讀書，自今館閣校勘更不得添置。」（按：末句宋會要選舉三三之三漏去「不」字，遂致文義全非，當以此補正。）

長編卷一〇四：四年五月「辛卯，詔館閣校勘自今毋得增員。時樞密副使張士遜請以其子友直爲校勘，上謂館閣所以待天下英俊，不可私授，止令於館閣讀書，且降是詔。」

〔六〕四庫館臣於「韓琦爲太常丞直集賢院」下原按：「宋史祁本傳曾爲集賢院修撰，不著直集賢院；琦本傳琦由通判淄州入直集賢院，不著爲太常丞，亦未嘗爲太子中允。當以此書補其闕。」又於「趙宗道爲祕閣校理」下原按：「宋史本傳延年爲大理評事館閣校勘，與此書所云校理互異。」

按宋會要選舉三一之二八：「明道元年十二月十八日，學士院試殿中丞宋祁賦優、詩稍堪，太子中允韓琦詩、賦稍優，太常博士楊偉、郭稹並試賦稍堪、詩稍優，大理評事石延年賦平、詩稍堪，趙宗道賦稍堪、詩平，江寧府上元縣主簿吴嗣復、廬州合肥縣主簿胡宿並（原誤『普』）賦稍堪、詩平。詔祁本官直史館，琦太常丞直集賢院，偉、稹本官充集賢校理，延年、宗道、嗣復、宿館閣校勘。琦獻所業，宗道以父諫議大夫知永興軍賀陳乞，祁等特旨命試。」又長編卷一一一：明道元年十二月壬子，「太常博士楊偉、郭稹並爲集賢校理，殿中丞宋祁爲直史館，太子中允韓琦爲太常丞直集賢院，大理評事石延年、趙宗道、上元縣主簿吴嗣復、合肥縣主簿胡宿並加爲館閣校勘。仍詔館閣校勘自今須召試，毋得陳乞。」據二書所載相對校，本書此處所載似漏書吴、胡二人，且「自今須召試」五字上尤不當省「館閣校勘」諸字。又石、趙二人當除校勘，而非校理，二書言之甚明；且京官兼此稱校勘，朝官兼此稱校理，大理評事祇爲京官，亦不當稱校理。本書殘本此處亦誤，疑皆由宋本訛舛所致。

〔七〕宋會要選舉三二之六：「明道二年正月二十日，光禄寺丞盛申甫、馬直方並自陳館閣讀書積年，乞從帖職。詔特給日食，須三年試充校勘。自今不置館閣讀書員。」（按長編卷一一二載此詔作「罷館閣侍書」，疑「侍」字誤。又宋會要選舉三三之四：明道二年六月「二十一日，宰臣李迪言：『婿著作佐郎張充，乞於館閣讀書。』詔特許之，不得爲例。」是館閣讀書雖曾下詔罷之，而終因「撓於橫恩」，名罷而實不罷。）

又本書「館閣讀書云」下四庫館臣原按：「玉海：天聖九年正月，翰林學士盛度請其子奉禮郎申甫於館閣讀書。」今按宋會要選舉三三之四：天聖「九年正月二十三日，翰林學士盛度子奉禮郎申甫獻文求試，詔許於館閣讀書。」行文與玉海稍異。馬直方始入館閣讀書時日未詳，長編卷一一〇載：天聖九年十一月，「龍圖閣直學士馬季良子將作監主簿館閣讀書直方爲大理評事。季良辭所遷官，故命以直方也。」

〔八〕按：此詔疑即前引慶曆三年十一月詔。或仁宗先有宣諭，至慶曆三年始正式下詔，其詳待考。文中「殆非詳慎之意」，殘本「慎」字作「延」，疑由避孝宗諱而改。

嘉祐三年，以光禄卿張子憲、趙良規、掌禹錫、齊廓、張子思並直祕閣。先是，張子憲等皆爲太常少卿直祕閣，當遷諫議大夫，而中書以爲諫議大夫不可多除，故竝遷正卿。而故事，大卿監無帶館職者，至是，特爲請而還之〔一〕。四年，三館、祕閣各置官編校書籍，率常除足〔二〕。【卷三之八】

此條殘本在卷一之二二。

〔一〕長編卷一八七：嘉祐三年三月「壬申，光禄卿張子憲、趙良規、掌禹錫、齊廓、張子思並直祕閣。先是，子憲等並爲太常少卿兼館職，當進諫議大夫，而執政靳之，止遷太卿。故事，卿不兼職，故皆罷，於是特請而還之。」（原注：「子憲遷光禄卿已見至和元年十二月，今兩出之；良規去年二月以少常直集爲光禄；禹錫去年十一月以少常直集崇文院檢討爲光禄；廓正月以少常直史爲光禄；子思二月以少常直祕爲光禄。」）

按：據長編所載，本書謂「先是，張子憲等皆爲太常少卿直祕閣」，不確。實則子憲、廓皆兼直史；良規、禹錫皆兼直集，禹錫又兼崇文院檢討；惟子思兼直祕。此處「直祕閣」三字，當改從長編作「兼館職」。宋史卷二八七趙良規傳同長編。宋會要職官一八之四九所載則全同本書，惟「嘉祐三年」下多出「三月」二字，本書「直祕閣」三字之誤當亦由會要。

〔三〕館閣置官編校書籍事詳見本篇第十條校證〔二〕。

仁宗謂輔臣曰：「二府政事之臣既日謀謨於前，至於侍從之臣亦間嘗訪對。朕設三館以育才，當有通明邊防攻禦之宜、國家利病之要者，然而未聞有所言，豈以違遠而難於自達耶？其詔自今三館臣僚各上封事，如須面陳，竝許請對。」〔一〕　【卷三之九】

〔一〕按：此條文字未詳所出。據宋會要職官六〇之三：皇祐「五年五月二十六日，詔兩制、兩省、臺諫官、三館帶職、省府推判官等次對言事，凡朝廷得失、生民利病、灾異時事，直言無隱，不得朋私挾情，决摘陰細，無益治道，務在公實。觀文殿學士至待制合係直牒閤門，上殿者許請對，餘官具奏章實封以聞。」疑本書此條所述即當時事。

嘉祐中，以太子中允王陶、大理評事趙彥若編校昭文館書籍，國子博士傅卞編校集賢院書籍，杭州於潛縣令孫洙編校秘閣書籍〔一〕；其後又以太平州司法參軍曾鞏編校史館書籍。六年，以洙爲館閣校勘，於是詔編校書籍供職及二年，得補校勘，蓋自洙始。後呂惠卿、梁燾、沈括皆自編校爲館職〔二〕。至熙寧中，以前河南府永安縣主簿邢恕爲崇文院校書。先是，御史中丞呂公著薦恕，以爲賈誼、馬周之流，召對而有是命。乃詔今後應選舉可試用人，並令除崇文院校書，以備訪問任使；候二年取旨，或除館職，或合入差遣〔三〕。

【卷三之一〇】

此條殘本亦在卷一之二二，接於本篇第八條。

〔一〕「編校祕閣書籍」下四庫館臣原按：「宋史王陶本傳陶爲太子中允，時不著編校昭文館書籍；孫洙本傳亦不著爲於潛令及編校祕閣書籍。當以此書補其闕。」

〔二〕宋會要選舉三三之九：嘉祐四年「六月七日，太常博士陳洙、太子中允王陶、大理評事趙彥若、杭州於潛縣令孫洙並充館閣編校書籍。編校自此始置，須供職二年，即奏取旨，後皆充館閣校勘。七月九日，屯田員外郎知渠州龔鼎臣（『龔』原誤『襲』）編校史館書籍。八月十八日，國子博士傅卞編校集賢院書籍，仍候天章閣侍講有闕差充。八年五月十五日，都官郎中編校昭文館書籍孟恂、祕書丞編校祕閣書籍孫思恭並充祕閣校理；大理評事編校昭文館書籍趙彥若、杭州於潛縣令編校祕閣書籍孫洙並充館閣校勘。（按孫洙除校勘，長編載在六年十一月辛未，與本書合，疑會要此處作八年五月誤。）九月十八日，殿中丞編校集賢院書籍錢藻充祕閣校理，太平州司法參軍編校史館書籍曾鞏充館閣校勘（『閣』字原脱），太常博士知越州諸暨縣丁寶臣編校祕閣書籍。治平三年五月，寶臣充祕閣校理。」

三三之一〇：治平二年「九月二十五日，宣州涇縣主簿林希編校集賢院書籍，揚州司理參軍沈括編校昭文館書籍。括熙寧三年八月，希三年五月，並充館閣校勘。」四年「七月十九日，著作佐郎充三司檢法官呂惠卿編校集賢院書籍，試祕書省校書郎知睦州壽昌縣梁燾編校祕閣書籍。燾熙寧二年二月充館閣校勘。」熙寧元年「九月二十九日，大理寺丞編校祕閣書籍顧臨充館閣校勘。」

又長編卷一九五：嘉祐六年十月「癸巳，諸王宮侍講屯田員外郎編校書籍王獵爲宗正寺伴讀。獵爲宮僚凡十三年，於宗實有輔導功，故首用之。初，吳奎在翰林，薦獵可任經筵、文館之職。宰相韓琦指獵名謂執政曰：『惟此人與孟恂不通私謁，足見其有守。』恂時爲都官郎中，遂與獵並除編校書籍。」

按：先後參預編校者除上述外，尚有鄭穆、孫覺、李常、王存等人，並參本書殘本卷二之一七校證〔三〕。

〔三〕或除館職或合入差遣　按「館職」二字下，據宋會要（見下）仍當有「或陞擢資任」五字；「合入差遣」上，會要又有「祗與」二字。又上文「應選舉」三字下，亦應有「到」字。當均爲脱文。

宋會要職官一八之三：「熙寧二年十一月三日，置崇文院校書，始除河南府永安縣主簿邢恕。

乃詔今後應選舉到可試用人，並令崇文院校書，以備朝廷訪問差使；候二年取旨，或除館職，或陞擢資任，或祇與合入差遣。三年五月十六日，詔崇文院校書與堂除近地試銜知縣。先是，同知諫院胡宗愈言：『崇文院校書如未歷外官及不滿任者，不得選舉。昨邢恕以新進士除校書，蓋是朝廷未有法制；近聞新進士緣此奔走權要，廣爲道地，乞自今須歷任乃除。』故上令罷恕。」（此段又見宋會要職官一八之五三，與此互有詳略）

又選舉三三之一一：熙寧二年「九月十一日，御史中丞吕公著言：『伏見祕書省著作佐郎張載爲學得修身事君之要，久在陝西，一方士人，以爲師表；前河南府永安縣主簿邢恕剛毅不撓，勇於爲善，學術操守實賈誼、馬周之流。伏望特賜裁擇，或召對以觀其才，或置之館閣以待任使。』詔令閤門引對。既對，並特命爲崇文院校書。校書自是始置。有詔，須供職二年，奏取旨。是後非以故罷黜者，皆充館閣校勘。」

又長編卷二一〇：熙寧三年五月「乙巳，詔前永安縣主簿崇文院校書邢恕與堂除近地試銜知縣。先是，外人譁言將以新進士爲校書，陸佃嘗從王安石學，張安國無爲人、安石客也，吕升卿乃惠卿弟，皆外人所指目者。於是知諫院胡宗愈言：（同前引，略，但末句作『須歷一任乃除』。）上曰：『何嘗有此！』乃命罷恕。恕本吕公著所引用，安石方惡公著，故因宗愈言而有是命。」

又卷二八一：熙寧十年「三月己巳，試校書郎知崇德縣邢恕復爲崇文院校書。罷知延陵縣，未及赴而縣廢，改知崇德，亦不赴。久之，自陳乞開封府界監當差遣，特復之。初，王安石行新法，恕謂其子雱曰：『新法人皆不以爲然，子盍言之？』安石怒，其罷校書由此也。」宋史邢恕本傳所載略同長編。

英宗嘗謂輔臣曰：「館閣所以育俊才，比欲選人出使無可者，豈乏才耶？」參知政事歐陽修曰：「取才路狹，館閣止用編校書籍選人，進用稍遲，當廣任才之路，漸入此職，庶幾可以得人。」趙槩曰：「養育人材，當試其所長而用之。」上曰：「公等爲朕各舉才行兼善者數人，雖親戚世家勿避，朕當親閱可否。」宰相曾公亮曰：「使臣等自薦而用之，未免於嫌也。」韓琦曰：「臣等所患，人才難以中選，果得其人，議論能否，固何嫌也。」上固使薦之，於是琦、公亮、修、槩所舉者凡十餘人，上皆令召試。琦等又以人多難之，上曰：「既委公等舉，苟賢，豈患多也？」乃先召尚書度支員外郎蔡延慶、尚書屯田員外郎葉均、太常博士劉攽、王汾、夏倚、太子中允張公裕、大理寺丞李常、光録寺丞胡宗愈、雄武軍節度推官章惇、前密州觀察推官王存等十人，餘須後試〔一〕。已而召試學士院，夏倚、章惇雖入等，以御史有言，倚得江西轉運判官，惇改著作佐郎而已；以劉攽、王存爲館閣校勘，張公裕、李常爲祕閣校理，胡宗愈爲集賢校理〔二〕。治平四年，御史吴申言：「先詔十人試館職，漸至冗濫，兼所試止于詩賦，非經國治民之急。欲乞兼用兩制薦舉，仍罷詩賦，試論策三道，問經史時務，每道問十事，以通否定高下去留。其先召試人，亦乞通新法攷試。」詔兩制詳定以聞。其後翰林學士承旨王珪等言：「宜罷試詩賦如申言。」於是詔自今館職試論一首、策一道〔三〕。至元祐中，復舉試館職，則試策一道而已〔四〕。元豐官制行，始以龍圖閣直學士判將作監王益柔爲祕書監〔五〕。明年出知蔡州，以司勳郎中葉均爲祕書少監。不閱月，會李常爲禮部侍郎，太常少卿孫覺有親嫌，遂以覺爲祕書少監，而均爲太常少卿〔六〕。明年，右諫議大夫趙彦若以越職言事，降爲秘書監〔七〕。然亦皆一時之選也。均，故翰林學士清臣之子，治平初以宰執薦，召試館職入等〔八〕。祕書省建，初以奉議郎集賢校理知太常禮院林希爲承議郎行祕書省著作佐郎，後遷禮部郎中，仍兼著作，蓋史官難其人如此〔九〕。元豐五年六月〔一〇〕，以通直郎監察御史豐稷爲祕書省著作佐郎。先是，稷言：「方官制施行，而執政、尚書、侍郎、郎官、丞簿或以欺罔贓私之徒預選，何以示四方！」故有是命。頃之，爲吏部員外郎〔一一〕。崇寧初，王濤之爲司諫，以避妻父張商英爲著作郎兼國史館；其後曾楙爲監察御史，以避妻父吴執中爲著作佐郎；宣和中，潘良貴以主客員外郎對不合旨爲著作，亦清選也〔一二〕。

【卷三之一一】

此條殘本析爲卷一之二二（接上條）——二五，凡四條。

〔二〕歐陽文忠公集卷一一九奏事録獨對語：「臣修曰：『近年以來，進賢之路太狹，此誠當今之患，臣每與韓琦等論議未合。』上曰：『何謂進賢路狹？中書常所進擬者，其人皆如何？』臣修對曰：『自富弼、韓琦當國以來，十數年間，外自提刑、轉運，内則省府之類，選擢甚精，時亦得人，比於往年，絶不同也。然皆錢穀刑名强幹之吏，此所謂用材也。如臣所言進賢之路，謂館職也。』上曰：『如何？』臣修曰：『朝廷用人之法，自兩制選居兩府（原注：今學士、舍人、待制通謂之兩制。），自三館選居兩制，是則三館者，輔相養材之地也。往時入館有三路，今塞其二矣，此臣所謂太狹也。』上曰：『何謂三路？』臣修曰：『進士高科，一路也；大臣薦舉，一路也；因差遣例除，一路也。往時進士五人已上及第者，皆入館職，第一人有及第纔十年而至輔相者。今第一人及第者，兩任近十年方得試館職，而第二人已下無復得試，是高科一路塞矣。往時大臣薦舉，隨即召試，今但令上簿，候館閣闕人與試，而館閣人無員數，無有闕時，則上簿者永無試期，是薦舉一路又塞矣。唯有因差遣例除者，半是年勞老病之人也。此臣所謂進賢之路太狹也。』後數日，上因中書奏事，遂處分令擇人試館職。」（按所記原注爲治平三年八月十四日事，是日歐陽修獨對於崇政殿。）

長編卷二〇八：治平三年十月「甲午（十三日），詔宰臣、參知政事舉才行士可試館職者各五人。」

歐陽文忠公集卷一一四奏議一八乞補館職劄子：「臣竊以治天下者，用人非止一端，故取士不以一路。若夫知錢穀，曉刑獄，熟民事，精吏幹，勤勞夙夜，以辦集爲功者，謂之材能之士；明於仁義禮樂，通於古今治亂，其文章論議與之謀慮天下之事，可以決疑定策、論道經邦者，謂之儒學之臣。善用人者，必使有材者竭其謀，故以材能之士布列中外，分治百職，使各辦其事；以儒學之臣置之左右，與之日夕謀議，講求其要而行之；而又於儒學之中擇其尤者，置之廊廟，而付以大政，使總治羣材衆職，進退而賞罰之。此用人之大略。由是言之，儒學之士可謂貴矣，豈在材臣之後也。是以前世英主明君，未有不以崇儒嚮學爲先，而名臣賢輔出於儒學者十常八九也。臣竊見方今取士之失，患在先材能而後儒學，貴吏事而賤文章。自近年以來，朝廷患百職不修，務獎材臣，故錢穀刑獄之吏稍有寸長片善爲人所稱者，皆以擢用之矣。夫材能之士固當擢用，然專以材能爲急，而遂忽儒學爲不足用，使下有遺賢之嗟，上有乏材之患，此甚不可也。臣謂方今材能之士不患有遺，固不足上煩聖慮；唯儒學之臣難進而多棄，此不可不思也。臣以庸謬過蒙任使，俾陪宰輔之後，然平日論議，不能無異同，雖日奉天威，又不得從容曲盡拙訥。今臣有館閣取士愚見，具陳如別劄，欲望聖慈因燕閒之餘，一賜睿覽，或有可採，乞賜常留聖意。」

又論館閣取士劄子：「臣竊以館閣之職，號爲育材之地，今兩府闕人則必取於兩制（原注：

『翰林學士謂之內制，中書舍人、知制誥謂之外制，今並雜學士、待制通謂之兩制。』），兩制闕人則必取於館閣。館閣者，輔用養材之地也。材既難得而又難知，故當博採廣求而多蓄之，時冀一得於其間，則傑然而出爲名臣矣。其餘中人以上，優游養育以奬成之，亦不失爲佳士也。自祖宗以來，所用兩府大臣多矣，其間名臣賢相出於館閣者十常八九也。是以有文章、有學問、有材有行、或精於一藝、或長於一事者，莫不蓄之館閣而奬養之，其傑然而出者皆爲賢輔相矣。其餘不至輔相而爲一時之名臣者，亦不可勝數也。先帝循用祖宗舊制，收拾養育，得人尤多。自陛下即位以來，所用兩府之臣一十三人，而八人出於館閣，此其驗也。祇自近年，議者患館職之濫，遂行釐革。改更之初，矯失而太過，立法既峻，取人遂艱，使下多遺賢之嗟，國有乏材之患。今先朝收拾養育之人，或已被遷擢，或老病死亡，見在館者無幾，而新法艱阻，近年全無選進。臣今略具館閣取人舊制並新格，則可見取人之法如何，得人之多少也。

一、舊制，館閣取人以三路：進士高科，一路也；大臣薦舉，一路也；歲月酬勞，一路也。進士第三人以上及第者，並制科及第者，不問等第，並祇一任替回，便試館職；進士第四、第五人，經兩任亦得試，此一路也。兩府臣僚初拜，命各舉三兩人，即時召試，此一路也。其餘歷任繁難久次或寄任重處者，特令帶職，此一路也。今三路塞其二矣。自科場改爲間歲後，第一人及第者須兩任回方得試，自第二人至第三人更永不試，制科入第三等者亦須兩任回方得試（原注：北五七知科場，未有一人中第二等者。（校者按「北五七」三字未解其義，疑當作「比命士」），其餘等第者並永不試，則進士高科一路已塞矣。兩府大臣所薦之人，並祇上簿，候館閣有闕，則於簿内點名試，其如館閣本無員數，無有闕時，故自置簿以來至今九年，不曾點試一人，則大臣薦舉一路又塞矣。唯有廕勞帶職一路尚在爾。

一、新制，館閣其置編校八員，本爲館中書籍久不齊整，而館職多別有差遣，不能專一校正，乃別置此八員。故選新進資淺人，令久任而專一校讀，所以先令作編校二年，然後陞爲校勘（原注：「未是正館職。」），爲校勘四年，然後陞爲校理（原注：「始是正館職。」），爲校理又一年，方罷授別任差遣。然自置編校後，適值館閣取人之路漸廢，今議者遂祇以編校爲取士新格。往時直館、直院、直閣、校理皆無定員，唯材是用，不限人數。今編校限以八員爲定，以此待天下之多士，宜其遺材於下矣。八員之内，仍每七年方遇一員闕而補一人，以此知天下滯材者衆矣。

右以臣愚見，編校八員自可仍舊，每有員闕，令中書擇人擬進。陛下必欲牢籠天下英俊之士，則宜脱去常格而奬拔之。今負文學、懷器識、落落奇偉之士，知名於世而求爲時用者不少，惟陛下博訪審察，悉召而且置之館職，養育三數年間，徐察其實，擇其尤者而擢用之。知人自古聖王所難，然不以其難而遂廢，但拔十而得一二，亦不爲無益矣。況中人上下養育奬成之，不止十得一二也。」（按：上所録歐陽修二劄，國朝諸臣奏議卷五九總題爲上英宗進館閣取士劄子，末有小注云：「治平三年十一月上。時爲參知政事，詔宰執舉文行士可充館職者各五人。」）

宋會要選舉三一之三六：治平三年「十一月六日，召權提點陝西刑獄尚書度支員外郎蔡延慶等十人就試館職。初，帝謂輔臣曰：『館閣所以育雋才，比欲選數人出使無可者，公等爲朕各舉才行兼善者數人，雖親戚世家勿避，朕當親閱可否。』於是韓琦、曾公亮、歐陽修、趙槩所舉二十人，皆令召試。宰臣以爲人多，難之，帝曰：『既委公等舉，苟賢，豈患多也？』時被薦者，蔡延慶、夏倚、王汾、葉均、劉攽、章惇、胡宗愈、王存、李常、張公裕、王介、蘇棁、安燾、蒲宗孟、陳侗、陳睦（『睦』字原脱）、李清臣、朱初平、黄履、劉摯二十人，令先召延慶等十人，餘須後試。以上國朝會要。」（按長編卷二〇八：「延慶，齊子；汾，禹偁曾孫；均，青臣子；惇，德象族子（德象當作得象）；宗愈，宿弟子；存，丹陽人；常，南康人；公裕，江原人；棁，頌弟；燾，開封人；宗孟，新井人；侗，莆田人；睦，侗弟；初平，昂孫；履，邵武人；摯，勃海人。」又有考異云：「朱史修傳云詔韓琦、曾公亮各舉六人，歐陽修、趙槩各舉五人，與墨史及此云二十人數不合，當考。」）

又，本書此上所載蔡延慶、劉攽、李常、章惇諸人名下，四庫館臣原各有按語云：「宋史蔡延慶本傳未嘗爲度支員外郎，初以提點京東陝西刑獄爲集賢校理，與此書有異。」「宋史劉攽本傳始爲國子監直講，歐陽修、趙槩薦試館職，御史中丞王陶有夙憾，率侍御史蘇寀共排之，攽官已員外郎，纔得館閣校勘。與此書由太常博士爲館閣校勘有異。」「宋史李常本傳以宣州觀察推官薦爲祕閣校理，與此書所云大理寺丞有異。」「宋史章惇本傳未嘗爲雄武軍節度推官，始以商洛令召試館職，與此書有異。」今按蔡延慶等召試館職，所用時日頗不一致，其間自下詔至試除，少者數月，多者數年，故諸人職官亦時有變動。本書所載與會要、長編均合，四庫館臣以宋史諸傳考求本書，實是以略證詳，恐難憑據。參校證〔二〕。

又，本書劉攽下原脱王汾之名，今據殘本及會要、長編等補入。

〔二〕長編卷二〇九：治平四年閏三月（時神宗已即位未改元）「癸卯，學士院言：屯田員外郎夏倚、雄武節度推官章惇詩賦中等。詔以倚爲江南西路轉運判官，惇爲著作佐郎。倚及惇皆治平三年十月兩府所薦者，及是召試。而御史呂景、蔣之奇言：倚素無學術，嘗任麟倅敗事；惇佻薄穢濫，向以擢第不高，輒擲勑於廷；皆不可奬。故不除館職。惇，浦城人，歐陽修所薦也。」

宋會要選舉三一之三六——三七：治平四年閏三月「二十八日，學士院試著作佐郎胡宗愈、太常丞張公裕、殿中丞李常、屯田員外郎劉攽、著作郎王存詩賦入等，詔宗愈充集賢校理，公裕、常並充館閣校理，攽、存並充館閣校勘。宗愈等皆以先朝得旨召試故也。」（按長編卷二〇九：「攽試入優等，故事當除直館，入員外郎例，不爲校勘。而攽素與王陶有隙，陶及侍御史蘇寀共排之，執政但擬校勘。」）

「九月六日，學士院試屯田員外郎王汾賦詩中等，詔充祕閣校理。汾以先朝得旨召試故也。」

熙寧「二年六月二十八日，學士院試職方員外郎王介、太常博士安燾策論稍優，著作郎蒲宗孟、陳侗、光禄寺丞朱初平策論稍堪，介、燾充祕閣校理，餘充館閣校勘。介等皆先朝得旨召試故也。」

「三年四月二十三日，學士院試虞部員外郎蘇棁、祕書丞陳睦、祕書郎李清臣、江寧府推官劉摯策論優，詔棁、睦、清臣並充集賢校理，摯充祕閣校勘。棁等皆先朝得旨召試故也。」（按長編卷二一〇載棁、睦爲祕閣校理，與會要作並充集賢校理不同。與棁等同召試者又有樂咸，未入館職。）

「五年十月八日（按選舉三三之一三作九月八日，疑是，長編亦作九月），學士院試光禄寺丞黃履策論入等，詔充祕閣校勘。履以先朝得旨召試，丁憂服闋，始命試之。」

按：前述二十人中，惟蔡延慶、葉均未見具體召試時日，疑今本會要有脱漏。

〔三〕宋會要選舉三一之三六：「治平四年三月二十五日，學士院試祠部郎中陳汝羲詩賦中等，詔充集賢校理。閏三月十一日，御史吳申言：『竊見先召見十人試館職，而陳汝羲亦預，漸至冗濫，兼所試止於詩賦，非經國治民之急。欲乞兼用兩制薦舉（「用」字原脱，據本書及長編補），仍罷詩賦，試策三道（疑當從本書作「試論策三道」；長編亦無「論」字），問經史時務，每道問十事，以上通否定高下去留。其先召試人亦乞用新法考試。』詔兩制詳定以聞。其後翰林學士承旨王珪等言：

『宜罷詩賦如中言。』於是詔自今館職試論一首、策一道。」

又選舉三一之三七、一七及三二之一〇:「神宗熙寧元年八月二十六日,詔今後試館職祗試策論,更不試詩賦。」據石林燕語卷九載,熙寧初試館職,試題爲敕天之命惟時惟幾論、問古用民歲不過三日策。

按:宋代士人召試兼試策論,自真宗天禧元年始。宋會要選舉三二之六:「天禧元年九月十九日,詔承前召試,命官舉人止詩賦命題,自今並問時務策一首,仍別試賦論或雜文一首。二十一日,前守江州瑞昌縣主簿劉若冲進詩賦十軸,詔若冲試時務策一道,仍於賦或雜文或論中就本人所願更試一首。應今後與試文字人等並依此例。」

〔四〕按哲宗朝復舉試館職事,可參本書卷一之一校證〔四〕;而此處所載祗試策一道之法,在北宋末、南宋初蓋已成爲定制。據宋會要選舉三一之一九——二二:「徽宗大觀四年六月十三日,詔江州進士王易簡召赴中書省,試策一道」;「高宗建炎二年二月十三日,詔中書省召試布衣。先是,敕書許臣僚薦舉草茅材德之士,至是,令試策一道」;紹興元年「七月三日,詔成忠郎楊球令中書門下後省召試策一道,與換文資」;「五年閏二月二十八日,詔右承奉郎徐度令中書舍人試策一道」;「八年十一月四日,中書門下省言:建州進士劉勉之已赴都堂審察訖。詔令中書後省召試策一道」;「十二年七月十七日,詔吴璘子援令川陝宣撫司召試策一道,保明取旨,與換文資」;

三十二年（孝宗已即位未改元）九月「七日，詔右從政郎曾熹令中書後省召試時務策一道」。又紹興元年五月二十五日，翰林學士汪藻上省記到召試館職合行事件，其首條亦爲「試時務策一道」。此皆可與本書此處所載互作參考。

〔五〕宋史卷二八六王益柔傳：「舊制，選人當改京官，滿十人乃引見，由是士多困滯，且遇舉者有故，輒不用。益柔請纔二人即引見，衆論翕然稱之。直舍人院、知制誥兼直學士院。董氈遇明堂恩，中書熟狀加光禄大夫，而舊已特進。益柔以聞，帝謂中書曰：『非翰林，幾何不爲羌夷所笑。』宰相怒其不中堂，用他事罷其兼直，遷龍圖閣直學士、祕書監。知蔡、揚、亳州、江寧、應天府，卒，年七十二。」其除祕書監具體日期，見本書卷一之一校證〔五〕。

〔六〕宋會要職官六三之三六：元豐「六年七月九日，詔朝請大夫試太常少卿孫覺、祕書少監朝散大夫葉均兩易其任，以覺與禮部侍郎李常親嫌也。」按：以此與本書所載相參照，葉均除祕書少監當在是年六月。孫、李除職始末參本篇第十三條校證〔二〕。

〔七〕宋會要職官六六之二七：元豐七年正月「二十八日，降右諫議大夫趙彦若一官，試祕書監。坐輒侵越御史論事故也。」

長編卷三四二：正月乙丑，「右諫議大夫趙彦若言：『伏見尚書省聽事寫周官篇，此朝廷稽古命官之本也。周官大旨在乎得人，故曰「不惟其官，惟其人」，又曰「官不必備，惟其人」。今門下侍郎章惇、尚書左丞王安禮並無行檢，非周官之所謂「惟其人」也。自居執政，未聞有補，而異黨復一，人畏其强，僚屬觀望，雖謫不悔。權勢至此，不宜處位，請皆外補，以肅具臣。』後四日，手詔：『朝廷自修復官政，大小羣司，各有職守。昨降黜諸寺監丞簿後，上下尤知謹戢，罕有僭紊。近彦若輒侵越御史論事，不可不懲。』乃降一官，試祕書監。」原注：「『異黨復一』，字必有誤，新本亦然，當考正之。朱本簽貼云『無案據』，遂削之；張舜民誌彦若墓又不載當日彈詞。」

按：彦若元豐六年十月以中書舍人爲右諫議大夫，此諫議大夫之初除。

〔八〕召試館職入等　「等」字原脱，據本書殘本卷一之二三補。

宋會要選舉九之一二：「嘉祐二年五月二日，賜衛尉寺丞葉均同進士出身。」原注：「均，故翰林學士清臣之子，上家集，召試學士院中等，命之。」按葉均治平三年十月復被薦召試館職，其具體考試日期未詳，已見本條上文及校證〔二〕。此處謂其治平初召試館職，不確，當作治平末或熙寧初。疑以熙寧初爲是，見下。

〔九〕祕書省建初以……林希爲……　「建」字原脱，而「初」上原有「熙寧」二字，均據本書殘本删補。按林希初除著作佐郎在元豐五年四月，不在熙寧初，見本書卷一之一校證〔五〕；且祕書省自元豐五年始有職事官，此處原作「熙寧初」顯誤。疑「熙寧」二字原在上文「清臣之子」下「治平」二字處，而傳抄者以前載葉均治平中被薦試館職，遂徑改「熙寧」爲「治平」，又移「熙寧」二字於「祕書省」下，以致時次顛倒，文義淆亂，若無殘本流傳，則不復辨別矣。

又宋會要運曆一之一六：元豐「八年八月六日，詔朝奉郎吏部郎中曾肇、朝請郎禮部郎中林希兼著作。職事官有兼職自此始。」

〔一〇〕「元豐五年六月」下四庫館臣原按：「原本脱『元豐』二字，今據宋史豐稷本傳證合增入。」今按殘本亦不載此二字。大典原本承上「熙寧」之誤，故此處「五年六月」易生歧互；若據殘本，則上有「秘書省建」云云，其下即不綴「元豐」二字，亦知爲元豐五年六月，是二字可省書。今權從所補。

〔一一〕長編卷三二七：元豐五年六月「丁丑，通直郎監察御史豐稷爲著作佐郎。先是，稷言：『聞吳安持除太府少卿。按安持以宰相子，請囑檢正官劉奉世庇相州，失入馮言死罪公事，坐此追官。今祥禫未除，即有恩命，議者以謂執政家見有勒停衝替子弟，用安持爲例，將以伸己之私。臣竊惟陛下若稽經訓，修明官政，將拔吉士，光益治功，豈特忘人之過，以示容德？而方官制施行，章惇以罔上爲門下侍郎，王安禮以穢德守尚書右丞，以至六行尚書、列曹侍郎、諸司郎官、寺監丞主簿，其間或以不實黜降，或以贓私坐廢。朝廷不應輕法守，略清議，致謫籍之徒，首與褒選，萬世肇新之官府，爲罪人之淵藪，四方臣庶，何以視效？甚非陛下稽古建官之意。夫邦家之光，發揮於端實之君子，而消沮於智巧之小人，選授之際，尤在考擇。如李士京，韓縝之嬖人，韓宗文，維之孱子，爲大理寺左右推主簿；鍾浚，王安禮之佞人，爲將作少監。減罷知禮院葉祖洽、司農寺軍器都水監主簿頓起等，至今未有差遣，縱材誠卑凡，豈不優於宗文之徒？與夫鍾浚之頗僻側媚有間矣！去取如此，名實何考，清明之朝，不可不察！其職事官所犯罪，欲望令中書省條具，事先重者稍放罷。』故有是命。」（按：末句，宋會要職官六六之一八作：「欲望令中書省條具職事官所犯罪，事理稍重者先放罷。稷坐此故左遷。」）

〔一二〕潘良貴以主客員外郎對不合旨　「對」下「不」字處原注「缺」，今據本書殘本補「不」字。疑「對」上仍當有「召」或「奏」字。

按：王潙之、曾楙爲著作、著佐事未見他書；宋史卷三七六潘良貴傳謂良貴以祕書郎除主客郎中，尋提舉淮南路常平，亦未載其除主客員外郎及著作郎職。其詳均待考。又潙之「兼國史館」，本書殘本「館」作「官」，疑以殘本爲是。

祖宗時，有大典禮政事講究因革，則三館之士必令預議〔一〕。如范仲淹議職田狀〔二〕，蘇軾議貢舉者〔三〕，即其事也。詳議典禮，率令太常禮院與崇文院詳定以聞，蓋太常禮樂之司，崇文院簡册之府，而又國史典章在焉。合羣英之議，攷古今之宜，則其施於政事典禮，必不詭於經理矣。熙寧中，軾任直史館，嘗召對，親奉德音，以爲「凡在館閣，皆當爲朕深思治亂，指陳得失，無有所隱」。然則承學之士，其有不思所以竭忠圖報者乎！【卷三之一二】

〔二〕宋會要職官一八之二：「大典禮則（祕書省）長、貳預集議。國朝待遇儒臣，非他司比。」又一八之六：元豐六年「六月四日，詔集議大典禮，令祕書省長、貳與。」（「與」下當漏書「議」字，長編卷三三五作「預議」）

〔三〕范文正公集補編卷一論職田不可罷：「真宗初賜職田，實遵古制，蓋大賚於多士，俾無蠹於生民。無厭之徒，或冒典憲，由濫官之咎，非職田之過。若從而廢罷，則吏困於廉；收而均給，則民受其弊。天下幕職州縣官、三班使臣俸微禄薄，全藉職田濟贍，其無職田處，持廉之人，例皆貧窘。曩時士員尚少，凡得一任，必五六年方有交替，到闕即日差除，復便請給。當時條例未密，士寡廉隅，雖無職田，自可優足。今物貴與昔不同，替罷之後，守選待闕，動踰二年，官吏衣食不足，廉者復濁，何以治化？天下受弊，必如臣言。乞深加詳軫，不以一時之論，廢經遠之制，天下幸甚。」

按：宋代職田，真宗咸平二年七月始置，仁宗天聖七年七月曾一度停罷，旋於九年二月復置，至慶曆三年十一月始均公田、限職田，定其等第頃畝數。仲淹此奏乃天聖八年所上（文集原注如此），蓋爲請復職田而發；然此時仲淹已由祕閣校理（天聖六年除）出爲河中府通判（天聖七年十一月），不在館職任內，故其奏與本書此處所舉事例不合。疑所舉當爲咸平間杜鎬等議職田狀，而本書著者或傳抄者誤爲范仲淹事。玉海卷一七七咸平職田條具載當時事文，今附録如下，以備參考：「咸平二年七月，真宗欲興復職田，三司請依例輸税，詔三館、祕閣檢討故事沿革以聞。甲申，檢討杜鎬等言：『按王制：「古者公田藉而不稅，」言「借民力治公田，美惡取於此，不稅民之所自治也；」又曰：「夫圭田無征，」「夫，猶治也；征，稅也。孟子曰：卿以下必有圭田，治圭田者不稅，所以厚賢也。」周禮載師之職有士田，有官田，有賞田，又「以家邑之田任稍地，以小都之田任縣地，以大都之田任畺地」。家邑，大夫之采地；小都，卿之采地。漢制，列侯皆衣食租稅，而不得臣其吏民。晉制有芻藁之田，大國十五頃，次國十頃，小國七頃；又占田之限，官第一品五十頃，二品以下每品減五頃爲差，九品、十品又得蔭人爲衣食客及佃客。後魏宰人之官各給公田，刺史十五頃，太守十頃，治中、別駕八頃，縣令、丞六頃，職分田起於此矣。北齊京城四面諸坊之外三十里爲公田，一品以下逮羽林、虎賁各有差。唐給職分田，又給公廨田。乞候今秋令轉運使就近差官，盡括係官水陸莊田，均給州縣長吏，次及通判、幕職、判司簿尉等官。所占佃户止得以浮客充，仍免鄉縣差徭。如此，則中才可革於貪心，上智益興於廉節。百官廩賜，莫盛於唐，月俸之餘既有食糧雜給，禄粟之外又有利息本錢，加以白直、執刀、防閤、掌固之類，悉許私用役使，潛有所輸。五代所支，裁得其半。太祖始定添支，太宗增給實俸。職田之制廢於五代，興於本朝，而計臣以出納之吝，遂有玆議。故事無輸稅之文。』從之。」

又長編卷四五：咸平二年秋七月壬午，「宰相張齊賢請給外任官職田。詔三館、祕閣檢討故事，申定其制，以官莊及遠年逃田充，悉免其稅，佃户以浮客充，所得課租均分，如鄉原例；州縣長吏給十之五，自餘差給。其兩京、大藩府四十頃，次藩鎮三十五頃，防禦、團練州三十頃，中上刺史州二十頃，下州及軍、監十五頃，邊防小州、上縣十頃，中縣八頃，下縣七頃；轉運副使十頃，兵馬都監、監押、寨主、釐務官、録事參軍、判司等比通判、幕職之數而均給之。初，三司欲令職田户依例輸税，虞部郎中杜鎬等言推尋故事，歷代並無輸税之文，乃止。」

〔三〕宋史卷三三八蘇軾傳：熙寧「四年，安石欲變科舉，興學校，詔兩制、三館議。軾上議曰：『得人之道，在於知人，知人之法，在於責實。使君相有知人之明，朝廷有責實之政，則胥史皂隸，未嘗無人，况於學校貢舉乎！雖因今之法，臣以爲有餘。使君相不知人，朝廷不責實，則公卿侍從，常患無人，而况學校貢舉乎！雖復古之制，臣以爲不足。夫時有可否，物有廢興，方其所安，雖暴君不能廢，及其所厭，雖聖人不能復。故風俗之變，法制隨之，譬如江河之徙，移甌而復之，則難爲力。慶曆固嘗立學矣，至於今日，惟有空名僅存。今將變今之禮，易今之俗，又當發民力以治官室，斂民財以食游士，百里之内，置官立師，獄訟聽於是，軍旅謀於是，又簡不率教者屏之遠方，則無乃徒爲紛亂，以患天下邪？若乃無大更革，而望有益於時，則與慶曆之際何異！故臣謂今之學校，特可因仍舊制，使先王之舊物不廢於吾世，足矣！至於貢舉之法，行之百年，治亂盛衰，初不由此。陛下觀祖宗之世，貢舉之法，與今爲孰精？言語文章，與今爲孰優？所得人才，與今爲孰多？天下之士，與今爲孰辨？較此四者之長短，其議決矣！今所欲變改不過數端，或曰鄉舉德行而略文詞，或曰專取策論而罷詩賦，或欲兼采譽望而罷封彌，或欲經生不帖墨而考大義，此皆知其一不知其二者也。願陛下留意於遠者、大者，區區之法何預焉！臣又切有私憂過計者。夫性命之説，自子貢不得聞，而今之學者恥不言性命，讀其文浩然無當而不可窮，觀其貌超然無著而不可挹，此豈真能然哉？蓋中人之性，安於放而樂於誕耳，陛下安用之！』議上，神宗悟，曰：『吾固疑此，得軾議，意釋然矣。』即日召見，問：『方今政事，得失安在？雖朕過失，指陳可也。』對曰：『陛下生知之性，天縱文武，不患不明，不患不勤，不患不斷，但患求治太急，聽言太廣，進人太鋭。願鎮以安静，待物之來，然後應之。』神宗悚然曰：『卿三言，朕當熟思之。凡在館閣，皆當爲朕深思治亂，無有所隱。』軾退，言於同列，安石不悦。」

按：據玉海卷一一六，神宗詔兩制、兩省、三司、三館及御史臺議貢舉學校之制實在熙寧二年四月，至四年二月始别立新規，「罷明經科，進士罷詩賦，帖經墨義令治詩、書、易、周禮、禮記一經，兼論、孟之學，試以大義，殿試策一道，諸科今改應進士科」。故蘇軾之議在二年四月，而不在四年。玉海略述其議云：「貢舉之法，行之百年，議者欲變，不過數端，或曰鄉貢德行而舍文章，或曰專取策論而略詩賦，或欲舉唐故事兼取譽望而罷封彌，或欲變經生樸學不用帖墨而考大義，皆知其一未知其二。夫以德行設科，是教天下相率爲僞，自文章言則策論有用、詩賦無用，自政事言則策論、詩賦均爲無用。然自唐至今，以詩賦爲名臣者不可勝數，何負天下而必欲廢之！」所載與宋史本傳互有異同。通考卷三一述其事較詳。

本條下文蘇軾召對事參此。

元豐七年，葉祖洽除知湖州，上批以「祖洽熙寧首榜高第，可與祕書省職事官」，遂除校書郎。〔一〕初，邢恕、王仲修竝以祕閣校勘除校書郎，范祖禹以修資治通鑑成纔得正字。後邢恕遷著作佐郎，再遷爲都司，祖禹至元祐間方爲著作郎兼侍講，蓋吝選如此〔二〕。故事，館閣兼職與遷轉不同。景德初，直祕閣杜鎬、祕閣校理戚綸皆以舊職充龍圖閣待制；後數年，鎬以司封郎中直祕閣充龍圖閣待制，遷右諫議大夫龍圖閣直學士，亦異恩也〔三〕。其餘大率祕閣校理遷直祕閣，集賢校理遷直集賢院，或遷直龍圖閣，至和中如張子思、趙良規、錢延年是也；直史館遷直昭文館，淳化中如吕祐之、趙昂、安德裕、句中正是也〔四〕。直館、直院有除知制誥者，吕祐之以直昭文館，和嶹、王安石以直集賢院，皆除知制誥〔五〕。至於校理、校勘，往往隨其領職之高下而遷之。如吕溱、李絢以直集賢院，余靖、彭乘、蒲宗孟、孫洙、安燾、黄履、曾鞏、趙彦若以集賢校理，皆爲同修起居注；蔡襄以校勘遷直史館知諫院；鄧潤甫以檢正中書户房公事爲集賢校理直舍人院，未幾知制誥；常秩以大理評事特起爲左正言直集賢院，未幾直舍人院，亦異恩也〔六〕。畢仲衍以祕閣校理除左史，王安禮以校勘遷直集賢院，王震以校勘爲檢正禮房公事遷右司員外郎，仲衍、震皆更官制之初也〔七〕。官制既行，祕書省官異於故時，館職惟兼經筵，國史實録院官則其遷稍異。元祐中，張耒、黄庭堅皆以著作佐郎，紹聖中鄧洵武、吴伯舉皆以校書郎，遷左右史，以兼國史院官故也〔八〕。

【卷三之一三】

此條殘本析爲卷一之二六、二七兩條。

〔二〕宋會要職官一八之六：元豐「七年五月一日，詔降授宣德郎葉祖洽爲祕書省校書郎。祖洽初除知湖州，以上批『祖洽熙寧首榜高第，可與秘書省職事』故也。十七日，詔著作暫闕官，校書郎或正字兼權。」

〔三〕邢恕　長編卷三五〇注：「吕本中雜説：『元豐中，吴充既相，復召邢恕爲館職。』恕復爲校書在熙寧十年三月，元豐初爲館閣校勘，四年八月兼史館檢討，五年四月爲校書郎，七年五月爲小著（著作佐郎），十一月爲職方（員外郎）。充去位，蔡確頗喜恕，因乘間説確曰：『天下士人所以屈節降志以干權貴者，相公以爲何求也？』確曰：『此無他，爲欲富貴爾！』恕曰：『相公之言，盡得天下士人情實矣。然有富貴已得，名位已極，而猶不改前日所爲者，何也？』確知恕言中己，因曰：『此確所不識也。』恕曰：『富貴已得，名位已極，而猶不改前日所爲者，恕以爲此乃愚人習常安故無遠志而然耳。使明智者當此，則必有以善其後矣。恕竊以爲相公自徒步結人主，取宰相，固有不盡合天下公論者。然今名位已極，富貴已久，而猶不盡改前日施設，以相公明智如此，而習於常人之情，恕也疑之。』確徐曰：『奈何？』恕曰：『名位已極，富貴已久，世人之情所深望者，欲其位之益安、譽之益崇，爲長久之計耳。若以今日施設而求位之益安、譽之益崇，猶倒行却走而及前景也，其不曳地而死者幸也。』確曰：『子將何以教我？願卒受命。』恕曰：『自熙寧以來，改法更制不合人心者甚衆，而所用於時者皆一切小人也。而相公欲望以此等人行今日之政，望位之益安、譽之益崇，難矣！夫難得而易失者時也，自古聖賢才智所望而不可得者權也，今相公既有時與權矣，何不乘此勢稍收用舊人，及更改政事之甚不便者，以合人心而固公位乎？何爲汲汲而但隨衆人已也？』確曰：『善。』於是與恕情分日篤，有意改更政事，收用舊人矣。及神宗升遐，宣仁聽政，鋭意改作，而恕助確，猶欲漸漸改更，乞元豐舊人不可多逐，由此邪正遂分。元豐末，劉摯、梁燾、孫覺、李常以次收用，皆恕勸確爲此。劉摯元豐六年四月二十四日以右司郎中衝替，八年四月十四日由滑州召爲吏部郎中；梁燾元豐八年四月十四日自京西北路提刑召爲工部郎中；孫覺元豐六年六月自南京留守召爲太常少卿；李常元豐五年四月自淮西提刑召爲太常少卿，六年六月遷禮部侍郎。」（按：此段語較長，因涉孫覺、李常等除職，可與本篇第十一條互參，故備録之。）

王仲修　據宋會要選舉三三之一四、一六及職官六六之一五：熙寧八年「十一月二十九日，著作佐郎王仲修賜對，命崇文院校書同知太常禮院；」元豐「三年二月十一日，祕書丞崇文院校書王仲修爲館閣校勘；」四年九月「十九日，奉議郎充館閣校勘同知太常禮院王仲修罰銅十斤衝替。仲修，宰相珪之子，先謁告往淮南，諫官蔡卞言其在揚州燕飲，所爲不檢，體量得實故也。」所載似與本書不合。又長編卷二六九：熙寧八年十月丁巳，「著作佐郎王仲修爲崇文院校理知禮院。」與會要作「校書」亦異。其除校書郎始末待考。

范祖禹　長編卷三五〇：元豐七年十二月「戊辰，端明殿學士兼翰林侍讀學士太中大夫提舉崇福宮司馬光爲資政殿學士，降詔獎諭，賜銀絹衣帶馬；奉議郎范祖禹爲祕書省正字；並以修資治通鑑書成也。」宋史卷三三七本傳：「進士甲科，從司馬光編修資治通鑑，在洛十五年，不事進取。書成，光薦爲祕書省正字。」「哲宗立，擢右正言，呂公著執政，祖禹以婿嫌辭，改祠部員外郎，又辭，除著作佐郎、修神宗實録檢討，遷著作郎兼侍講。」

〔三〕宋會要職官七之一四：「景德元年十月，以虞部郎中直祕閣杜鎬爲都官郎中，太常丞祕閣校理戚綸右正言，並依舊職充龍圖閣待制。」「四年八月，以司封郎中直祕閣龍圖閣待制杜鎬爲右諫議大夫龍圖閣直學士（『直學士』原作『學士』，據長編卷六六及本書補『直』字）。」並參本書卷二之二三校證〔一〕。

〔四〕張子思等初除直閣、直集時日未詳。呂祐之等除直館在淳化元年八月，見本篇第一條校證〔三〕。

〔五〕宋史卷二九六呂祐之傳：「淳化初判户部勾院，會分備三館職，以祐之與趙昂、安德裕並直昭文館。俄以本官知制誥。」

卷四三九和嶹傳：「淳化初，嶹又撰七牓題名記，並補注凝所撰古今孝悌集成十卷以獻，遂以本官直集賢院。中謝日，賜緋魚。三年春，獻觀燈賦，詔付史館。遷右正言。是歲太宗親試貢士，嶹預考校，作歌以獻，上對宰相稱賞之，召問年幾何？時摹印儒行篇以賜新及第人及三館、臺省官，皆上表稱謝。時御便坐，出表以示宰相，而嶦與張洎尤稱上旨，因謂李昉曰：『嶦宰相子，勤學自立，有文章，能荷堂構。如嶦者，不可多得也。』遂以本官知制誥。」

卷三三七王安石傳：「俄直集賢院。」「明年，同修起居注，辭之累日。閤門吏齎敕就付之，拒不受；吏隨而拜之，則避於厠，吏置敕於案而去，又追還之。上章至八九，乃受。遂知制誥，糾察在京刑獄。」

按：北宋以直館、直院、直閣除知制誥者，宋會要職官三之一三知制誥欄内多有載録。如太宗雍熙三年十月李沆、宋湜以直史館，淳化元年馮起以直史館，真宗咸平三年十月黄夷簡以直祕閣、曾知堯以直史館，大中祥符七年十月陳知微、劉筠以直史館，九年八月欒黄目以直史館，仁宗天聖四年五月李仲容以直史館等，皆除知制誥，可與本書所載互證。

〔六〕吕溱　宋會要選舉三一之三一：康定二年「十月二十七日，學士院試將作監丞吕溱賦詩三上，詔爲著作郎直集賢院。」宋史卷三二〇本傳：「通判亳州，直集賢院，同修起居注。」

李絢　宋會要選舉三一之三一：「慶曆二年二月六日，學士院試大理評事李絢賦詩三上，詔爲太子中允直集賢院。」宋史卷三〇二本傳：通判邠州還，爲太子中允直集賢院，歷開封府推官、三司度支判官，爲京西轉運使，未幾，召修起居注，糾察在京刑獄。

余靖　宋史卷三二〇本傳：建言校史記與前、後漢書，擢集賢校理，以論范仲淹不當貶，落職，再遷太常博士，復集賢校理（慶曆二年三月），同知禮院，進修起居注。

彭乘　宋會要選舉三一之二七：天聖元年「十二月四日，學士院試前鳳州團練推官彭乘策頌，並稍優，詔充館閣校勘。」宋史卷二九八本傳：預校正南北史、隋書，改祕書省著作佐郎，遷本省丞兼集賢校理。知普州，召還，判尚書刑部，再知安州，召修起居注，擢知制誥。

蒲宗孟　宋史卷三二八本傳：熙寧初，召試學士院爲館閣校勘（宋會要載在二年六月，見本篇第十一條校證〔二〕）、檢正中書户房兼修條例，進集賢校理，俄同修起居注、直舍人院知制誥。

孫洙　宋史卷三二一本傳：遷集賢校理知太常禮院，治平中同修起居注，進知制誥。

安燾　宋史卷三二八本傳：用歐陽修薦爲祕閣校理（宋會要載在熙寧二年六月，同蒲宗孟），判吏部南曹，荆湖北路轉運判官，提點刑獄兼常平農田水利差役事，移使京東路，過闕入見，神宗違其儀觀（「違」疑爲「偉」字之訛），留檢正中書孔目房，修起居注。（按會要及本傳均載燾爲祕閣校理，與本書作集賢校理不同。）

黄履　宋史卷三二八本傳：舉進士，調南京法曹，又爲高密、廣平王二宫教授，館閣校勘，同知禮院。改崇政殿説書，兼知諫院。神宗詳定禮制，詔置局，命履董之，同修起居注，進知制誥。

又四庫館臣於本書「同修起居注」下原按：「宋史黄履本傳爲館閣校勘同修起居注，與此書所云集賢校理有異。」今按黄氏熙寧五年以光禄寺丞充館閣校勘，已見本篇第十一條校證〔二〕。又據宋會要選舉一九之一七：「熙寧九年正月，以翰林學士鄧綰權知貢舉，集賢校理同管勾國子監黃履、國子監直講龔原、彭汝礪、祕書丞周諶參詳。」知黃氏熙寧末已由校勘轉校理，本書所載不誤，而宋史有闕略。

曾鞏　宋史卷三一九本傳：「嘉祐二年進士。調太平州司法參軍，召編校史館書籍，遷館閣校勘、集賢校理，爲實録檢討官。出通判越州。」未言其同修起居注事。

趙彦若　宋會要職官三之一五：元豐五年「四月二十五日，朝散郎史館修撰判太常寺曾鞏、朝散郎集賢院校理同修起居注趙彦若、通直郎集賢校理同修起居注陸佃並試中書舍人。自是始正官名。」按：彦若嘉祐中以編校昭文館書籍爲館閣校勘，已見本篇第十條校證〔二〕。其初除集賢校理時日未詳。

蔡襄　宋會要選舉三一之二〇：「康定元年九月五日，學士院試著作佐郎蔡襄賦三下、詩四上，大理評事陳經賦、詩各三上，詔並充館閣校勘。」長編卷一四〇及一五一：慶曆三年四月，「著作佐郎館閣校勘蔡襄爲祕書丞知諫院」；四年八月，「祕書丞館閣校勘知諫院蔡襄爲直史館同修起居注。」（按：據長編，蔡襄除直史館在知諫院後。）

鄧潤甫　宋會要選舉三三之一三：熙寧五年「十月十八日，太常丞鄧潤甫充集賢校理直舍人院、同知審官東院。」宋史卷三四三本傳：「熙寧中，王安石以潤甫爲編修中書户房事，神宗覽其文，除集賢校理直舍人院，改知諫院知制誥。」（按：長編卷二二二載鄧氏熙寧四年四月以編修中書條例檢正中書户房公事，本傳作「編修中書户房事」有脱字。）

常秩　宋會要選舉三三之一二：熙寧四年「四月十九日，試將作監主簿常秩賜對，命爲右正言直集賢院、管勾國子監公事。秩潁上人，經明行修，恬退自守，嘉祐中近臣數論薦之，後召見亦不至。至是，上特起之。」按：長編卷二二二及宋史卷三二九本傳載其事甚詳，本傳又謂「俄兼直舍人院，遷天章閣侍講，同修起居注，仍使供諫職」，均可參考。其初除職事，會要、長編及本傳均作「右正言直集賢院」，而本書作「左正言」，疑誤。

〔七〕畢仲衍　宋會要職官二之一四：元豐「五年四月二十五日，改修起居注爲起居郎、起居舍人；同日，承議郎祕閣校理羣牧判官畢仲衍爲朝奉郎守起居郎，通直郎集賢校理管勾國子監兼崇政殿説書蔡卞爲奉議郎試起居舍人。」

王安禮　宋會要選舉三三之一三：熙寧「七年二月六日，祕書丞崇文院校書王安禮爲館閣校勘。」宋史卷三二七本傳：吕公弼「薦安禮於朝，神宗召對，欲驟用之，安石當國，辭以爲著作佐郎崇文院校書。他日得見，命之坐，有司言八品官無賜坐者，特命之。遷直集賢院，出知潤州、湖州。」

王震　宋史卷三二〇本傳：「以父任試銓優等，賜及第。上諸路學制，神宗稱其才，以習學中書刑房公事，遂爲檢正預修條例，加館閣校勘檢正孔目吏房。元豐官制行，震與吴雍從輔臣執筆入記上語，面授尚書右司員外郎。」（按：本傳謂「檢正孔目吏房」，與本書作「檢正禮房」有異。宋會要職官三之二七載元豐六年十月七日「王震領禮工房」，與本書合。）

〔八〕張耒　宋史卷四四四本傳：「弱冠第進士，歷臨淮主簿、壽安尉、咸平縣丞。入爲太學録，范純仁以館閣薦，試祕書省正字、著作佐郎、祕書丞、著作郎、史館檢討。居三館八年，顧義自守，泊如也。擢起居舍人。」按張耒元祐五年六月以正字爲著佐，十二月加集賢校理，六年六月改祕書丞，十一月兼史館檢討，旋擢著作郎，分見長編卷四五二、四五九、四六八。據本傳，其擢起居舍人在著作郎後，與本書作著佐有異。

黄庭堅　宋史卷四四四本傳：「元豐末知太和縣；哲宗立，召爲校書郎、神宗實録檢討官，踰年遷著作佐郎，加集賢校理；實録成（元祐六年三月），擢起居舍人；丁母艱，除服爲祕書丞，提舉明道宫兼國史編修官。」按：長編卷四五六注引王巖叟朝論，謂進神宗實録時黄庭堅爲「著作」，亦與本書及本傳作著佐有異。又本書殘本於黄庭堅名下，有夾注「命不行」三字，當由丁憂之故。

鄧洵武　宋史卷三二九本傳：「紹聖中哲宗召對，爲祕書省正字、校書郎、國史院編修官。撰神宗史，議論專右蔡卞，詆誣宣仁后尤切，史禍之作，其力居多。遷起居舍人。徽宗初改祕書少監，既而用蔡京薦復史職。御史陳次升、陳師錫言：『洵武父綰在熙寧時，以曲媚王安石，神宗數其邪僻姦回。今置洵武太史，豈能公心直筆，發揚神考之盛德，而不掩其父之惡乎？且其人材凡近，學問荒謬，不足以污此選。』不聽。遷起居郎。」

吴伯舉事無考。

麟臺故事卷四

官聯

宋集賢院大學士一人，以宰相充。學士無定員，以給諫卿監以上充；直學士不常置。掌同昭文。判院事一人，以兩省五品以上充；或差二人〔一〕。

三館通爲崇文院，别置官吏，有：檢討，無定員，以京朝官充；校勘，無定員，以京朝幕府州縣官充。掌聚三館之圖籍。監一人，内侍充，兼監祕閣圖書，天禧五年又置同勾當官一人〔二〕。

祕閣至端拱二年於崇文院中堂建，擇三館書籍真本并内出古畫墨跡等藏之，淳化元年詔次三館〔三〕。直閣以朝官充，校理以京朝官充。掌繕寫祕藏供御典籍圖書之事。判閣一人，舊常以丞、郎、學士兼祕書監領閣事，大中祥符九年後以諸司三品、兩省五品以上官判〔四〕。國初又置祕閣校理，通掌閣事，咸平後者皆不領務〔五〕。【卷四之一】

此條殘本爲卷一之四、之五，其首無「宋」字。

〔二〕「或差二人」下四庫館臣原按：「容齋四筆云：『國朝儒館仍唐制，有四：曰昭文館，曰史館，曰集賢院，曰祕閣。率以上相領昭文大學士，其次監修國史，其次領集賢；若只兩相，則首廳秉國史。惟祕閣最低。』此書止載集賢院大學士，不及昭文館大學士，當有闕佚。又宋史職官志及通攷載昭文、集賢以兩省五品以上一人判，此書專載集賢院判一人，當以二書互參。」今按殘本卷一官聯篇具載昭文館、史館、集賢院諸條，可補本書之闕佚。

宋史卷一六一職官一：「宰相之職，佐天子總百官，平庶政，事無不統。宋承唐制，以平章事爲真相之任，無常員，有二人則分日知印，以丞郎以上至三師爲之。其上相爲昭文館大學士、監修國史，其次爲集賢殿大學士。或置三相，則昭文、集賢二學士並監修國史各除。唐以來三大館皆宰相兼，故仍其制。國初，范質昭文學士，王溥監修國史，魏仁浦集賢學士，此爲三相例也。」又玉海卷一六五引李燾語：「本朝引唐故事，命宰相兼領三館，首相昭文大學士，次曰監修國史，又次曰集賢殿大學士。或虚相位，則命參政權監修，自景德二年王旦始。昭文大學士，熙寧九年王安石罷，遂不復除；集賢大學士，元豐三年王珪遷，亦不復除；惟監修國史，相傳至今，自王珪後宰輔皆不入銜。監修之名廢於元豐，而復興於紹興。」

又集賢院學士、直學士職名，自元豐五年改官制後亦停罷，而至哲宗朝又復置學士，後改修撰。通考卷五四右文殿修撰條：「唐有集賢院修撰，宋朝元祐元年，貼職許内外官帶；五年九月，詔復置集賢院學士。紹聖二年四月，詔職事官罷帶職，易集賢院學士爲集賢院修撰。政和六年四月，御筆：『集賢院無此名，祕書省殿以右文殿爲名，見任集賢殿修撰並改作右文殿修撰。』其職次於集英殿修撰，爲貼職之高等。」（按集賢殿修撰易名事，宋會要職官一八之一七、方域一之二〇、玉海卷一六〇及宋史職官志均載在「五年四月」，而宋會要職官一八之七八、玉海卷一六五及通考又作「六年四月」，疑以「五年四月」爲是。蓋徽宗御筆在政和五年，至翌年始定集英殿修撰、右文殿修撰、祕閣修撰三等貼職爲雜壓，非是右文殿修撰之名至六年始有。）

〔二〕監一人内侍充　「監」下殘本有「官」字。

宋會要職官一八之四七、五一——五二：太宗端拱元年「八月，命内品裴愈監祕閣圖書。先是，祕閣事務皆禀李至處分，監圖書官皆不關預。自是，至遂牒愈：『本閣小事，一面奏取旨，餘皆至專決焉。』是月，祕閣言：『見管供御書籍及點檢抄寫封鎖庫門出納公事，今乞兼委直閣宋泌、校理杜鎬與裴愈共同勾當。今後直館、校理及監圖書官内有差出，即令遞相交割，其閣常以最上一員相承勾當，永爲定式。』從之。自是直閣、校理皆如此制，咸平後入者始不領事務。」

真宗咸平元年「十一月，命内品劉崇超監祕閣圖書、三館書籍。崇文院舊令内官一員監掌書鑰，不參館事。時命裴愈掌之，歲久圖籍不整，故命崇超。其後因循，與判官聯書掌事，甚非舊制。」

天禧「五年十二月，命內殿崇班皇甫繼明同勾當三館祕閣公事。先是，劉崇超在館，止云監三館書籍、祕閣圖書。崇超與王欽若厚善，丁謂爲相，惡之，遂引繼明與崇超同掌，因爲同勾當公事。內臣與大學士同職，時論非之。」

仁宗天聖五年「八月，詔監三館祕閣自今依舊例，祗置一員。時西京左藏庫副使劉崇超卒，特有是詔。」

三館、祕閣職官及其初除大略詳參本書卷一之一校證〔三〕。

〔三〕按：祕閣初建及詔次三館事，詳見本書卷一之二、之三。該卷載祕閣初建在端拱元年，與宋會要合，此處作「端拱二年」，疑誤。殘本此條及宋史職官志亦均作「二年」，當皆誤。又此處「端拱二年」上，殘本無「至」字。

〔四〕宋會要職官一八之四九：「大中祥符九年九月，詔以祕書監楊億判祕閣事。自後兩省五品以上官不兼監者止云判閣，其祕書省事亦掌焉。」按所載不言諸司三品以上官，可以本書互參。

〔五〕咸平後者皆不領務　據前引宋會要之文，此處「後」下「者」上當有「入」字。殘本亦無此字。

元豐官志不分卷：「祕閣校理　淳化元年置（當作端拱元年置，見本書卷一之二及其校證），通謂之館職。凡祕書丞三年始除祕閣校理，記注官闕，則通於館職中取之。崇寧以後，大臣子弟姻戚及錢穀俗吏皆濫居此官，浸不復貴重矣。」

史館舊寓集賢院，監修國史以宰相充〔一〕。開寶中，薛居正以參知政事監修，自後參知政事亦有管勾修國史者，不常置〔二〕。景德中，又有同修國史之名，史畢即停〔三〕。修撰以朝官充，直館以京朝官充。又有檢閱、編修之名，不常置。掌修國史、日曆及典圖籍之事。判館事一人，以兩省五品以上充〔四〕。後改官制，日曆隷國史案，每修前朝國史、實録，則別置國史、實録院。國史院以首相提舉，翰林學士以上爲修國史，餘侍從官爲同修國史，庶官爲編修官。實録院提舉官如國史，從官爲修撰，餘官爲檢討〔五〕。【卷四之二】

此條殘本爲卷一之三。

〔一〕「以宰相充」下四庫館臣原按：「玉海：乾德初首以趙普監修國史。」今按宋會要職官一八之七五：「趙普　太祖乾德二年正月以門下侍郎平章事集賢殿大學士監修國史。」原注：「故事，宰相兼職皆内降制處分，今止用勑，非舊典也。」此宋初新除監修之始。此前則王溥以後周舊相留任，仍兼監修。

〔二〕宋會要(同上):「薛居正　開寶六年四月重修五代史,(以)吏部侍郎參知政事命監修。時宰相趙普猶帶監修國史,不月餘,普罷,居正入相,遂監修國史。」按:居正監修國史在是年九月。

〔三〕按長編卷六六:景德四年八月「丁巳,詔修太祖太宗正史,宰相王旦監修國史,知樞密院事王欽若、陳堯叟、參知政事趙安仁、翰林學士晁迥、楊億並修國史。」本書此處所載當指此。然修國史、同修國史之名自淳化中已有,非始於景德中,見本書殘本卷三之一七、二〇。

〔四〕又有檢閱編修之名　「檢閱」殘本作「檢討」。又「兩省五品以上充」下四庫館臣原按:「玉海:『國初之制,修撰、直館分季纂日曆,其後止修撰、判館撰次。太平興國中,直史館趙鄰幾、呂蒙正、范杲皆預修撰。淳化二年十月,郭延澤、董元亨爲史館檢討。三年十二月,以王著爲史館祇候,俾刊正切韻。』據所載,史館諸官名較此更詳,可以互證。」今按玉海所述,詳見於宋會要職官一八之七八及五〇、五一,並參本書卷一之一校證〔三〕及殘本卷三之二〇。

〔五〕宋會要職官一八之五:元豐「四年十一月,詔太中大夫、待制以上帶修撰者並罷。是月,廢編修院入史館。」

宋史卷一六四職官四:「日曆所隸祕書省,以著作郎、著作佐郎掌之,以宰執時政記、左右史起居注所書會集修撰爲一代之典。舊於門下省置編修院,專掌國史、實録,修纂日曆。元豐元年,詔宣徽院等供報修注事目,今更不供起居院,直供編修院日曆所。四年十一月,廢編修院歸史館」，官制行，屬祕書省國史案。」

玉海卷一六八：「天聖九年五月乙亥，徙修史院於宣徽北院之東。初修真宗史，寓中書第一廳，及史成，續纂會要，故徙之（原注：謂之編修院）。嘉祐二年八月辛酉，置校正醫書局於編修院。元豐四年十一月，廢編修院歸史館。明年改官制，日曆隸國史案，修前朝國史、實録則置院（原注：一云國史院有故，則置假左散騎常侍廳爲之）。元祐五年十一月十三日，尚書省言：『舊置編修院掌國史、實録、日曆，元豐罷入史館。今神宗實録將畢，盍嚴其藏！』詔移國史案，就今置局處專掌國史、實録，編修日曆，以國史院爲名，隸門下省。明年，又置國史院修撰兼知院事。紹聖二年三月，詔日曆復歸祕省。靖國元年九月，移著局就實録院修哲宗日曆。元符三年十二月甲辰，修會要，就祕書省置局。」

元豐官制不分卷：「凡國史，别置院於宣徽北院之東以藏之，謂之編修院，俗呼爲史院。元豐定官制，不置昭文、集賢，以史館入著作局，而直祕閣祇爲貼職。仁宗天聖間修史，降敕宰相爲提舉，參政、樞副爲修史官，其同修史官以三館、祕閣校理以上等官爲之。元豐後以首相提舉，翰林學士以上修國史，餘侍從官爲同修國史，庶官爲編修官。元祐後置國史院隸門下省，紹聖後復以歸祕書省。」

右所録資料數條，以並見北宋史院之沿革，因史籍多言之不詳，故附録之。皇宋事實類苑卷二五三館條亦綜記其事云：「唐兩京皆有三館，而各爲之所，所以逐館命修撰文字。而本朝三館合焉，並在崇文院中。景祐中命修總目，則在崇文院，餘各置局他所，蓋避衆人所見。太宗實録在諸王賜食廳，真宗實録在元符觀。祥符中修册府元龜，王文穆爲樞密使領其事，乃就宣徽南院使廳以便其事。自後遂修國史、會要，名曰編修院。又修仁宗實録，而英宗實録同時并修，遂在慶寧宫。史館領曆日局，因置修撰二員，宰相爲監修。自置編修院，以修撰一人主之，而曆日等書皆歸編修院。」

又本書「侍從官爲同修國史」下四庫館臣原按：「山堂考索云：『元豐、紹聖國史悉隸祕書，而修史則以别曹、翰學爲之，同修則以侍郎爲之。由館閣盡爲貼職，故史局無定所，修史無定員也。』其云侍郎同修，可與此書侍從官相證。」今按考索所載疑係誤書，元豐兩朝國史以祕書監集賢院學士蘇頌爲同修，紹聖神宗正史以中書舍人蔡卞爲同修（分見長編卷二八二、四七五），均非侍郎。當以作「侍從」爲是。

咸平五年八月，以祕書丞直史館判三司度支局院孫冕爲左正言，度支判官倉部郎中直祕閣潘慎修爲攷功郎中，都官郎中直史館劉蒙叟爲職方郎中。先是，京朝官任中外職事受代者，攷課引對，多獲叙遷，而計司、三館不預茲例，有久次者。内出姓名，故有是拜〔一〕。

【卷四之三】

〔一〕以祕書丞直史館判三司度支局院孫冕爲左正言　「直史館」原作「直館」，據宋會要（見下）補。又「度支局院」，會要作「度支勾院」，爲該院本名，當是本書作者避高宗趙構諱改「勾」爲「局」。

宋會要職官一一之六：咸平五年「八月十六日，以祕書丞直史館判三司度支勾院孫冕爲左正言，度支判官祕書丞孫航爲監察御史，倉部郎中直祕閣潘慎修爲考功郎中，都官郎中直史館劉蒙叟爲職方郎中，太常博士直史館盛玄爲屯田員外郎，祕書丞直集賢院劉鷺爲太常博士，著作佐郎祕閣校理戚綸爲太常丞，光録寺丞直史館張庶凝爲著作佐郎，職如故。」按：所載「内出姓名」者八人，較本書多出五人，疑本書有漏略。長編卷五二謂「内出倉部郎中直祕閣潘慎修等六人姓名，並令遷秩，館職如故」，疑「六」亦當作「八」。

咸平六年十月辛酉，翰林學士承旨宋白等言：「奉詔詳定浴堂五院〔一〕、宣徽、學士院、館閣、客省、閤門職授勒留及出官條制。館閣孔目官、書直官、書庫、表奏、守當官四年授勒留,遇恩二年授勒留;後守當官八年,書直、書庫、表奏官七年,孔目官六年出職。其職次遷補者許通計年攷,授料錢官者更留三年,典書、楷書五選赴集格。三館入流,歲數已少,不得以諸色優勞減選。」〔三〕【卷四之四】

〔二〕浴堂五院　宋會要職官三之二二五房五院欄内通作「沿堂五院」。唐有浴堂殿爲召對之所,又別有浴堂院。宋五房五院當指中書五房及審官、考課、三班、磨勘、差遣諸院。

〔三〕長編卷五五:「先是,流外勒留、出官及選限皆無定制,其隸近司有纔三二年即堂除外官者,上命翰林學士承旨宋白與兩制、御史中丞同詳定焉。丁酉,白等上所定條例,從之。」按:此條例今未見,本書此處所載可補其闕。宋史卷一六九流外出官法:「祕書殿中省令史、楷書並補正名後理,八選出簿尉。崇文院　孔目官補正名後理,遇大禮出奉職。三館　孔目官、四庫書直官八選,楷書七選,書直、書庫、表奏官九選,守當官十選,並授勒留官後理,楷書補正名後理,並出簿尉。祕閣　典書、楷書並補正名後理,七選出簿尉。」可與本書互參。

大中祥符二年十一月,令史館別置楷書二人,專掌抄寫日曆。月給錢一貫五百,米二石，春、冬賜衣。實理五選，候年滿日授外官勒留，遇恩重與遷轉，永不出外官。時朝旨以所修日曆多涉機祕之事故也〔一〕。【卷四之五】

〔一〕此條文字見於宋會要職官一八之七九，所載與本書大致相同。

同上三之二三：咸平二年「四月，詔曰：『樞衡之地，慎密爲先，如聞近日以來有漏禁中語於外者。其令中書門下取旨，制敕院、沿堂五院（「院」，原誤「員」）委不漏洩及聽探公事逐人結罪狀，違者劾罪奏裁。自今除守闕人外，並須著寬衫出入，不得入茶坊酒肆。』」所載禁漏洩事可與本書互參。

國史、會要：昭文館孔目官一人，書庫官一人，守當官三人，楷書五人；史館孔目官一人，四庫書直官一人，表奏官一人，書庫官四人，守當官三人，楷書十三人，大中祥符中又置寫日曆楷書二人；集賢院孔目官一人，表奏官一人，掌舍一人；祕閣典書三人，楷書七人，寫御書十人，裝裁匠十二人；祕書省書令史一人，楷書六人〔一〕。【卷四之六】

〔一〕按：北宋三館吏額，今本宋會要闕書。宋史卷一六四職官四謂三館「孔目官、表奏官、掌舍各一人」，據本書則祗爲集賢院吏額，其他二館亦失載。祕閣吏額，據宋會要職官一八之四七：端拱「二年，詔祕閣定置典書、楷書各五人，寫御書十人。其後減典書二人，又增楷書三人，別置裝裁匠十二人。」所載楷書實爲八人，與本書作「七人」有異。

祕書省吏額，宋會要職官一八之一引兩朝國史志與本書同。會要之文見本書卷二之一八校證〔二〕。

會要（同上）又載：「吏額：都孔目官一人，孔目官一人，四庫書直官一人，書直官一人，表奏官一人，書庫官一人，守當官二人，正名楷書五人，守闕一人，正係名六人，守闕係名六人，監門官一人（以武臣充），專知官一人。」此南宋祕書省吏額，較北宋館閣吏額總數爲少。

熙寧八年，詔職司資序以上及帶館職人降差遣者，令每任取旨。舊制，館職出補外官代還，徑供職館下，元祐時尚復舉行。其後亦罷其貼職，任京師宮觀及外任代還與外補未行者，惟車駕出端門則赴省迎駕起居而已〔一〕。【卷四之七】

〔一〕按：此條未詳所出，其熙寧八年詔待查。元祐中館職供職事參本書卷一之一校證〔六〕。

元豐五年官制行，即崇文院爲祕書省，以寄禄官易監、少至正字，以祕書監、少監、丞、郎、著作郎、佐郎、校書郎、正字爲職事官。館職不復試除，見帶館職人依舊如除職事官，校理以上轉一官，校勘減磨勘三年，校書減二年，竝罷所帶職〔一〕。【卷四之八】

〔一〕詳參本書卷一之一校證〔五〕。

元豐官制：祕書監、少監各一人，或少監二人，丞二人，祕書郎二人，通掌省事；著作郎、佐郎各二人，專修日曆；校書郎四人，正字二人，校對書籍〔一〕。政和末無復定員，官冗且濫〔二〕。至宣和三年，論事者屢以爲言，上亦厭之，乃詔三省定員數，且清其選。於是倣元豐之制，止增著作佐郎、校書郎、正字各二員，監、少之外，定爲十八員，以倣有唐登瀛之數，其溢員皆外補〔三〕。【卷四之九】

此條殘本在卷一之一三。

〔一〕按：此處所列元豐祕書省官額數字有誤，説詳校證〔三〕。

〔二〕按：北宋末年館職除授之冗濫，史籍多有載録，爲便於參考，今擇録數條如左——

宋會要職官一八之一九——二〇：政和八年「九月十七日，臣僚上言：『臣伏睹方今天下太平，濟濟多士，上自常伯，下逮百執，宜左則左，宜右則右，無施不可。惟館職之任，議者每患其難，豈非清官美職，皆萃於是，而搢紳儒者，責望爲重歟！且祕書丞清官也，術業不修若姚莘者爲之，可乎？校書郎美職也，行義無聞若孫畣者爲之，可乎？吴次賓之趣操卑汙，胡國瑞之專事口吻，丁彬、馬之美之才資闒茸，葉域之問學膚淺；憑恃門閥有如趙永裔，夤緣親黨有如周審言；又其甚者，如孫悟之傲狠暴戾，嘗麗刑書。然則澄汰之道，庸可已乎？至如總領之任，尤須老成，雖躐取科名而學術未優，資望素輕而懦不更事，如鄭億年者，乃爲少監，誠恐未足以壓服多士也。』詔鄭億年已降處分除祕閣修撰提點上清寶録宮（『寶』原誤作『實』）外，姚莘等九人並罷，送吏部與合入差遣。」

容齋隨筆卷一六館職名存條：「政和以後增修撰、直閣貼職爲九等，於是才能治辦之吏，貴游乳臭之子，車載斗量，其名益輕。」又四筆卷一三館祕閣條：「元豐官制行，不置昭文、集賢，以史館入著作局，而直祕閣祗爲貼職。至崇寧、政、宣，以處大臣弟子姻戚，其濫及於錢穀俗吏，士大夫不復貴重。」

又程俱北山集卷三五狀劄一省官劄：「竊見元豐官制行，在京職事官不盡除足。至紹聖間，六曹郎官猶通輪宿直，此可見。崇寧已後，當國者好夸喜權，省曹寺監郎官、丞簿始皆除足。館職至數十人，既冗且濫，官益以輕，事不加治。」卷三六狀劄二寄李樞密論事劄子：「祖宗之時，建官不多，而事無不舉。元豐官制既行，文物大備，而不盡除足。時中書舍人曾鞏、趙彦若而已，林希以館職爲禮部郎中猶兼著作，王古自提舉官除司農丞，其初遴選如此。元祐加密焉。至紹聖間，中書舍人、給事亦多兩員，尚書省六曹長、貳不盡除，卿、少、郎官闕，多郎官宿直，六曹通輪，此可見也。館職亦不過數人，雜學士、待制有數，未聞闕事遺才也。自崇寧初，官皆除足，於是所選不精。所選不精，則官職稍輕，而下不厭服矣。」據程氏所言，則北宋末朝廷官制之冗濫，不獨館職爲然，即其他省曹寺監與諸雜閣職官亦皆然。唯館職原本清切貴重，故其時又較他有司更其冗濫而已。此亦可反映北宋末年政治腐敗之情形。

〔三〕本條末四庫館臣原按：「此條記元豐之制，自監、少外，丞至正字爲十四員；記宣和時增設著作佐郎、校書郎、正字各二員。以十四加六與十八員之定數不符，當是元豐時二人、四人之制有一舛訛。」今按：以所載與宋會要職官一八之二所引神宗正史職官志之文（見本書卷一之一校證〔五〕）相對照，知本書「丞二人」爲「丞一人」之誤，「著作郎、佐郎各二人」則當作「著作郎一人、佐郎二人」；如是，則監、少之外共十二人，再加宣和所增六人，方符十八員之數。本書殘本「丞一人」不誤，「著作郎、佐郎」處則二本皆同，今暫仍舊文，不作改動。

又宋會要職官一八之二二：宣和二年「十一月十三日，中書省言：『祕書省官令中書省立定員額，將上取旨。中書省檢會元豐五年（「五」字原脱）除監一員；少監一員，或秖除少監二員，丞一員，及供到皇宋館閣録卷第四叙事：「元豐五年五月，釐正官制，崇文院易以祕書省之榜。官屬監一、少監一、丞一、著作郎一、佐郎二、校書郎四、正字二。」（疑脱「祕書郎二」）勘會元豐四年曾除佐郎三員，別無定制。今立定員額下項：監、少監、丞，欲並依元豐舊制；著作郎、佐郎欲四員爲額，校書郎欲二員爲額，正字欲四員爲額。』詔依擬定，以先到人爲額，今後遇闕差填；額外人候別有差遣，更不差人。」此宣和館職定額事。然所載與本書「定爲十八員」之數亦不合。本書謂「止增著作佐郎、校書郎、正字各二員」，若本書可據，則上述中書省奏末句當爲：「監、少、丞、祕書郎、著作郎並依元豐舊制；佐郎欲四員爲額，校書郎欲六員爲額，正字欲四員爲額。」録以備考。

又同上一八之二六：紹興「五年八月三日，詔館職依祖宗故事，通以十八人爲額：著作郎二員，祕書郎二員，著作佐郎二員，校書郎、正字通除一十二員。」此南宋初年祕書省官制，而監、少、丞不預十八員之數，又與宣和中不同。

又翰苑羣書卷一唐李肇翰林志：「唐興，太宗始於秦王府開文學館，擢房玄齡、杜如晦一十八人，皆以本官兼學士，給五品珍膳，分爲三番更直，宿於閣下，討論墳典，時人謂之登瀛洲。」同上唐韋執誼翰林院故事：「貞觀中，祕書監虞世南等十八人，或秦王府故僚，或當時才彥，皆以弘文館學士會於禁中，内參謀猷，延引講習，出侍御輦，入陪宴私，十多年間，多至公輔，當時號爲十八學士。」此唐「十八學士」故實。

祖宗時，館職到館一年理通判資序，三年理知州，已係通判者二年理知州，關陞不用舉主〔一〕。及元豐肇新官制，改崇文院爲祕書省，詔書雖稱「凡厥恩數，悉如舊章」，然理資序法無復昔時。至元祐間復置館職，因再舉行，紹聖旋罷〔二〕。至重和元年十二月，詔參酌舊法立爲定制：應著作郎到任及一年、承務郎以上任校書郎及二年與通判資序，著作佐郎以上滿三年與理知州資序，即已係通判資序及二年、校書郎已係通判資序及三年者準此。行之逾年，御史以謂均爲職事官，而祕書省官所理資序特異，非是，遂格不行〔三〕。

【卷四之一〇】

〔一〕關陞不用舉主　「關」原作「開」，據宋會要（見校證〔二〕）及長編卷四三〇改。

〔二〕宋會要職官一八之一〇：元祐四年「七月四日，吏部言：『祕書省官三年爲一任。復置館閣校勘，正字四年成任，任滿除祕閣校理（「滿」上「任」字原作「丞」，據長編卷四三〇改），校書郎任滿除集賢校理(「任」字原脱，亦據長編補)，並謂陞朝官、知縣已上資序人；餘除館閣校勘(長編「除」上有「且」字)，候及上項官及資序改校理。校理以上資任依官制以前法，到館一年與通判，一任回并到館三年與知州，已係通判資序即二年與知州。祕書省官闕陞不用舉主，著作郎、佐郎、祕書郎並除陞朝官、知縣已上資序人，祕書省牒吏部施行；餘如舊制。任滿日，著作郎除直集賢院，佐郎、祕書郎除集賢校理。』從之。」按：元祐中復館職及紹聖中罷帶職事，參本書卷一之一校證〔六〕。

〔三〕宋會要職官一八之二〇——二一：「重和元年十二月十四日，中書省言：『堪會中書熙寧館職條：校理以上到館一年與通判，一任回并到館三年並與知州，如已係通判資序即二年與知州。自奉行官制後來(疑作「以來」)，其祕書省官即未有立定到省年限、許理資任之法。今以熙寧舊法參酌擬定(「定」原作「參」)下條：諸著作郎至佐郎到任及一年、承務郎以上任校書郎及二年與理通判資序；著作佐郎以上滿三年與理知州資序，及二年與理通判資序，已係通判資序及二年、校書郎已係通判資序及三年者準此。右入三省尚書吏部通用令。』詔依。」

「宣和二年七月二十五日，臣僚上言：『伏覩近修立三省吏部通用令，係以熙寧舊法參酌詳定。臣竊觀熙寧館職條，校理(「校」字原脱)以上到館一年與通判，一任回并到館三年並與知州，已係通判資序即二年與知州，未嘗有許理實歷通判、知州資序之文。熙寧間任館閣者不過三數人而已，尚乃靳惜如此。今右文之時，儲養英旄，人才輩出，自校書、著作以上皆得實理通判、知州資序，臣竊以爲過矣。伏望聖慈特降睿旨，應館職除擢不以次，及許陞等除知、通差遣外，其理資序指揮，乞賜詳酌施行。』詔依奏，並依熙寧法。」今按會要僅載臣僚上言，而未及御史彈奏事，可以本書互參。

崇寧中，以元豐法參立孔目官等品，從條：昭文館孔目官、書庫官、頭名守當官，史館孔目官、四庫書直官、表奏官、上二名書庫官，集賢院孔目官、書庫官，爲流外從九品。

政和四年，點檢措置祕書省官以舊條參定吏額及遷補法：投名人舊以三百五十人爲額（原註：遇守闕係名有闕，即試補；至是，以不係遷與請給，遂不限人數），守闕係名五十人（原註：遇正係名有闕，即補填，更不試），正係名五十人（原註：遇守闕有闕，即試補），並試補、遷補，并依舊法；守闕舊以二十五人爲額，三館各五人，祕閣十人，省五人爲二十人，試中守闕人分探歸三館、祕閣〔一〕。

昭文館守闕五人（原註：遇本館正名楷書或守當官有闕即遷補），據所見闕分兩頭項遷補出職：一項補正名楷書，以五人爲額，至頭名及四年出選人，自補正名楷書至頭名共及二十年出官；一項守當官三人遞遷書庫官〔二〕，書庫官一名遞遷孔目官，孔目官一名舊法四年半出選人，自補守當官遞遷至孔目官出職共及二十二年半，至是人減半年，爲四年出選人，自補守當官至孔目官年滿出職共二十年。

史館守闕五人（原註：遇本館正名楷書或守當官有闕，即遷補），據所見闕分兩頭項遷補出職：一項補正名楷書，以十三人爲額，至頭名及一年半出選人，自補正名楷書至頭名出官共及十九年半；一項補守當官，遞遷轉補，守當官三人遞遷書庫官，書庫官四人遞遷表奏官，表奏官一名遞遷四庫書直官，四庫書直官一人遞遷孔目官，孔目官一名舊法二年滿出選人，自補守當官遞遷至孔目官出職共二十二年，今減作一年一十個月出選人，自補守當官至孔目官年滿出職共二十年零兩個月。

集賢院守闕五人（原註：遇本院正名楷書或守當官有闕，即遷補），據所見闕分兩項遷補出職：一項補正名楷書，以七人爲額，至頭名及二年十個月出選人，自補正名楷書至頭名出官共及十九年零十個月；一項補守當官，遞遷轉補，守當官二人遞遷書庫官，書庫官一名遞遷孔目官，孔目官舊法五年半出選人，自補守當官遞遷至孔目官出職共及二十二年，今減作五年出選人，自補守當官至孔目官年滿出職共二十年。

祕閣守闕舊以十人爲額，今減作五人爲額（原註：遇本閣正名楷書或典書有闕即遷補），據所見闕分兩項遷補出職：一項補正名楷書，舊法以七人爲額，至頭名及三年，今減作二年九個月出選人，自補正名楷書至頭名年滿出職共十九年零三個月；一項補典書，舊法以三人爲額，至頭名及七年出選人，自補典書至頭名出官共二十一年，今添作五人爲額，內遷一名充孔目官，遞遷出職，典書四人遞遷孔目官，孔目官一名今三年十個月出選人，自補典書至孔目官年滿出職共十九年零兩個月〔三〕。

投名人竝本省職掌楷書以上保引，保二人，引一人。非游手工作及犯刑、責、刺劄三路及兇惡之人〔四〕，三館、祕閣官試驗書讀孟子，書三百字不誤十字、讀三百字不差十字爲合格。長、貳、丞、郎試覆，注籍收繫，即宣降抽差，充禁中諸殿閣位手分管幹文字。掌牋奏之類者，須入仕及一年以上，無過犯，仍長、貳、丞、郎再試驗讀毛詩、老子各三百字，不差十字〔五〕，及書札真楷，乃遣。即試不合格，許執奏，雖奉特旨，亦奏知不行；若不再試及試不如格輒發遣者，官吏及被差人並徒二年，許人告，每名賞錢二百貫。其投名不如令者，以違御筆論，不知情減二等，許人告，每名賞錢二百貫。【卷四之一二】

〔一〕試中守闕人分探歸三館祕閣　「人」字疑當作「日」。南宋館閣録卷十注：投名人「以試中入役日注籍」。文例與此同。

〔二〕一項守當官三人遞遷書庫官　據下文史館、集賢院條文例，此處「一項」下疑闕書「補守當官遞遷轉補」八字。

〔三〕「十九年零兩個月」下四庫館臣原按：「南宋館閣録載隆興元年五月少監胡銓等劄子云：『本省人吏，舊制係二項出職（「係」字原誤引作「録」，今據館閣録本文改正。下同）：一項，守當官補至都孔目官理二年半；一項，正名楷書頭名理四年。竝不理年限解發出職。昨敕令所將兩項條法并作一項，諸正名楷書自補授至遷補都孔目官，年滿日通及二十年以上許出職。』（『出職』原誤引作『出身』）今攷正名楷書理四年法與此書同，而自守當官補至都孔目理二年半與此書異，其所謂舊制者，或在建炎、紹興以後歟！至并二項爲一項，乃變制之始，尤可與此書互證。」

按：館臣所引乃節略宋會要之文。會要職官一八之三〇載胡銓等劄子及有關詔旨原文如下：「隆興元年五月七日，詔祕書省人吏自入仕遷至都孔目官滿一年零半月，通入仕及二十五年以上，依條解發出職。祕書少監胡銓等言：『本省人吏，舊制係兩項出職：一項，守當官補至都孔目官理二年半；一項，正名楷書頭名理四年。並不理年限解發出職。昨敕令所將兩項條法併作一項，修到條：諸正名楷書自補授至遷補都孔目官，年滿日通及二十年以上許出職；又條：都孔目官滿一年零半個月出職。緣却有至解發出職日方及六年，若依新法，以二十年出職，即是坐占職級名闕一十四年，積壓下名，遷補不行。檢準紹興重修敕，諸稱省者謂門下中書後省、尚書六曹、祕書省。今來六曹人吏有自入仕補至主事通入仕及二十年出職去處，緣本省依條與六曹一等官司，乞依六曹例，通入仕及二十年解發出職，庶得下名遷補，流通不致積壓。』」吏部堪會：『照得六曹主事出職格法內有立定理頭名主事年限，及通理入仕有用二十年或二十五年解發補官，體例不等。今欲將祕書省人吏比附六部閑曹去處，自入仕遷至都孔目官滿一年半零半個月，通入仕及二十五年以上，依條解發出職，補將仕郎。』從之。」

又按：胡銓劄子中「理二年半」，南宋館閣録清抄本或作「一年半」。據劄子所言，當時所謂舊制，實指紹興重修敕令格式。

〔四〕非游手工作及犯刑責刺劄三路及兇惡之人　南宋館閣録卷十注作「非游手工作，在身無殘疾、刺劄杖痕，及不係陝西、河北、河東三路兇惡之人」，與本書異。

〔五〕「不差十字」下四庫館臣原按：「館閣録載遇守闕係名闕，補選投名人試書讀孟子各三百字；守闕、正係名試書周易一卦或孝經一篇。攷校書讀精熟，而無脱錯者，不差十字爲合格。投名委丞、郎試驗，長官覆試，餘竝長官試。并紹興敕令格。與此書條制大略相合，而試正係名及守闕以周易、孝經，較此書爲加詳。」今按引文中「試書讀孟子各三百字」，南宋館閣録通行本作「試書詩、孟子各三百字」，似是館臣誤「詩」爲「讀」。又據所引，本書「長貳丞郎試覆」，似亦當作「覆試」。

政和七年，始置提舉祕書省道録院，以大學士至使相、三孤充職，置管勾文字官二員，視殿中丞〔一〕。【卷四之一二】

此條殘本在卷一之一二。

〔一〕宋會要職官一八之一九：政和「七年五月四日，詔宣和殿學士蔡攸專一提舉祕書省。」宋史徽宗紀：政和七年五月「辛卯（即四日），命蔡攸提舉祕書省并左右街道籙院。」

宋史卷四七二蔡攸傳：「崇寧三年自鴻臚丞賜進士出身，除祕書郎，以直祕閣、集賢殿修撰編修國朝會要，二年間至樞密直學士。京再入相，加龍圖閣學士兼侍讀，詳定九域圖志，修六典，提舉上清寶籙宮、祕書省兩街道録院、禮制道史局。官僚合百人，多三館雋游，而攸用大臣子領袖其間，懵不知學士論不與。初置宣和殿，命爲大學士，賜毬文方團金帶，改淮康軍節度使。」

玉海卷一二一紹興提舉祕書省條：「麟臺故事：舊有提舉官，政和七年五月辛卯置（原注：即近古修圖書使之任），一員，以從臣充。紹興十四年七月十二日壬戌詔復置，以禮部侍郎秦熺兼，掌求遺書。十五年閏十一月置編定書籍官，二十六年十月十四日壬午併歸省。二十七年二月十六日壬子復命孟忠厚提舉，尋廢。淳祐十一年十一月復命趙以夫，寶祐二年九月尤焴。」

參見本書卷二之二〇校證〔二〕。

宣和二年，以中貴人提點三館祕閣，亦以節度使至使相爲之。皆以恩倖選，非故事也〔一〕。舊有監書庫官内臣一員，至是又下吏部差使臣一員；監門使臣一員則本省奏辟〔二〕。【卷四之一三】

此條殘本與上條合爲一條。

〔一〕按：此條所稱「中貴人」當指權宦梁師成，宋會要職官一八之二三有「提舉三館祕閣梁師成」語，見本書卷五之一六校證〔三〕。宋史卷四六九梁師成傳：師成善逢迎，希恩寵，帝本以隸人畜之，命入處殿中，凡御書號令皆出其手，都人目爲「隱相」，所領職局至數十百。

〔二〕監門使臣一員　「使」原作「吏」，據本書殘本並參宋會要改。

〔三〕宋會要職官一八之二四：宣和「七年二月二十日，提舉祕書省所奏：『據祕書省申：契勘本省昨蒙措置到監門官二員，緣見任人各係兼職，並非時差出外路勾當，不得專一在局，深慮別致闕誤。乞添差監門使臣二員輪番宿直，許本省踏逐小使臣差填，其請給人從等並依三館、祕閣書籍庫兼監門官體例已降指揮施行。』詔依奏。」所載可與本書互參。

麟臺故事卷五

恩榮

太宗皇帝待遇三館特厚。淳化二年，詔翰林學士蘇易簡以上三體書石本遺吏部侍郎兼祕書監李至、左諫議大夫楊徽之及三館學士，凡二十五人，皆上表謝〔一〕。明年，以新印儒行篇賜中書、樞密院、兩制、三館、御史中丞、尚書丞郎、給諫等，人各一軸〔二〕。又嘗内出御製「獨飛天鵝」、「大海求明珠」二棊勢示三館學士，皆不曉，上召中使裴愈授以指要，修撰范杲等相率上表稱謝。自是奎文宸翰必以宣示，新異之物必以燕賞，製作必令歌頌，常與宰執、侍從等，而其從容文藻則又過之〔三〕。【卷五之一】

〔一〕宋會要職官六之四七：淳化二年「十月，翰林學士蘇易簡獻續翰林志二卷，太宗賜御詩二章，批云：『賜詩之意，因卿進翰林志，美卿居清華之地也。』又飛白書『玉堂之署』四字以賜易簡，謂宰相曰：『易簡告朕求此數字，卿可召至中書授之，他日爲翰林中美事。』易簡上言，願以所賜詩刻石，帝爲真、草（原誤「宰」）、行三體書各（原誤「名」）一本，命待詔吳文賞模勒刊石，以賜易簡，仍以百本分賜近臣。十二月，易簡於本院會學士韓丕、畢士安，兼祕書監李至，知制誥柴成務、呂祐之、錢若水、王旦，史館修撰楊徽之（「之」字原脱）、梁周翰，直祕閣潘慎修，翰林侍書王著，侍讀呂文仲等，觀御飛白及三體書。帝聞之，賜上樽酒，大官設饌，至等各賦七言詩。是時宰相李昉、張齊賢，參知政事賈黃中、李沆，亦各賦詩貽易簡，悉以上聞。翌日，帝謂昉曰：『朕諷讀數四，有以見儒墨之盛而學士之貴也。蘇易簡儒雅風流，加以樂善好事，朕見其會客賦詩，頗動嘉賞，流傳士林，一時盛事也。』」長編卷三二所載略同會要。

按：「玉堂」本爲漢武帝時殿名，「玉堂之署」聯稱見於漢書李尋傳。宋太宗飛白書以榜學士院中堂，仍爲殿閣之稱；至英宗嗣位，因「署」字犯諱（英宗名趙曙），故撤去其額。及至元豐中，復以翰林學士上言，而摘去「之署」二字榜於院門，則是以殿名名其院，玉堂反成學士院代稱。蘇易簡續翰林志卷上載：「玉堂東西壁延袤數丈，悉畫水以布，風濤浩渺，擬瀛洲之象也。（原注：侍詔董羽之筆。）修篁皓鶴，悉圖廊廡，奇花異木，羅植軒砌。每外喧已寂，内務不至，風傳禁漏，月色滿庭，真人世之僊境也。」此則並記殿庭之文，而玉堂仍指學士院正殿而言之。

關於太宗以四字及三體書石本賜臣下事，本書載上表稱謝者凡二十五人，而會要、長編衹載李昉、張齊賢以下十六人姓名。此十六人所上詩篇，今見於翰苑羣書卷七，皆爲七言排律，每人一首，總爲一卷，舊題李昉所編，名曰禁林讌會集。其第一首即李昉詩並序跋，原文如下：

御書飛白「玉堂之署」四字，頒賜禁苑。今懸掛已畢，輒述惡詩一章，用歌盛事。

玉堂四字重千金，宸翰親揮賜禁林。地望轉從今日貴，君恩無似此時深。宴回上苑花初發，麻就中宵月未沉。衣惹御香拖瑞錦，筆宣皇澤灑春霖。院門不許閒人入，僊境寧教外事侵。我直承明踰二紀，臨川實動羡魚心。

昉頃在禁林，前後出處凡二十有五載，不逢今日之盛事者有七：新學士謝恩日賜襲衣、金帶、寶鞍、名馬，一也；十月朔改賜新樣錦袍，二也；特定草麻例物，三也；改賜内庫法酒，四也；月俸並給見錢，五也；特給親事官隨從，六也；新學士謝恩後就院賜敕設，雖爲舊事，而無此時供帳之盛，七也。凡此七事，並前例特出異恩，有以見聖君待文臣之優厚也。臨川之羡，其在茲乎！」

按：諸人之詩皆爲歌頌之辭，其詩意固不足取，而紀事有可參考。因本書下文仍或涉及此事，故此約略及之。

〔二〕玉海卷五五：「淳化三年二月，詔以新印儒行篇賜中書、樞密院、兩制、三館等，人各一軸。先是，御試進士，以儒行篇爲論題，意欲激勸士流修儒行，故命雕印。首賜孫何等，次及宰輔近臣至銓司選人，令置於廳事，以代座右之誡。」

長編卷三三：淳化三年「三月戊戌，上御崇政殿覆試合格進士。先是，胡旦、蘇易簡、王世則、梁灝、陳堯叟皆以所試先進擢上第，由是士争習浮華尚敏速，或一刻數詩，或一日十賦。將作監丞莆田陳靖上疏請糊名考校，以革其弊，上嘉納之。於是召兩省、三館文學之士，始令糊名考校，第其優劣，以分第級。内出巵言日出賦題，試者駭異，不能措詞，相率扣殿檻上請。會稽錢易時年十七，日未中，所試三題皆就，言者指其輕俊，特黜之。得汝陽孫何以下凡三百二人並賜及第，五十一人同出身。上諭之曰：『爾等各負志業，中我廷選，效官之外，更勵精文翰，勿墜前功也。』何等旅拜稱謝。

「辛丑，又覆試諸科，擢七百八十四人並賜及第，百八十人出身，就宴賜御製詩三首、箴一首。進士孫何而下四人皆授將作監丞大理評事通判諸州，餘及諸科授職事州縣官。入謝於長春殿，上謂宰相曰：『天地至廣，藉羣材共治之。今歲登第者又千餘人，皆朕所選擇，此等但能自檢，清美得替而歸，則馴致亨衢，未易測也。』時詔刻禮記儒行篇賜近臣及京官受任於外者，並以賜何，令爲座右之誡。」

宋會要選舉二之二：「淳化三年三月初九日，賜新及第進士御製詩、儒行箴各一首。十五日，詔賜新及第進士及諸科貢舉人儒行篇各一軸，令至所著於壁，以代座右之誡。」

〔三〕按太宗賜學士棋勢事，長編卷三二、玉海卷二八均載於淳化二年閏二月，文字與本書大略相同；

惟「獨飛天鵝」一勢，長編、玉海皆作「飛天蛾」，且無「獨」字。

據鐵圍山叢談卷一：「天下曹務，罔不設張規條。如祕書省號三館、祕閣，實育才也，獨不以吏事責，故許置棊局。然大内前後殿諸班衛士宿直寓舍，反亦得之。蓋祕書省本優賢俊，宿衛士宿直則慮其終日端閉，俾不生他意。此咸出祖宗之深旨。」由此亦可知太宗賜棊勢之意。

又，本條末「制作必令歌頌，常與宰輔、侍從等」句下似有闕文，待考。

淳化初，詔自今遊宴宣召直館〔一〕，其集賢祕閣校理竝令預會。先是，帝宴近臣於後苑，三館學士悉預，李宗諤任集賢校理，閤門吏第令直館赴會，宗諤獻詩述其事，故有是詔。議者以爲直館、修撰、校理之職，名數雖異，職務略同，閤門拒校理不得預宴，蓋吏失之也〔二〕。又請令京官得乘馬入禁門，竝爲故事〔三〕。宗諤詩云：「戴了宮花賦了詩，不容重見赭黄衣。無聊獨出金門去，恰似當年下第歸。」〔四〕【卷五之二】

〔一〕「宣召直館」下四庫館臣原按：「南宋館閣録載此事在淳化元年二月。」

按：本條所述，當係會要舊文，今宋會要職官一八之五〇——五一所載大略與本書相同。而南宋館閣録所載係轉引宋匪躬皇宋館閣録之文，並附有南宋時有關制度。其原文如下：「館閣録：『淳化元年二月，詔自今遊晏宣召直館，其集賢校理並令預會。初，李宗諤爲集賢校理——校理之職自興國後罕有任者——會賞花後苑，有司第令直館赴會，宗諤不得預，異日獻詩陳情，遂許陪宴。祖宗時，每時序遊幸，皆賜晏飲，或雨雪休應，亦就崇文院賜宴。』中興後，惟天申節宴、聞喜宴，正字以上皆赴。」皇宋事實類苑卷三一引蓬山志亦載其事，而又較館閣録稍詳。其末云：「祥符、天禧之際，宸章睿藻，宣示臣下，自宰執至帖職皆得賡載。仁宗最善飛白書，每賜臣下、館閣諸臣。上巳重陽，館閣賜宴於瑞聖園。」曲宴事詳見宋史卷一一三禮志三。

又類苑卷二七引范蜀公蒙求：「韓國華字光弼，相州人，爲右司監鹽鐵判官。每歲後苑賞花，三館學士皆預，國華與潘大初封對，自言任兩省清官兼計司職，不得侍曲宴。即日命直昭文館，後三日苑晏，即命陪預。三司屬官兼直館自國華等始。」可與本書此條互參。

又，李宗諤除校理在端拱二年四月，附記於此。

〔二〕「蓋吏失之也」下四庫館臣原按：「續通鑑長編云：『國家因唐制，建昭文、史館、集賢院於禁中。昭文、集賢置大學士、直學士，史館置監修（「監」原誤「建」，據長編原文改）、修撰、直館，昭文亦置直館，集賢又有修撰、校理之職。名數雖異，而職務略同，閤門拒校理不得預宴，蓋吏失之。』」

〔三〕竝爲故事　「爲」字，前引蓬山志作「無」。似仍以作「爲」爲是。

〔四〕「下第歸」下四庫館臣原按：「國老閒談作『恰似當年不第歸』。」

淳化元年八月一日，李至召右僕射李昉、吏部尚書宋琪、左散騎常侍徐鉉及翰林學士、諸曹侍郎、給事、諫議、舍人等詣閣觀御書圖籍。帝知之，即召内品裴愈就賜御筵，出書籍令縱觀，盡醉而罷。二日，又召權御史中丞王化基及三館學士縱觀，賜宴如前〔一〕。帝作贊賜之，宰臣李昉等請刻石閣下。李至上表，引唐祕書省有薛稷畫鶴、郎餘令畫鳳、賀知章草書，當時目爲三絶；又引顔真卿請肅宗題放生池碑額及近時翰林學士丞旨蘇易簡乞御書飛白書「玉堂之署」爲比，願賜新額，以光祕府。詔中書、樞密院、近臣觀新閣，又賜上尊酒，大官供膳。是日，遣中使賫御飛白書「祕閣」二字以賜李至，李昉等相率詣便殿稱謝。退就飲宴，三館學士預焉〔二〕。又賜御贊以美其事，李至上表謝，仍請以御製贊刻石祕閣。帝以重違其意，因賜詔曰：「近以延閣載新，萬機多暇，聊書贊詠，以美成功。所紀徽猷，深虞漏略，出于乘輿，豈足多稱。遽覽封章，願刊穹石，垂于不朽，良積厚顔。其贊並序，朕兼爲親書並篆額，以旌祕省。」〔三〕

【卷五之三】

〔一〕「詣閣觀御書圖籍」下四庫館臣原按：「宋釋文瑩玉壺清話：『太宗建祕閣，取三館書以置焉，命參政李至專掌。一日，李昉、宋琪、徐鉉三學士扣新閣求書一觀。至性畏慎，曰：「扃鑰誠某所掌，籤函中冪，嚴祕難啓，奈諸君非所職，窺不便。」三人者笑謂至曰：「請無慮，主上文明，吾輩苟以觀書得罪，不猶愈他咎乎？」因强拉祕鑰啓窺。至密遣閤使聞奏，上知之，即就閣賜飲，仍令盡出圖籍、古畫，賜昉等縱觀。』據所載，則李昉等來觀，非由李至之召，與此書異。玉海與此書合。又「二日」下四庫館臣原按：「玉海作翼日甲辰」。

按本條文字，自「賜宴如前」以上均見於宋會要職官一八之四七，惟「李至召」諸字會要作「李至請」；玉海卷二七引會要亦作「請」，而長編卷三一作「與」。當以玉壺清話所載最得其實。

〔二〕「三館學士預焉」下四庫館臣原按：「南宋館閣録載祕書少監沈揆（『揆』原誤『騤』，今據館閣録本文改正，下同）等言：『恭閲國史及國朝會要，太宗皇帝淳化三年八月祕閣成，從祕書監李至之請，嘗御製御書祕閣贊序及篆額刊於石，又嘗飛白祕閣額以賜之。』據所載在淳化三年，與續通鑑長編合。此書載在淳化元年之下，蓋連類而書之。」

按：本條文字，自「帝作贊賜之」以至條末，均見於宋會要職官一八之四八，所載實係淳化三年增修祕閣時事，不當置於淳化元年李至等觀書事下。疑本書此處所録原作兩條，而後世傳抄之際，於「帝作贊賜之」五字上脱去一句，遂致兩條誤合爲一條。皇宋事實類苑卷三一引蓬山志，於條首尚有「淳化三年八月壬戌，祕閣成」十一字，下接「太宗作贊賜之」；其下文於「以旌祕省」下又云：「九月五日，奉詔摹勒立石。」其事詳見本書卷一之四校證〔一〕。

又本書此處上文「賫御飛白書祕閣二字以賜李至」，「以賜」二字原脱；下文太宗詔書中「近以延閣載新」，「以」字原本亦脱，均據宋會要並參玉海卷三一所載補。

〔三〕「以旌祕書省」下四庫館臣原按：「南宋館閣録載沈揆言：『太宗御製御書祕閣贊、序及飛白祕閣額碑本流傳人間，淳熙九年知福州趙汝愚得飛白「祕閣」二字碑本於州治止戈堂，知寧國府陳騤得御製御書贊序碑本於昭亭山，各送上本省。揆等復摹諸石，近已畢功。』據所云，則南宋流傳二刻皆重摹者。」今按玉海卷三三附有當時臣僚對太宗飛白「祕閣」字之贊詞：「如鳳之舞，如龍之從，如月蔽雲，如旍卷風。纖而不晦，穠而不豐，奇古迭出，變通不窮。」

【卷五之四】

淳化四年四月辛巳，賜宰相、樞密、三司使、翰林學士、尚書、丞郎、給事、諫議、御史中丞、三館學士建州新茶各一斤〔一〕。

〔一〕本條末四庫館臣原按：「南宋館閣録載每歲五月賜大小鳳茶、大龍茶各一斤，制本乎此，而有四月、五月之異。」

按胡仔苕溪漁隱叢話：「建安北苑茶，始於太宗。太平興國二年遣使造之，取象於龍、鳳，以別庶飲，由此入貢。至道間仍添造石乳。其後大小龍茶又起於丁謂，而成於蔡君謨。謂之將漕閩中，實董其事，賦北苑焙新茶詩，其序云：『産茶者將七十郡，每歲入貢，皆以社前、火前爲名，悉無其實。惟建州出茶有焙，焙有三十六；三十六中，惟北苑發而味尤佳。社前十五日，即採其芽，日數千工，聚而造之，逼社即入貢。工甚大，造甚精，皆載於所撰建安茶録。』」據所載，疑宋朝在淳化前即有賜茶之舉。宋會要職官一八之九：元祐四年「四月二十四日，太師文彦博與宰相、執政官同至祕閣觀書，因宴犒儒士，皇帝、皇太后遣中使傳宣，賜太師、宰相已下茶一十二斤（原注：密雲龍十片，曾坑二片。按：據注，正文「一十二斤」疑爲「一十二片」之誤，石林燕語卷八載大龍鳳團茶每斤八餅，小龍團每斤十餅，小團最精者密雲龍每斤二十餅。鐵圍山叢談卷六亦載哲宗朝進瑞雲翔龍茶，御府歲止得十二餅），御酒各二瓶，果子各一合（原注：一十九楪）；提舉黄本翰林學士茶七片（原注：密雲龍六片，曾坑二片。按此注數目與正文不合，疑曾坑當作一片），御酒一瓶，法酒一瓶，果子一合（原注：一十五楪）；館職官茶各四片（原注：並密雲龍），法酒各二瓶，果子各一合（原注：一十五楪）；都監法酒各一瓶，法糯酒各一瓶，果子各一合（原注：一十五楪）；監書庫官法酒一瓶，果子各一合（原注：一十五楪）。」此亦一時之制，可與本書所載互參。

【卷五之五】

淳化四年，曲宴苑中，館閣讀書光禄寺丞楊億以非館職，不預，上特召赴宴，因除直集賢院。尋表乞歸家迎母，賜錢十五萬〔一〕。

〔一〕宋史卷三〇五楊億傳：「七歲能屬文，對客談論有老成風。雍熙初年十一，太宗聞其名，詔江南轉運使張去華就試詞藝。送闕下，連三日得對，試詩賦五篇，下筆立成。太宗深加賞異，命內侍都知王仁睿送至中書，又賦詩一章，宰相驚其俊異，削章爲賀。翌日下制曰：『汝方髫齔，不由師訓，精爽神助，文字生知，越景絕塵，一日千里，予有望於汝也。』即授祕書省正字，特賜袍笏。俄丁外艱。服除，會從祖徽之知許州，億往依焉。務學晝夜不息，徽之間與語，嘆曰：『興吾門者在汝矣！』淳化中詣闕獻文，改太常寺奉禮郎，仍令讀書祕閣。獻二京賦，命試翰林，賜進士第，遷光祿寺丞。屬後苑賞花曲宴，太宗召命賦詩於坐側，又上金明池頌，太宗誦其警句於宰相。明年三月，苑中曲宴，億復以詩獻。太宗訝有司不時召，宰相言舊制未貼職者不預，即以億直集賢院。表求歸鄉里，賜錢十五萬。」

【卷五之六】

至道元年正月，水部郎中直祕閣朱昂等言：「御製祕閣贊碑已建立，臣等職居祕府，願以爵里附於祕書監李至之下刊刻。」從之〔二〕。

〔二〕按：此條文字見於宋會要職官一八之四九，惟「職居」二字，會要作「忝官」。又朱昂之名，本書原作「昇」，今從會要改正。宋史卷四三九朱昂本傳：端拱二年以本官直祕閣，久之出知復州，召還再直祕閣。

又翰苑羣書卷一二翰苑遺事：「學士及舍人院最重題名。學士及舍人赴職之日，本院設具，應他學士、給諫、丞郎、待制皆預會，以是日題名於石，玉册官刊字。後有拜宰相者，即其名下刊『相』字，其家遣子弟齎宴具，就本院召學士、待制以上皆集，最爲盛禮。自元豐行官制之後，一切廢罷矣。」所載可與本書互參。

至道元年四月，敕御史臺於三館不得與京百司同例〔一〕。六月戊戌，上召史館編修舒雅、杜鎬、吴淑、吕文仲於便殿，人讀古碑一篇。讀畢，又令文仲再讀，因賜章服，命爲翰林侍讀。翼日，再召文仲讀文選，賜鞍勒馬。又翼日，再召讀江海賦，賜錢三十萬，命於御書院與侍書王著夜直，以備顧問〔二〕。十月，翰林學士、祕書監、知制誥及三館學士以上以新增琴、阮絃，各獻歌、賦、頌以美其事。上謂宰相曰：「近日朝廷文物甚盛，前代所不及矣。羣臣所獻歌頌，朕一一覽之，校其工拙，惟李宗諤、趙安仁、楊億詞理精當，有老成之風，可召至中書獎諭。」又曰：「吴淑、安德裕、胡旦或詞彩古雅，或學問優博，又其次也。」明日，以祕書丞李宗諤爲太常博士，依前直昭文館；著作佐郎趙安仁爲太常丞，依前直集賢院；光

【卷五之七】

禄寺丞直集賢院楊億賜緋魚袋，賞之也〔三〕。

〔二〕宋會要職官一八之五——六：元豐五年「五月十一日，詔祕書省於三省用申狀，尚書六曹用牒，不隸御史臺六察。如有違悞，委言事御史彈奏。八月四日，詔祕書省聽御史，長官若言事，御史彈奏。先是，置監察御史，分六察，隨所隸察省曹寺監，而三省至内侍省無所隸，故長官言事，御史察之。」又南宋館閣録卷六：「紹興元年四月，本省請依舊制，不隸臺察。從之。」所載皆可與本書互證。

〔三〕按：此處所載吕文仲等人事，繫年有誤。查長編卷二四：太平興國八年十一月「庚辰，詔『史館所修太平總類，自今日進三卷，朕當親覽。』宋琪等言：『窮歲短晷，日閱三卷，恐聖躬疲倦。』上曰：『朕性喜讀書，開卷有益，不爲勞也。此書千卷，朕欲一年讀徧，因思學者讀萬卷書亦不爲勞耳。』尋改總類名御覽。先是，上數召庭臣新安吕文仲、丹陽吴淑、無錫杜鎬等入禁中，令讀古碑及文選、江海諸賦，於是命文仲以著作佐郎充翰林侍讀，寓直御書院，與侍書王著更宿；而書學葛湍亦直禁中。每暇日，多召問文仲以經書、著以筆法、湍以書學。」又宋會要職官六之五八：「太平興國七年（宋史王著傳作六年），以尉衛寺丞史館祗候王著爲著作佐郎翰林侍書（王著前綴職名原作『著作郎翰林祇候』，誤，據宋會要職官一八之五〇及宋史本傳改)，隸御書院。」又侍讀之職，太平興國八年始設，首以呂文仲爲之，見本書卷三之二校證〔二〕。此皆可證本書此處所載乃太平興國末年事，而不在至道初，宋史舒雅、吴淑、杜鎬諸人本傳亦可證實其誤。疑本書載此原獨立爲一條，而後人以失却年號，遂誤竄入至道元年下。因無舊本查對，今暫存疑。

〔三〕長編卷三八：至道元年十月，「上嘗謂舜作五絃之琴，以歌南風，後王因之，復加文、武二絃。乃增作九絃琴、五絃阮，別造新譜二十七卷，俾太常樂工肄習之，以備登薦。乙酉，出琴、阮示近臣，且謂之曰：『雅正之音，可以治心，古人之意，或有未盡。琴七絃，今增爲九絃，曰君、臣、文、武、禮、樂、正、民、心，則九奏克諧而不亂矣；阮四絃，今增爲五，曰金、木、水、火、土，則五材並用而不悖矣。』因命待詔朱文濟、蔡裔齎琴、阮詣中書彈新聲，詔宰相以下皆聽。由是中外獻歌、詩、頌者數十人。上謂宰相曰：『朝廷文物之盛，前代所不及也。羣臣所獻歌頌，朕再三覽之，校其工拙，惟李宗諤、趙安仁、楊億詞理精惬，有老成風，可召至中書奬諭。』又曰：『吴淑、安德裕、胡旦或詞采古雅，或學問優博，又其次矣。』安仁，孚子；淑，丹陽人也。朱文濟者，金陵人，專以絲桐自娱，不好榮利。上初欲增琴、阮絃，文濟以爲不可增，蔡裔以爲增之善。上曰：『古琴五絃，而文、武增之，今何不可增也？』文濟曰：『五絃尚有遺音，而益以二絃，斯足矣。』上不悦而罷。及新增琴、阮成，召文濟撫之，辭以不能。上怒，賜蔡裔緋衣，文濟班裔前，獨衣緑，欲以此激文濟。又遣裔使劍南，獲數千緡。裔甚富足，而文濟藍縷貧困，殊不以爲念。上又嘗置新琴、阮於前，旁設緋衣、金帛、賞賚等物誘文濟，文濟終守前說。及遣中使押送中書，文濟不得已，取琴中七絃撫之。宰相問：『此新曲何名？』文濟曰：『古曲風入松也。』上嘉其有守，亦賜緋衣。文濟風骨若神僊，上令供奉僧元藹畫其像留禁中。」

又宋史卷三〇五楊億傳：「至道初，太宗親製九絃琴、五絃阮，文士奏頌者衆，獨稱億爲優，賜緋魚。」

咸平元年三月壬申，賜及第進士孫僅等宴於瓊林苑，學士、兩制、尚書、侍郎、館閣直官、校理皆預，後常以爲故事〔一〕。

【卷五之八】

〔一〕玉海卷七三：「太平興國二年正月「庚午，試諸科，賜緑袍鞾笏，賜宴開寶寺。」三年九月「乙酉，賜諸科及第，始賜宴於迎春苑。八年三月丙子，賜王世則等及第；四月辛卯朔，始就瓊林苑賜宴。（熙寧）舍法行，改賜於辟雍。宣和復舊。中興士子中免賜；紹興十七年十一月禮部侍郎周執羔請舉行舊制，賜聞喜宴於禮部貢院。」此宋代進士賜宴大略，瓊林宴不始於咸平。武林舊事卷二亦載南宋聞喜宴「侍從已上及館職皆與」。

咸平五年七月，幸祕閣閱羣書，賜直館、校理器帛有差，又賜書吏緡錢，因召從官射於後苑〔一〕。【卷五之九】

〔一〕幸祕閣閱羣書　宋會要職官一八之四九同此，玉海卷二七作「幸三館、祕閣閱四庫書」。又「直館」二字，玉海作「直官」。

按：北宋觀書資料甚多，而本書所録甚少，似有闕載。詳見玉海卷二七帝學觀書篇。

大中祥符七年六月庚辰，上作周易詩三章，命羣臣屬和〔一〕。【卷五之一〇】

〔一〕玉海卷三〇：大中祥符「七年六月庚辰，上作周易詩三章賜羣臣和。先是，上每著歌詩，間命輔臣、宗室、兩制、館閣屬和（長編作「屬繼和」），而資政殿、龍圖閣學士、待制和尤多。至是，偏詠經史，三司、諫官、御史或預賡載，其大禮慶成及酺會，則百僚並賦。」按真宗自大中祥符七年六月至八年閏六月，作讀周易至孝經十一經詩；自大中祥符八年七月至天禧元年二月，作讀史記至五代史十九代史詩（五代部分分述），玉海列有其目；青箱雜記卷三亦詳記其名數，共計六十章、首。長編卷八二以讀十一經詩俱繫於大中祥符七年六月下，又云：「其後梅洵等以館職居外任，表求次韻，詔寫本附驛賜之。」

故事，三館直館、校理每遇差遣，許赴便殿告謝。天禧二年，祕書監知禮儀院判祕閣楊億請依此例，從之〔一〕。【卷五之一一】

〔一〕按：楊億大中祥符九年以祕書監知禮儀院兼判祕閣、太常寺，天禧三年十月丁內艱去職，後起復爲工部侍郎，參本書卷二之一八校證〔一〇〕及長編卷九四。本條所書事未詳。

故事，進士唱名日，館職皆侍立殿上，所以備顧問也。政和以後，閤門寖紊舊制，遂令祕書省官立殿下，失祖宗之本意也。殿試官不以官高卑，皆得侍立殿上〔一〕，事訖賜茶。館閣官許稱學士〔二〕，載於天聖令文。【卷五之一二】

〔一〕「皆得侍立殿上」下四庫館臣原按：「館閣録：『舊制，以每遇進士、策賢良，館閣官並赴殿門祇候，應給大官食法酒十瓶，唱名日登殿侍立。熙寧後只令殿門祗候，元豐中判館閣申請雖得入殿，然只得立殿下。』與此書合。館閣録又載：『紹興五年八月九日，著作佐郎李公懋等言：進士唱名，自政和以來，閤門寖廢舊制，令祕書省官立殿下，非故事，欲乞復祖宗之典。有旨，除省試官外，許依舊制，殿上侍立。』可與此書互攷。」

按館臣所引見於南宋館閣録卷六，其文自「舊制」而下至「只得立殿下」處，係轉引宋匪躬皇宋館閣録之文；下述紹興間李公懋之言，則當據本書所載而立論。（館臣原引李氏之言在紹興五年四月九日，誤，今據南宋館閣録原書改「四月」爲「八月」。宋會要職官一八之二六亦述其事，而載當時詔旨在九月四日。）又宋會要選舉一三之一：「雍熙二年三月十五日，太宗御崇政殿試進士，梁顥首以程試上進，帝嘉其敏速，以首科處焉。十六日，帝按名一一呼之，面賜及第。唱名賜第蓋自是爲始。」武林舊事卷二唱名條載南宋時進士唱名及朝謝等儀制甚詳。

〔二〕按：館閣官許稱學士事，宋人多有記述。夢溪筆談卷一：「集賢院記：『開元故事，校書官許稱學士。』今三館職事皆稱學士，用開元故事也。」梁谿漫志卷二：「開元故事，校書官許稱學士。本朝三館職事皆稱學士，紹興初猶仍此稱，蓋舊典也。」能改齋漫録卷一：「學士惟三館可稱，他則否。按唐集賢院記：『開元故事，校書官許稱學士。』故筆談云：『今三館職事皆稱學士，用開元故事也。』自徽宗以前，州縣官蔑有以學士稱者，至渡江之後，苟有一官，未有不稱。紹興末，臣僚論列者時有旨禁之，然今時俗猶爾也。」可並參本書卷一之一校證〔三〕所引容齋四筆之文。

仁宗每著歌詩，間命輔臣、宗室、兩制、館閣官屬繼和。天聖四年四月乙卯，内出後苑雙頭牡丹芍藥花圖以示輔臣，仍令館閣官爲詩賦以獻〔一〕。【卷五之一三】

〔一〕按：此條首句内容，長編及玉海均綴於真宗賦詩事下，與本書作仁宗不同，參見本卷第一〇條校證。仁宗出示雙頭牡丹芍藥花圖事又見長編卷一〇四，文字與本書略同。

唐張說爲集賢院大學士，嘗宴集賢院。故事，官尊者先飲，説曰：「吾聞儒以道相高，不以官閥爲先後。先帝時修史十九人，長孫無忌以元舅，每宴不肯先舉爵。長安中預修珠英，當時學士亦不以品秩爲限。」於是引觴同飲，時服其有體。至今館職序坐，猶以年齒爲差，亦燕公流風之所及歟〔一〕！【卷五之一四】

〔二〕按：本條所述張説事，又見新唐書卷一二五張説傳；南宋館閣録卷六故實門齒序條全引本書之文。

據蔡絛鐵圍山叢談卷一：「祕書省歲曝書，則有會，號曰曝書會。侍從皆集，以爵爲位敘。元豐中，魯公（蔡京）爲中書舍人，叔父文正（蔡卞）爲給事中。時青瑣班在紫微上，文正公謂：『館閣曝書會非朝廷燕設也，願以兄弟爲次。』遂坐魯公下。是後成故事，世以爲榮。」本書此條當參此。（按蔡氏所云曝書會之制，本書當載而闕書，疑後世傳抄脱漏。皇宋事實類苑卷三一引蓬山志記其事云：「祕書所藏之書，盡歲一曝之，自五月一日（疑當作『七月一日』）始，至八月罷。二月（疑當接上作『凡二月』），詔尚書侍郎、待制、御史中丞、開封尹、殿中監、大夫司成（『夫』字當衍）、兩省官暨館職宴於閣下，陳圖書、古器縱閲之，題名於榜而去。凡酒醴膳饈之事，有司供之，仍賜錢百緡，以佐其費。大觀元年八月，請於朝，又增賜百緡。會宴日，遣中使以御酒、化成殿果子賜在省官，最爲盛席，前此未有。」宋會要職官一八之二七亦載：紹興十三年「七月八日，詔祕書省依麟臺故事，每歲曝書會令臨安府排辦，正言以上及舊係館職、行在貼職皆赴坐。」南宋館閣録卷六暴書會條記其事甚詳。）

又按：本條所述珠英即三教珠英，唐武則天時奉敕撰。唐會要卷三六：「大足元年十一月十二日，麟臺監張昌宗撰三教珠英一千三百卷成，上之。初，聖曆中，以上御覽及文思博要等書，聚事多未周備，遂令張昌宗召李嶠、閻朝隱、徐彦伯、薛曜、員半千、魏知古、于季子、王無競、沈佺期、王適、徐堅、尹元凱、張説、馬吉甫、元希聲、李處正、高備、劉知幾、房元陽、宋之問、崔湜、韋元旦、楊齊哲、富嘉謩、蔣鳳等二十六人同撰。」「開成二年十月，敕改天后朝所撰三教珠英爲海内珠英。」又新唐書卷一九九徐堅傳：「與徐彦伯、劉知幾、張説與修三教珠英。時張昌宗、李嶠總領，彌年不下筆，堅與説專意譔綜，條彙粗立，諸儒因之，乃成書。」

又按：北宋館職預燕賞事，本書闕載較多。皇宋事實類苑卷三一引蓬山志尚録有仁宗朝此類資料數條，今附録於左：

「天聖中，仁宗幸後苑賞花，宴輔臣、宗室，從官以下及三館京官以上並預。先是，得唐明皇帝山水字石於長安，置於清輝殿（原作『揮清殿』，據玉海卷一六〇改）。是日，命從臣觀畢，應制賦詩，仁宗親第其能否。」（按：此乃天聖八年三月十九日事。）

「慶曆七年十二月二十六日，羣玉殿宴，三館預焉，其禮數悉如召近臣觀書之會。」（按：玉海卷一六〇載是月「二十三日觀三聖御書御製詩，遂宴羣玉殿；二十七日天章閣觀三朝瑞物，復宴羣玉殿。」二日期與蓬山志所載均不合，未詳蓬山志指何日。）

「皇祐二年，賜太宗九絃琴譜、御製明堂樂譜、皇朝訓鑒圖、三聖寶字、御篆『明堂』字、御飛白書『明堂』之『明』字，徧延館職，賞花釣魚，館閣學士悉預賦詩。寶元後西方用兵，遂罷。嘉祐七年三月復講之，後雖罷宴，歲命中使賜牡丹酒於閣下。」

故刑部胡尚書嘗云〔一〕：祖宗時，館職暑月許開角門，於大慶殿廊納涼。因石曼卿被酒扣殿求對，尋有約束，自後不復開矣〔二〕。【卷五之一五】

〔一〕胡尚書　當指胡交修。交修與程俱同年生，而早程氏兩年謝世，宋史卷三七八有傳。其紹興中曾由翰林學士知制誥兼侍讀除刑部尚書。

〔二〕鐵圍山叢談卷一：「祕書省之西切鄰大慶殿，故於殿廊闢角門子以相通。遇乘輿出，必由正寢而前，則祕書省官自角門子入，而班於大慶殿下，迓車駕起居；及還內，亦如之，可謂清切矣。以是諸學士多得由角門子至大慶殿，納涼於殿東偏。世傳仁祖一日行從大慶殿，望見有醉人卧於殿陛間者，左右亟將呵遣之。詢之，曰：『石學士也。』乃石曼卿。仁廟遽止之，避從旁過。」又夢溪筆談卷九：「石曼卿喜豪飲……仁宗愛其才，嘗對輔臣言欲其戒酒。延年聞之，因不飲，遂成疾而卒。」據所載，石延年曼卿被酒叩殿求對事疑傳聞非實。宋史卷四四二本傳不載其事。

又玉海卷一六〇：「大慶殿九間，挾（疑當作『掖』字）各五間，東西廊各六十間，有龍墀、沙墀、正室。朝會册尊號御此殿，饗明堂恭謝天地即此殿行禮，郊祀齋宿殿之後閣，蓋正殿也。」

又皇宋事實類苑卷二四引蓬山志：「太宗每當暑月，御書團扇賜館閣學士。」可與此條互參。

政和中，車駕幸祕書省，在省官皆進秩一等，人吏轉資，卒徒支賜有差〔一〕。宣和四年三月二日，幸祕書省，遷轉支賜如故事，祕書少監、提舉所管勾文字官仍賜章服。是日遂幸太學，時新省固已遷出端門之外〔二〕。先是，有司下尚書禮部取幸祕書省、太學儀注，而幸祕書省獨無有，蓋自祖宗朝崇文院在禁中，寔天子圖書之府，從容臨幸，跬步可及，不與他司比，儀衛侍從取具臨時可也，故前此不具儀注。俱以爲今祕書省既在端門之外，備千乘萬騎具官而後出，不可以無述。時備員南宮，於是退紀是日儀注，以備他日有司之采擇云。車駕將幸祕書省，命提舉祕書省官擇日以聞。前一日，宰相至省閱視，提舉祕書省、提舉三館祕閣官皆詣省閱視，供張文籍、書畫、古器等排比儲偫，在省職事官皆省宿。質明，皇帝御祥曦殿，宰執、侍從以下起居導駕如常儀，應在省官吏皆迎駕於馳道之東、本省西便門之外。是日，特宣前宰臣亦於此迎駕。車駕入御道山堂御幄，須臾，右文殿班齊，駕坐右文殿，宰執、侍從皆侍立。有司奏宣到某官姓名，起居訖，升殿立。祕書少監以下在省官起居，提舉三館祕閣中貴人以手詔授祕書少監，受訖，與在省官皆再拜。駕興，詣祕閣，宣羣臣觀累朝御書御製、書畫、古器等，皆列置祕閣下。正字以上皆侍立閣下，退，立班右文殿下。上御右文殿，皆賜坐、賜茶，從官以上坐殿上，祕書少監以下坐兩廡，用中墩，太學用席；中墩，異恩也。賜茶訖，坐者皆起，在省官再拜庭下。提舉三館祕閣及知閤門中貴人喝賜轉官等恩例，駕興，改章服者皆受賜殿門外。上再御提舉廳事，須臾，宣召宰執、從官及特宣召等官觀御府書畫。傳呼置笏，皆置笏，趨至庭下。詔毋拜，喝不要拜，班首奏聖躬萬福，以次升。上離御榻，就大書案出祖宗御書及古書畫，皆聚觀；餘官不敢前者，詔別設書案于前，命提舉官或保和殿學士持以示之，皆得縱觀。宰執賜御書畫各二軸，十體書一册，三公、宰臣、使相有別被賜者不在此數；從官以下人賜御書二紙，御畫一紙，出墨篋分賜。靈臺郎奏辰正，將進膳，宰臣等逡巡請退，皆拜賜而出。上進膳畢，幸太學〔三〕。

【卷五之一六】

〔一〕宋會要職官一八之一七：政和「五年四月八日，上詣景靈宫朝獻，還幸祕書省」；「十三日，詔祕書省職事官並見在省貼職官各轉一官，選人比類施行，轉不行人回授有官有服親人吏。專知官各轉一官，有資各轉一資，無官資可轉，依條例比換支賜。以駕幸推恩也。」

〔二〕新省遷建始末參本書卷一之九及其校證。

〔三〕宋會要職官一八之二二——二三：宣和「四年二月二十九日，東上閤門奏：『堪會將來聖駕幸祕書省，賜茶聽旨；如有旨賜茶，合赴官赴坐外，所有本省監、少赴坐取聖旨。』詔祕書省官並赴坐。

三月二日，幸祕書省，御提舉廳事，再宣三公、宰執、親王、使相、從官觀御府書畫。既至，上起就書案斜倚觀（原注：設案御榻前，尋丈許）。左右發篋，出御書畫，公宰、親王、使相、執政人賜御書畫各二軸，十體書一册（原注：公宰、使相有別被賜者不在此數）。於是上顧少保蔡攸，分賜從官已下。羣臣環聚雜遝，肩摩跡纍，至或闖首人中，争先睹之爲快。少保攸手自付予，人得御畫、行書、草書各一紙。又出祖宗御書及宸筆所摹名畫與古畫、法書，令得縱觀。從官復環聚雜遝。餘官不得前者，捧所賜拱立人後，上顧見，詔左右益設書案東間，指畫所置處，俾皆得與觀，『以示恩意』（原注：此四字聖語云）。左右奔走設案唯謹。上命保和殿學士蔡儵持真宗皇帝御製御書聖祖降臨記及宸筆所摹展子虔畫北齊文宣幸晉陽圖，於所設案展示既，乃出御墨賜羣臣。靈臺郎奏辰正，三公、宰執已下逡巡請退（原注：蓋辰正則將進膳）。上命以墨付太宰黼分賜，皆拜庭下，以次出。是日再宣觀御府書畫，賜書畫公宰至侍從已下凡五十六人，庶官特召者九人。初，車駕將幸祕書省，令提舉官選日以聞，宰相先期（原作『朝』）按視。前臨幸一日，祕書省官、提舉官屬習儀於本省。至日，開省西便門東御廊上（原注：便門非臨幸不開）。質明，提舉官以下至正字及貼職、道史官依次班祕書省門外西向北。上車駕出宣德門，從駕官如常儀。車駕垂至西便門，在省官迎駕再拜（原注：是日特宣太師至，亦迎駕祕書省外）。輦入，皇帝御道山堂幄次。俟班齊，羣臣既班右文殿下，皇帝御殿。閤門奏宣太師致仕蔡京至，起居畢，在省官再拜起居。

祕書少監少前，提舉三館祕閣梁師成以手詔授祕書少監，致詞復位，在廷皆再拜。迺移幸祕閣，宣羣臣觀書及古器（原注：累朝國史、寶訓、御製皆設祕閣下）。自宰執至在省官立庭下，班首奏聖躬萬福，再宣示手詔訖，以次陞，皆得以縱目。上再御右文殿賜茶，侍從官已上賜坐殿上，祕書少監已下用中整坐兩廡（原注：太學賜茶止設席）。起趨庭下，在省官再拜謝恩退（原注：在省官轉官賜章服者皆臚傳，謂之喝賜，時車駕已興）。上御提舉廳事，別宣召臣僚觀御府書畫，傳呼置笏，皆置笏。及入，方罄折庭下，詔毋拜（原注：喝不要拜），以次陞。既受賜，皆再拜庭下，以次出，賜服者受賜殿門外（原注：祕書少監翁彥深、王時雍，管勾雕造祥應記劉倜，提舉祕書省管勾文字馮舒、徐時彥，皆改賜章服）。進膳已，車駕幸太學。」

按：以上會要所載幸省儀式，較本書爲加詳，可以互參。南宋時車駕幸祕書省皆仍此制。

禄廩

政和禄格：行祕書監職錢四十二貫，守三十八貫，試三十五貫，米、麥各十石；行少監職錢三十五貫，守三十二貫，試三十貫，米、麥各七石五斗；行丞、著作郎職錢二十五貫，守二十二貫，試二十貫〔一〕；行祕書郎、著作佐郎職錢二十二貫，守二十貫，試十八貫；行校書郎職錢十八貫，守十六貫，試十四貫；行正字職錢十六貫，守十五貫，試十四貫。宣和七年，講議司措置以合破太倉食紐價支錢，監、少爲第二等，厨食錢月十五貫；著作郎、幹辦三館祕閣爲第三等，厨食錢月十二貫；丞、郎、著作佐郎、校書郎、正字爲第四等，厨食錢月九貫〔二〕。時服：監少羅公服，天寧節、十月朔夾公服，小綾汗衫，小綾勒帛，大綾夾袴；丞以下至正字羅公服，天寧節、十月朔夾公服，絹汗衫，幕職州縣官不賜〔三〕。【卷五之一七】

〔二〕「試二十貫」下四庫館臣原按：「南宋館閣録：丞行三十二貫，守二十二貫，試二十貫；著作郎行二十五貫，守二十二貫，試二十貫。是丞與著作郎貫數各異。此書載行丞與行著作郎貫數同，當有訛誤。攷館閣録載監、少監、著作郎、祕書郎、著作佐郎、校書郎、正字諸官職錢與此書所載貫數全同，蓋均沿政和禄格也，不應于丞一官獨從減，當是此書行丞下脱去『三十二貫守二十二貫試二十貫行』十四字。」

按：宋史卷一七一職官一一所載北宋元豐後祕書監至正字職錢，以及南宋館閣録今傳本所載南宋諸項職錢，均全同本書，本書所載當不誤。疑館臣所考係據南宋館閣録誤本以訛傳訛，故不足爲憑。宋史卷一七二職官一二謂紹興職錢「仍政和之舊」，故所載監、丞等職錢亦與本書同，惟少監作行三十二貫，守三十貫，試二十八貫，復與本書及南宋館閣録稍異。四庫館臣由永樂大典中輯出南宋館閣録時，曾據以改少監職錢從「紹興新制」，未知確否。

〔二〕「月十五貫」下四庫館臣原按：「館閣録監、少厨錢皆十二貫，與此書十五貫異。」

又「月九貫」下四庫館臣原按：「館閣録自丞以下各厨食錢九貫，與此書合，惟此書載著作佐郎、幹辦三館祕閣厨食錢月十二貫，爲館閣録所不載。又攷館閣録載自丞以下各特支米三石，此書亦闕。于以證二書禄制，小有不同。」（引文中「著作佐郎」，校以本書正文當衍「佐」字）

按宋史卷一七二職官二注：「六部尚書而下職事官，分等第支厨食錢，自十五貫至九貫，凡四等，並依宣和指揮。」據所載，「十五貫」似是第一等之數，然未詳其分等之例。若所記不誤，則本書監、少厨食錢十五貫及著作郎、幹辦三館祕閣十二貫之數皆訛。疑監、少當從南宋館閣録作十二貫，而著作、幹辦作十貫。其詳待考。宋史又注：紹興「六年指揮：五寺、三監、祕書、大宗正丞，太常博士，著作、祕書、校書郎、著作佐郎、正字，大理寺正、司直、評事，臺簿、删定官，檢鼓、奏告院，特支米三石，計議、編修官一石。」可與館臣所考互證。

〔三〕「幕職州縣官不賜」下四庫館臣原按：「館閣録載：『監、少端午、天中節單羅公服，大綾夾袴、勒帛、汗衫，十月朔夾公服，小綾汗衫、勒帛，大綾夾袴；丞以下至正字羅公服，絹汗衫，内朝奉郎并權郎綾汗衫，十月朔夾公服，如通直郎以上絹一疋充汗衫，朝奉郎以上小綾一疋充汗衫、勒帛，通直郎以下絹汗衫一領；選人止給羅公服。』據所載，則此書『監、少羅公服』句上當闕『端午』二字，其下當脱『大綾夾袴勒帛汗衫』二句。又館閣録所稱天申節係高宗生辰，在五月二十一日，故與端午同單羅公服。此書所稱天寧節乃徽宗生辰，在十月十日，故與十月朔同夾公服耳。」今按「天中節」，南宋館閣録清抄本或作「天中」即端午節。其監、少時服，疑以館臣所考爲是。

政和四年，點檢措置祕書省官建請增吏禄。

祕書省都孔目官舊請食料錢、大官局折食錢，除假故不定，約十四貫五百，春、冬衣絹各五疋，冬棉十五兩，增爲料錢八貫五百，添給錢八貫五百，米、麥各一石五斗，春、冬衣絹各十疋，棉二十兩。史館、昭文、集賢院孔目官舊請約十二貫五百至十貫，春衣絹一疋，葛布一疋，冬絹二疋，棉十兩，增爲料錢、添給錢各七貫五百，米、麥各一石，春、冬衣絹各五疋，棉十五兩。

史館四庫書直官舊請錢七貫五百，糧一石，折細色六斗，絹、葛、棉如三館孔目官，增爲料錢、添給錢各五貫，米、麥各一石，春、冬衣絹各二疋，棉十兩；書直官舊請錢七貫，餘如史館四庫書直官，增爲料錢、添給錢各四貫五百〔二〕，餘如史館四庫書直官；表奏官舊請錢七貫，絹、葛、棉如書直官，增爲料錢、添給錢各四貫五百，米一石，春、冬衣絹各二疋，棉十兩；書庫官舊請錢六貫五百，增爲料錢、添給錢各四貫，米、絹、棉如表奏官；守當官舊請錢五貫七百，增爲料錢、添給錢各四貫，米一石，春、冬衣絹各一疋，棉十兩；守闕舊請錢三貫五百，初補正名楷書每月食料錢各二貫，共四貫，補正名楷書及三年增支錢一貫，米二石，尋輪差應副祠祭祗應并抄寫本省文字增錢三貫。

昭文館、集賢院書庫官舊請錢六貫五百，絹、葛、棉同史館四庫書直官，增爲料錢、添給錢各四貫，米一石，春、冬衣絹各二疋，棉十兩；守當官舊請錢五貫七百，增爲料錢、添給錢各四貫，米一石，春、冬衣絹各一疋，棉十兩〔二〕；正名楷書并守闕同史館正名楷書并守闕。

祕閣典書舊請錢七貫五百，米二石，端午紫羅窄衫、絹襴，十月朔光色紫大綾棉旋襴，增爲料錢、添給錢各五貫，米二石，春、冬衣絹各二疋，棉十兩；正名楷書并守闕食料錢三貫五百，正名楷書請給自補充日支月錢五貫，米二石，端午紫平絁衫，十月朔紫小綾棉旋襴，尋以輪差祠祭祗應并抄寫本省文字每月添錢三貫〔三〕。

祕閣添置孔目官一名，請給比附三館孔目官量增，仍支時服，月給料錢、添給錢各七貫五百，米二石，小麥一石，春、冬衣絹各五疋，棉十五兩，端午紫羅窄衫、絹襴，十月朔光色紫大綾棉旋襴。

人從：監，廳子一名，衣糧親事官六人，承送六人〔四〕；少監，廳子一名，衣糧親事官四人，承送四人〔五〕；丞，廳子一名，衣糧親事官二人，承送二人；祕書郎、著作郎、著作佐郎，並廳子一名，衣糧親事官二人，承送二人；校書郎、正字，竝廳子一名，承送二人〔六〕。廳子食錢二貫；衣糧親事官各食料錢一貫五百，糧一石五斗，準細色九斗，内粳米五斗四升，小麥三斗六升，春衣絹一疋，布一疋，冬衣絹二疋，布一疋，棉十兩〔七〕；承送人各每月食料錢二貫八百文。

祕書省看管巡宿、把門灑掃兵士二十人，内節級二人；後增十人，爲三十人。帳設司及著作局各二人，工匠、院子等共十七人，并翰林司二人。每節人支錢三百五十。省大門差皇城司親事官五人，節級一人；後增親事官三人，節級一人，内二人識字。分兩番把門搜檢，抄轉出入文歷、投下文字，照管灑熄火燭、掌管頭刃。日支食錢，内識字親事官日添食錢五十〔八〕。什物銀器庫子二人，依三館庫子見請則例，月糧二石，料錢三百，裝著錢一貫，折食錢每日五十，素日二十五，倉法錢三貫五百；春衣絹一疋，布半疋，絲五兩，冬衣絹二疋，布半疋，棉十五兩；端午紫平絁衫一領，十月朔紫小綾棉旋襴一領，并大禮紫小綾棉旋襴一領，明堂紫絁衫一領，錢三貫〔九〕。【卷五之一八】

〔一〕「各四貫五百」下四庫館臣原按：「館閣録書直官料錢、添給錢各五貫，與此書四貫五百異。」攷二色錢自都孔目以下，二書所載全同，不應書直官一職獨異，彼此傳寫，或有一誤。」

〔二〕「棉十兩」下四庫館臣原按：「館閣録載都孔目官、孔目官、四庫書直官、書直官、表奏官、書庫官、守當官各有日支食錢三百文，贍家錢四貫五百文，都孔目又有麥折錢三貫文，孔目官、四庫書直官、書直官又有麥折錢二貫文，較此書爲加增，餘俱同。」（孔目官等麥折錢「二貫文」，原誤引爲「二百文」，今據南宋館閣録原書改正。）

〔三〕「每月添錢三貫」下四庫館臣原按：「館閣録正名楷書每人添給食錢二貫文，料錢五貫文，守闕添給食錢三貫文，料錢三貫五百文，與此書略異。正名楷書及守闕又有日支食錢二百四十文，贍家錢二貫二百五十文，較此書加增。」

〔四〕「承送六人」下四庫館臣原按：「館閣録監承送舊法六名，新制三名。」（「新」原書作「近」）

〔五〕「承送四人」下四庫館臣原按：「館閣録少監衣糧親事官舊法六名，近制四名；承送舊法四名，近制二名。」

〔六〕「承送二人」下四庫館臣原按：「館閣録載祕書丞、著作郎、祕書郎、著作佐郎衣糧親事官、承送，校書郎、正字承送，舊法各二名，近制一名。」

〔七〕「棉十兩」下四庫館臣原按：「館閣録載春衣絹一疋，布二疋，冬衣絹二疋，更無布一疋，以此書證之，當有脱誤。」

〔八〕抄轉出入文歷　「轉」原作「輪」，據宋會要改。

宋會要職官一八之一六——一七：政和四年「七月二十六日，蔡攸奏：『契勘祕書省大門，舊條差皇城司親事官節級一名、長行五人把門並投下文字，及提舉灑熄火燭、掌管頭刃，常是差塡不足。今來已降指揮，書籍等出入並監門具單子，搜檢出入等若差人不足，卽爲虛文而已。乞添差節級一名、長行三名，内二名識字，分兩番把門搜檢，並抄轉出入文歷、投下文字，及照管灑熄火燭、掌管頭刃祗應，日支食錢依已得指揮。』」本書此處所載當本此。

〔九〕宋會要（同上）蔡攸奏又云：「契勘三館、祕閣書籍庫，係應奉掌管承受御前並朝廷取降書畫古器、瑞物等，及諸處關借書籍，並係庫子管勾。今來止有庫子三人，顯見勾當不前，及請給微薄，自來少有願就之人。欲乞昭文、史館、集賢院、祕閣每館以庫子二人爲額，並委三館、祕閣依條招收，分送逐館庫祗應，其請給比附大官局庫子則例支破。」按蔡攸所奏皆詔從之，可補本書之所略。

麟臺故事後序

右麟臺故事五卷。紹興元年二月丙戌，丞相臣宗尹、參知政事臣守、參知政事臣某言：「祖宗以來，館閣之職所以養人才，備任使，一時名公卿皆由此塗出。崇寧以後，選授寖輕。自軍興時巡，務省冗官，祕省隨罷。今多難未弭，人才爲急，四方俊傑，號召日至，而職事官員闕太少，殆無以處。事固有若緩而急者，此類是也。謂宜量復館職，以待天下之士。」制曰：「其復祕書省，置監若少監一人，丞、著作郎、佐郎各一人，校書郎、正字各二人。其省事所應行，除官到條具上尚書省。」三月甲辰，詔以朝請郎直祕閣臣程俱試祕書少監。臣愚無似，初以編修國朝會要檢閱官節寓館下，又再佐著作；今茲修廢官以舉令典，又以人乏首被久虛之選，跼蹐慚懼不稱。受職之始，按求簡牘皆無有。竊念惟昔三入祕書省，皆以薄技隸太史氏，頗記祖宗三館故事與耳目所見聞；老吏奔散死亡之餘，亦尚有存者。或取故牘煨燼泥塗中，參攷裁定，條上尚書，請置孔目官一人，楷書吏十有二人，專知吏一人，其讎何繕治守藏、防閤庖滌之徒卒不過八人，其案典文書法式、期會廩稍人從皆如舊格，參以近制從事。尚書以聞，制曰「可」，於是士庶始有以家藏國史、實録、寶訓、會要等書來獻者，國有大禮大事，於兹有攷焉。而校書郎、正字又雜以祖宗之制，召試學士院而後命之。臣俱謹按周官：外史掌四方之志，掌三皇五帝之書，太史正歲年以序事，頒之於官府及都鄙，頒告朔於邦國，與夫所謂左史書言、右史書動者，今祕書省實兼有之。漢、魏以降，名稱不一，要爲史官，故唐龍朔中以祕書監爲太史，少監爲蘭臺侍郎。今有司文書散缺尚衆，例從省記，按以從事，蠹敝或生；而典籍之府，憲章所由，顧可漫無記述，以備一司之守乎？昔孫伯黶司晋之典籍，及辛有之二子董之，故伯黶之後在晋爲籍氏，辛有之後在晋爲董氏，則談、狐是也。臣衰緒寒遠，雖非世官，然身出入麟臺者十四年於此矣，則其纂故事、裨闕文者，亦臣之職也。因採摭三館舊聞，簡册所識，比次纘緝，事以類從，法令略存，因革咸載，爲書十有二篇，列爲五卷，録上尚書，副在省閣，以備有司之討論。臣俱昧死謹上。

麟臺故事殘本

四部叢刊影印明景宋抄本

進麟臺故事申省原狀

朝奉大夫守秘書少監程俱奏：「竊見車駕移蹕以來，百司文書，例從省記，按以從事，蠹敝或生。日者朝廷復置祕書省，稽參舊章，稍儲俊造，而臣濫膺盛選，待罪省貳。竊以謂典籍之府，憲章所由，當有記述，以存一司之守，輒採摭見聞及方册所載，法令所該，比次爲□。□□□□□，分爲三卷，名曰麟臺故事，繕寫□□□，□通進司投進。如有可採，許以副本藏之祕省，以備討論。」謹録奏

聞，伏候

勑旨。九月十九日奉

聖旨，依奏。

右劄送中書程舍人

紹興元年九月二十日　尚書省印

押

押

按：此狀原本無標題，今從輯本，亦題爲進麟臺故事申省原狀。文中空闕字及行文格式一如其舊，以存原貌。

麟臺故事卷一上

紹興元年七月　朝請郎試祕書少監程俱記

官聯

選任

官聯

國初循前代之制，以昭文館、史館、集賢院爲三館，通名之曰崇文院。直館至校勘通謂之館職，必試而後命；不試而命者，皆異恩與功伐，或省府監司之久次者。元豐官制行，盡以三館職事歸祕書省，省官自監少至正字皆爲職事官。至元祐中，又舉試學士院入等者，命以爲校理、校勘，供職祕書省；若祕書省官，則不試而命。至於進擢之異，待遇之渥，資任之優，選除之遴，簡書之略，蓋不與他司等也。【卷一之一】

此條輯本亦爲卷一之一。

昭文館在唐爲弘文館，隸門下省。建隆元年以避宣祖廟諱，改爲昭文館〔一〕。大學士一人，以宰相充。學士、直學士不常置，直館以京朝官充。掌經史子集四庫圖籍修寫校讎之事。判館一人，以兩省五品以上充〔二〕。【卷一之二】

〔一〕皇宋事實類苑卷二九：「昭文館本前世弘文館，建隆中以其犯宣祖廟諱改焉。」又謂：「三館謂（原注：字同宣祖廟諱上一字）文館、史館、集賢院。建隆元年二月，避諱字，詔易名昭文館。」按：宣祖即太祖趙匡胤之父弘殷，五代後周末年累官至檢校司徒、天水縣男，卒贈武清軍節度使、太尉。

〔二〕參見輯本卷一之一校證〔一〕、〔三〕及卷四之一校證〔一〕、〔四〕。

史館舊寓集賢院，監修國史以宰相充。開寶中薛居正以參知政事監修，自後參知政事亦有管勾修國史者，不常置。景德中，又有同修國史之名，史畢即停。修撰以朝官充，直館以京朝官充。又有檢討、編修之名，不常置。掌修國史、日曆及典圖籍之事。判館事一人，以兩省五品以上充。後改官制，日曆隸國史案，每修前朝國史、實録，則別置國史、實録院。國史院以首相提舉，翰林學士以上爲修國史，餘侍從官爲同修國史，庶官爲編修官。實録院提舉官如國史，從官爲修撰，餘官爲檢討。【卷一之三】

此條輯本爲卷四之二。

集賢院大學士一人，以宰相充。學士無定員，以給諫卿監以上充；直學士不常置。掌同昭文。判院事一人，以兩省五品以上充；或差二人。

三館通爲崇文院，別置官吏，有：檢討，無定員，以京朝官充；校勘，無定員，以京朝幕府州縣官充。掌聚三館之圖籍。監官一人，内侍充，兼監祕閣圖書，天禧五年又置同勾當官一人。【卷一之四】

祕閣，端拱二年於崇文院中堂建，擇三館書籍真本并内出古畫墨迹等藏之，淳化元年詔次三館。直閣以朝官充，校理以京朝官充。掌繕寫祕藏供御典籍圖書之事。判閣一人，舊常以丞、郎、學士兼祕書監領閣事，大中祥符九年後以諸司三品、兩省五品以上官判。國初又置祕閣校理，通掌閣事，咸平後者皆不領務。【卷一之五】

以上兩條，輯本合爲卷四之一。

祕書省在光化坊，隸京百司。判省事一人；如監闕，以判祕書省官兼充。景德四年，詔祕閣書籍内臣同提舉。掌祭祝版，正辭録外，有常例祭者，並著作局分撰；或在京闕著作局官，亦有祕書丞、郎撰者。舊制，常祀祝文祕書省嶽瀆並進書，學士院唯五嶽進書，四瀆則否；至咸平六年十二月，詔四瀆祝文並進書。大中祥符二年，更令兩制、龍圖閣待制與太常禮院取祕書省、學士院祝版，據正辭録重定，付逐司遵用。景德初，詔祕書省揀能書人寫祝版，委祕書監躬親點檢，謹楷不錯，方得進書。省有監、少監、丞、郎、校書郎、正字、著作郎、佐郎，是時皆以爲官，常帶出入，亦猶尚書省寺監丞郎、卿少、郎官、丞簿等，皆爲官也。即官至祕書監今中大夫，有特令供職者，或以他官兼監，至道中宋白以翰林學士承旨兼祕書監、淳化中李至自前執政以禮部侍郎今通奉大夫兼祕書監〔一〕、大中祥符九年楊億以祕書監判祕閣兼祕書省事是也。然議者以爲億正爲祕書監矣，不當更言判省閣，蓋有司之誤也。自後兩省五品以上官不兼監者止云判，其祕書省事亦掌爲之〔二〕。祕書監之領祕閣、省事，猶著作佐郎今宣教郎在三館則修日曆，正言今承議郎、司諫今朝奉郎供職本院或在從班則行諫諍之職，侍御史今朝請郎、監察御史今承議郎供職本臺則行糾彈之職也。【卷一之六】

此條輯本在卷二之一八。

〔二〕以禮部侍郎兼祕書監　「禮部」，輯本作「吏部」，疑以輯本爲是，見輯本本條校證〔九〕。本卷第八條首句參此。

〔三〕掌爲之　「之」字原脱，據輯本補。

淳化元年八月〔一〕，李至等言：「王者藏書之府，自漢置未央宫，即麒麟、天禄閣在其中。命劉向、揚雄典校，皆在禁中，謂之中書，即内庫書也〔二〕。東漢藏之東觀，亦在禁中也。至桓帝，始置祕書監掌禁中圖書祕記，謂之祕書。及魏分祕書爲中書，而祕書監掌藝文圖籍之事。後以祕書屬少府，故王肅爲祕書監，表論祕書不應屬少府，以謂魏之祕書即漢之東觀，因是不屬少府。而蘭臺亦有所藏之書〔三〕，故薛夏云蘭臺爲外臺，祕書爲内閣。然則祕閣之書，藏之於内明矣。晉、宋已還，皆有祕閣之號，故晉孝武好覽文藝，勑祕書郎徐廣料祕書閣，四部三萬餘卷；宋謝靈運爲祕書監，補祕閣之遺逸；齊末兵火延燒祕閣，經籍遺散；梁江子一亦請歸祕閣觀書；隋煬帝即位，寫祕閣之書，分爲三品，於觀文殿東廊貯之。然則祕閣之設，其來久矣。及唐開元五年，亦於乾元殿東廊寫四庫書以充内庫，命散騎常侍褚无量、祕書監馬懷素總其事。至十三年，乃以集仙殿爲集賢殿，因置集賢書院。雖沿革不常，然則祕閣之書皆置於内也。自唐室陵夷，中原多故，經籍文物，蕩然流離，近及百年，斯道幾廢。國家承衰弊之末，復興經籍，三館之書，訪求漸備。館下復建祕閣，以藏奇書，總羣經之博要，資乙夜之觀覽，斯實出於宸心，非因羣下之議也。況睿藻宸翰，盈編積簡，則其奥祕，非復與羣司爲比。然自建置之後，寒暑再周，顧其官司，未詳所處。乞降明詔，令與三館並列。至於高下之次，先後之稱，亦昭示明文，著爲定式。其祕書省既無書籍，元隸京百司，請如舊制。」詔曰：「朕肇興祕府，典掌羣書，仍選名儒，入直於内。文籍大備，粲然可觀，處中禁以宏開，非外司之爲比。自今祕閣宜次三館，其祕書省依舊屬京百司。」〔四〕

【卷一之七】

此條輯本爲卷一之三。

〔一〕淳化元年　原作「端拱二年」，誤，據宋會要等改。詳見輯本校證。

〔二〕謂之中書　「謂之中」三字原脱，據宋會要等補。亦見輯本校證。

〔三〕亦有所藏之書　「有」字原闕，據輯本補。

〔四〕其祕書省依舊屬京百司　「祕」字原脱，亦據輯本補。

端拱元年初置祕閣，以禮部侍郎李至兼祕書監，右司諫直史館宋泌兼直祕閣，右贊善大夫史館檢討杜鎬爲祕閣校理，祕閣設官自此始〔一〕。太平興國中，左拾遺田錫上疏，以謂今三館之中，有集賢院書籍而無集賢院職官，雖有祕書省職官而無祕書省圖籍。然至淳化元年，始以太子中允和濛直集賢院〔二〕。若祕書省，則所掌祠祭祀版而已，書籍實在三館、祕閣；而所謂職官者，猶今寄禄官耳，則雖無書籍可也。景德初置龍圖閣學士、直學士、待制、直閣，並寓直祕閣，每五日一員遞宿。後置天章閣待制，亦寓直於祕閣，與龍圖閣官遞宿。【卷一之八】

此條自「太平興國中」以下至「雖無書籍可也」，輯本在卷二之一八；自「景德初」以下，輯本爲卷二之二三。

〔一〕李至等除職參見輯本卷一之二校證〔一〕。李至職名與輯本有「禮部」、「吏部」之異，説已見前。

〔二〕和濛　當從輯本作和㠓。下同。

崇文院於三館直院、直館、直閣、校理、校勘之外，三館、祕閣又各置檢討、編校書籍等官，其位遇職業亦館職也。校勘校對書籍不帶出，天聖五年晏殊知南京，辟館閣校勘王琪簽書南京留守判官公事，特許帶行，以殊故也。【卷一之九】

嘉祐四年正月，置館閣編定書籍官，以祕閣校理蔡抗、陳襄、集賢校理蘇頌、館閣校勘陳繹，分史館、昭文館、集賢院、祕閣書而編定之。元豐官制行，既皆罷而不置；至元祐中，祕書省職事官與館職之外，又置校黄本書籍，蓋校書之比也。【卷一之一〇】

以上兩條，輯本合爲卷二之一九。

元豐五年官制行，即崇文院爲祕書省，以寄禄官易監、少至正字，以祕書監、少監、丞、郎、著作郎、佐郎、校書郎、正字爲職事官。館職不復試除，見帶館職人依舊如除職事官，校理以上轉一官，校勘減磨勘三年，校書減二年，並罷所帶職。【卷一之一一】

此條輯本爲卷四之八。

政和七年，始置提舉祕書省道録院，以大學士至使相、三孤充職，置管勾文字官二員，視殿中丞。宣和二年，以中貴人提點三館、祕閣，亦以節度使至使相爲之。皆以恩倖選，非故事也。舊有監書庫官内臣一員，至是又下吏部差使臣一員；監門使臣一員則本省奏辟。【卷一之一二】

此條輯本析爲卷四之一二、一三兩條。

元豐官制：祕書監、少監各一人，或少監二人，丞一人，祕書郎二人，通掌省事；著作郎、佐郎各二人，專修日曆；校書郎四人，正字二人，校對書籍。政和末無復定員，官冗且濫。至宣和三年，論事者屢以爲言，上亦厭之，乃詔三省定員數，且清其選。於是倣元豐之制，止增著作佐郎、校書郎、正字各二員，監、少之外，定爲十八員，以倣有唐登瀛之數，其溢員皆外補。

崇寧以後，置編修國朝會要所、詳定九域圖志所二局於祕書省。會要以從官爲編修，餘官爲參詳官，修書官爲檢閱文字，與祖宗時異。祖宗時，會要已有檢閱文字官，然林希以檢閱文字而詔俾同編修，則知檢閱文字官不編修，編修官乃下筆耳。崇寧反是。九域圖志，前朝固嘗修定，止就館閣而不置局。崇寧雖就祕書省，然置局設官，以從官爲詳定，餘官爲參詳，修書官爲編修官。檢閱、編修，其進用視祕書省官，而無定員，當時宰執、從官大抵由此塗出，合祕書省之士至數十人。然二書皆祖宗時所嘗修，亦在三館，但不別置局耳。初，王黼得政，欲盡去冗費，專事燕山，於是在京諸局皆罷，編修會要亦不復置官，與九域圖志令省官分修而已。初罷諸局，黼念貴倖恐復造膝開陳，卒不可罷，於是得旨亟行，令局官當日罷書庫官，人吏皆即赴吏部。於是文書草沓，皆散失。乃不知朝廷每有討論，不下國史院而常下會要所者，蓋以事各類從，每一事則自建隆元年以來至當時因革利害，源流皆在，不如國史之散漫簡約，難見首尾也。故論者惜其罷之無漸，而處之無術也。

【卷一之一三】

此條自「元豐官制」以下至「皆外補」，輯本爲卷四之九；自「崇寧以後」而下，輯本爲卷二之二一。本書十萬卷樓叢書三編本亦自「崇寧以後」另起一條。

選任

國初既已削平僭亂，海寓爲一，於是聖主思與天下涵泳休息，崇儒論道，以享太平之功。時三館之士固已異於常僚，其後簡用益高，故恩禮益異，以至治平、熙寧之間，公卿侍從莫不由此塗出。至元豐改官制，易崇文院爲祕書省，自正字以上雖同職事官，然選任之

意尚倣祖宗故事云。【卷一之一四】

祕閣初建，李至以前執政爲祕書監，則其選可知矣。時宋泌以直史館兼直祕閣，杜鎬以史館檢討爲祕閣校理，端拱元年也。【卷一之一五】

祕閣既具官屬，淳化初始以和濛直集賢院，又以起居舍人直史館吕祐之、左司諫直史館趙昂、金部員外郎直史館安德裕、虞部員外郎直史館勾中正並直昭文館。先是，但有直史館，至是，始命祐之等分直昭文館，備三館之職。【卷一之一六】

祖宗朝，館職多以試除，亦有自薦而試者。至道三年，金部郎中直昭文館李若拙上書自陳，乃命學士院試制誥三道，因以爲兵部郎中史館修撰。時若拙既已爲館職矣，又自陳丐遷，蓋與張去華乞與詞臣較其文藝之優劣而得知制誥者同類，此可謂誤恩，非可以爲永訓也。咸平初，有祕書丞監三白渠孫冕上書言事，召賜緋魚，且令知制誥王禹偁試文，除直史館，後爲名臣。【卷一之一七】

以上四條，輯本合爲卷三之一。

舊制，制科入第三等，進士第一人及第，初除簽書兩使職官廳公事或知縣，代還陞通判，再任滿與試館職；制科入第四等，進士第二、第三人以下，無試館職法，然往往薦而後試。嘉祐三年，下詔申敕有司著爲定法，大率皆如舊制，但增制科入第四等次，進士第四、第五人，並除試銜知縣，任滿送流内銓，與兩使職官；鏁廳人比類取旨〔一〕。景祐初，始詔翰林學士承旨盛度等定學士、舍人院召試等第，以文理俱高爲第一，文理俱通爲第二，或文理粗通爲第三、分上下，文理俱粗爲第四、分上下，紕繆爲第五等，凡七等。先是，考校舊規，有優、稍優、堪、稍堪、平、稍低、次低凡七等，而品第高下，其格未明。至是，度等約禮部式而更定之〔二〕。此則凡就試學士、舍人院者皆用此格，不特館職也。故事，試賢良方正等科，皆於祕閣試論六道〔三〕。是日武舉人亦試於祕閣〔四〕。然考試必差内外制官及選館職爲之，如景祐元年以翰林侍讀學士李仲容、知制誥宋郊、天章閣待制孫祖德、直集賢院王舉正，寶元元年以御史中丞晏殊，翰林學士丁度、宋郊，直史館高若訥考試是也〔五〕。至熙寧八年，始詔武舉人罷祕閣試，令止就貢院别試所考試〔六〕。【卷一之一八】

〔二〕宋會要選舉一一之六——七：嘉祐「三年閏十二月（原作『閏十月』，誤，據長編改；是年閏十二月，不閏十月）十二日，詔自今制科入第三等，進士第一人及第，並除大理評事簽書兩使幕職官廳公事或知縣，代還陞通判，再任滿與試館職；制科入第四等，進士第二等、第三等人，並除兩省幕職官，代還改次等京官，送審官院；制科入四等次，進士第四、第五人，並除試銜（『銜』原誤『御』）知縣，任滿送流内銓，與兩使職官；鏁廳人比類取旨。」

長編卷一八八：「先是，朝議以科舉既數，則高第之人倍衆，其擢任恩典宜損於故。詔中書門下裁之。丁丑，詔曰：『朕惟國之取士與士之待舉，不可曠而冗也，故立間歲之期以勵其勤，約貢舉之數以精其選，著爲定式，申敕有司。而高第之人，日嘗不次而用，若循舊例，終至濫官，甚無謂也。自今制科入第三等與進士第一，除大理評事簽書兩使幕職官事，代還陞通判，再任滿試館職；制科入第四等與進士第二、第三，除兩使幕職官，代還改次等京官；制科入第四等次與進士第四、第五，除試銜知縣，代還遷兩使職官；鎖廳人視此。若夫高材異行，施於有政而功狀較然者，當以茂恩擢焉。』自是驟顯者鮮，而所得人材及其風迹比舊亦浸衰。」（東都事略載此詔，字句與長編互有異同）

又宋會要選舉一一之一二：「神宗熙寧二年十二月九日，詔今後科場制科入第三等、進士第一人及第者，第一任回，更不與陞通判差遣，及不試充館職，並令審官院依例與差遣；餘依嘉祐二年（疑『三年』之誤）詔書。」

〔二〕宋會要選舉三一之七：景祐元年「七月四日，翰林學士承旨盛度等詳定到學士、舍人院試人等第，文理俱高者爲第一等，文理俱通者爲第二等，文通理粗或文粗理通爲第三等，仍分上下，文理俱粗者爲第四等，亦分上下，不及格者爲第五等。今後兩制試人，依此等第施行。先是，試人等第有優、稍優、堪、稍堪、平、稍低、次低下次七等，至是，度等改爲五等云。」

按：長編卷一一五載「考校舊規有優、稍優、堪、稍堪、平堪、低、次低七等」，大致與會要合。本書此處所載舊規原作「優、稍優、堪、平、稍低、次低」，顯然脱去一等，今據會要、長編互參補「稍堪」二字。

〔三〕宋會要選舉一〇之一六及一八：仁宗天聖七年閏二月二十三日，「令復置賢良方正能直言極諫、博通墳典明於教化、才識兼茂明於體用、詳明吏理可使從政、識洞韜略運籌決勝、軍謀宏遠材任邊寄六科，應內外京朝官不帶臺省館閣職事、不曾犯贓及私罪輕者，並許少卿監已上上表奏舉，或自進狀乞應上件科目。仍先進所業策論五十首，詣閤門或附遞投進，委兩制看詳。如詞理優長，具名聞奏，當降朝旨，召赴闕差官試論六首，以三千字已上爲合格，即御試。」八年「六月十六日，命翰林學士盛度、龍圖閣待制韓億就祕閣考試制科。度等上何詠、富弼論各六首。」此當爲制科試於祕閣之始。又同上一一之一：皇祐元年「八月二十日，上封者言：『伏見國家每設制科以收賢材，中選之後多至大用，以此知不獨取於刀筆，蓋將觀其器能也。舊制，祕閣先試六論，合格者然後御試策一道，先試者蓋欲探其博學，後策者又欲觀其才用(下略)。』」以此知本書所謂「故事」亦止爲仁宗時事。

〔四〕宋會要選舉一七之五——六：「仁宗天聖七年閏二月二十三日，詔置武舉，應三班使臣、諸色選人及雖未食禄實有行止、不曾犯贓及私罪情輕者，文武官子弟別無負犯者，如實有軍謀武藝，並許於尚書兵部投狀，乞應上件科。先録所業軍機策論伍首上本部，其未食禄人召命官三人委保行止，委主判官看詳所業，閲視人才，審驗行止，試一石力弓平射或七斗力弓馬射委實精熟者。在外即本州長史看詳所業，閲視人材、行止、弓馬，如可與試，即附遞文卷上兵部，委主判官看詳；如委實堪召試，即具名聞奏，當降朝旨召赴闕，差官考試武藝，並問策一道，合格即從試。其逐處看詳官不得以詞理平常者一例取旨，如違，必行朝典。仍限至十月終已前，先具姓名申奏到闕。」

此北宋初置武舉端委，與仁宗朝復置制科在同日。然本書謂「是日」試武舉人於祕閣，則不確，疑「是日」爲「是時」傳寫之訛。同上一七之六：天聖「八年五月二十五日，命龍圖閣待制唐肅、直集賢院胥偃試武舉人於祕閣。」原注：「自後與制科同命官試於祕閣。」此祕閣試武舉人之始，實較試制科於祕閣早二十餘日。

〔五〕宋會要選舉一〇之二一：景祐元年「六月十六日，以翰林侍讀學士李仲容、知制誥宋郊、天章閣待制孫祖德、直集賢院王舉正就祕閣考試制科，仲容等上吴育、蘇紳、張方平論各六首。」

同上一〇之二二：景祐「五年（即寶元元年，是年十一月改元）六月十六日，命御史中丞晏殊、翰林學士宋郊、知制誥鄭戩、直史館高若訥赴祕閣考試制科，殊等上田況、張方平、邵亢論各六首。」按所載有鄭戩，無丁度，與本書異，未詳孰是。

按：宋會要選舉一〇及一一所載同類資料尚有下列諸條：

「慶曆二年七月十一日，命翰林學士吴育、權御史中丞賈昌朝、直集賢院張方平就祕閣考試制科，育等上錢明逸、齊唐論六首」；

六年「七月二十八日，命權御史中丞張方平、知制誥彭乘、楊偉、集賢校理胡宿就祕閣考試制科，方平

等上錢彥遠、齊唐論六首」;

「皇祐元年七月二十八日,命觀文殿學士丁度、知制誥稽穎、李絢、直龍圖閣王洙就祕閣考試制科,度等上吳奎論六首」;

「五年八月初三日,命觀文殿學士高若訥、王舉正,端明殿學士楊明察,直史館專詢就祕閣考試制科,若訥等上趙彥若論六首」;

嘉祐二年「八月七日,命三司使張方平、龍圖閣直學士陳升之、知制誥吳奎、直祕閣王疇就祕閣考試制科,方平等上王彰、夏噩論各六首」;

「四年七月二十六日,命翰林學士吳奎、權御史中丞韓絳、知制誥范鎮、起居舍人知諫院范師道就祕閣試制科,奎等上陳舜俞、錢藻、汪輔之論各六首」;

「六年八月十七日,命翰林學士吳奎、龍圖閣直學士楊畋、權御史中丞王疇、知制誥王安石就祕閣考試制科,奎等上王介、蘇軾、蘇轍論各六首」;

「英宗治平元年八月二十一日,命天章閣待制司馬光、直史館邵亢、直集賢院韓維、祕閣校理錢藻就祕閣考試制科,光等上范百禄、李清臣論各六首」;

熙寧「三年八月二十三日,命翰林學士司馬光、直舍人院吕大防、集賢校理孫沐(疑『洙』字之訛)、李清臣就祕閣試制科，光等上呂陶、錢勰、孔文仲、張繪論各六首」；

「六年八月二十一日，命權御史中丞鄧綰、直舍人院許將、集賢校理劉攽、館閣校勘黃履爲考試制科」（七年五月罷制舉）；

元祐三年「九月八日，御史中丞孫覺、户部侍郎蘇轍、中書舍人彭汝礪、祕書省正字張績考試應賢良方正能直言極諫科，覺等上謝悰論六首」；

五年「六月八日，祕書省考試應賢良方正能直言極諫，上王普、司馬槱、王當論各六首」；

紹聖元年「八月十五日，以御史中丞黃履、中書舍人朱服、左司郎中劉定、祕書丞李昭玘並赴祕閣，考試應賢良方正能直言極諫，履等上張縅等論各六首。」（九月復罷制科）

〔六〕止就貢院別試所考試　「考試」二字原脱，據宋會要補。

宋會要選舉一七之一七：熙寧八年「十二月九日，詔武舉人罷祕閣試，令止就貢院別試所考試。十三日，中書門下言：『據編修貢舉敕式練亨甫狀，檢會祕閣考試武舉人所差官吏，供具煩費。昨來應武舉近二百人，只就別試所收試，令祕閣□（疑爲「覆」字）試，人數至少。欲乞只就貢院別試親戚所收試，極爲便利。』從之。」

至道二年九月，以都官郎中黄夷簡直祕閣。夷簡上言浙右人無預館閣之職者，因自陳故吴越王僚佐，嘗從王入朝，詞甚懇激，上憐之，故有是命〔一〕。先是，江南之士如徐鉉、張洎之流，翱翔館閣者多矣〔二〕。【卷一之一九】

〔一〕宋會要選舉三三之二：至道三年「十月三日，都官郎中黄夷簡上表自陳故吴越王僚佐，嘗勸王入朝，詞甚懇激，詔直祕閣。」按：所載年、月與本書均不合，未詳孰是。宋史卷四四一黄氏本傳所載同本書。又據會要及本傳，本書「嘗從王入朝」之「從」字當作「勸」。

〔二〕據宋史卷四四一徐鉉傳及卷二六七張洎傳，鉉入宋後嘗直學士院，又嘗受詔與句中正等校定説文解字，未嘗真任館職；洎則端拱中拜右諫議大夫判大理寺，又充史館修撰判集賢院事，後又爲翰林學士。然徐、張皆南唐舊臣，非是浙右吴越故人，以之反證黄夷簡事似未允當。此條末句詞氣不完，或其下尚有闕文。

慶曆五年，詔翰林學士王堯臣詳定選任館閣官。請自今遇館閣闕人，許帶職大兩省以上舉有文學行實者二人，在外舉一人，更從中書採擇召試；其進士及第三人以上自如舊例。詔凡有臣僚奏舉，並臨時聽旨。祖宗朝又有館閣讀書，或上書自陳，或英妙被選，或宰執子弟。景德初，撫州進士晏殊年十四，特召試詩、賦各一首，乃賜進士出身。後二日，復召試詩、賦、論三題於殿内，移晷而就。上益嘉之，以示輔臣及兩制、館閣考卷官，擢爲祕書省正字。賜袍笏，令閲書於祕閣，就直館陳彭年温習，以其尚少，慮性或遷染故也。後翰林侍讀學士楊徽之卒，以遺恩官其外孫宋綬爲太常寺太祝。綬年十五，召試中書，真宗奇其文，特遷大理評事，聽於祕閣讀書，同校勘天下圖經。大中祥符元年，復試學士院爲集賢校理，與父臯同在館閣，每賜書輒得二本，世以爲榮。封泰山覃恩，真宗先賜同進士出身，翼日乃轉大理寺丞。真宗得此二人，蓋天下之英也。

先是，有祕書省正字邵焕乞於祕閣讀書，嘗從其請。天聖四年，樞密副使張士遜請其子大理評事友直爲校勘，上曰：「館職所以待英俊，可以恩請乎？」止令於館閣讀書，因詔自今館閣校勘毋得增員。明道元年冬，以太常博士楊偉、郭稹並爲集賢校理，殿中丞宋祁、太子中允韓琦爲太常丞直集賢院，大理評事石延年、趙宗道爲祕閣校理。又詔自今須召試，無得陳乞。明年，光禄寺丞盛申甫、馬直方猶自陳在館讀書歲久，願得貼職。上止令太官給食，候三年與試，因詔後毋得置。申甫先以其父翰林侍讀學士知河陽府盛度之請，得讀書館閣云。他日，上謂輔臣曰：『圖書之府，所以待賢雋而備討論也。比來公卿之族多以恩澤爲請〔一〕，殆非詳延之意也。』其詔自今輔臣、兩省、侍從不得陳乞子弟親戚爲館職，進士及第第三人已上亦考所進文，召試入等者除之。【卷一之二〇】

此條輯本爲卷三之七。

〔一〕以恩澤爲請　「請」原作「諸」，據輯本改。

武寧軍節度使兼侍中夏竦、武勝軍節度使同中書門下平章事程琳薦尚書屯田員外郎張碩、祕書丞蔡抗、太子中舍季仲昌、節度掌書記李師錫等試館職。仁宗以謂：館職當用文學之士名實相稱者居之，時大臣所舉多浮薄之人，蓋欲以立私恩爾，朕甚不取也。於是碩等送審官院與記姓名而已。然士遜之子友直竟爲祕閣校勘，與盛度之子申甫皆賜同進士出身。後陳升之爲諫官，言：「比來館閣選任益輕，非所以聚天下賢才、長育成就之意也。請約自今在職者之數著爲定員，有論薦者中書籍其名，若有闕，即取其文學行義傑然爲衆所推者召試，仍不許大臣緣恩例求試補親屬。」上曰：「自今大臣舉館職，中書籍其名，即員闕，選其文行卓然者取旨，召試學士院考校，毋得假借等第。」自是近臣無復以恩求試職者。至至和元年十月，宰臣劉沆子太常寺太祝瑾令學士院召試館職。先是，沆以監護温成皇后園陵畢，固辭恩賚，而爲其子請之。嘉祐二年，遂除館閣校勘。

景祐三年四月，宰臣文彦博言：「直史館張瓌十餘年不磨勘，朝廷奬其退静，嘗特遷兩官，今自兩浙轉運使代還差知潁州，亦未嘗以資序自言。殿中丞王安石進士第四人及第，舊制一任還，進所業求試館職，安石凡數任，並無所陳，朝廷特令召試，而亦辭以家貧親老；且文館之職，士人所欲，而安石恬然自守，未易多得。大理評事韓維嘗預南省高薦，自後五六歲不出仕宦〔一〕，好古嗜學，安於退静。並乞特賜甄擢。」詔賜張瓌三品服；召王安石赴闕，俟試畢，别取旨；韓維下學士院與試。然二人者卒不就試。至和二年，始以維爲史館檢討；嘉祐元年，瓌同修起居注；四年，安石直集賢院。【卷一之二二】

此條自「武寧軍節度使」以下至「遂除館閣校勘」，輯本爲卷三之五；自「景祐三年四月」（此年代有誤，説詳輯本校證）以下，輯本爲卷三之六。

〔一〕不出仕宦　「宦」原作「官」，據長編卷一七〇及輯本改。

嘉祐三年，以光禄卿張子憲、趙良規、掌禹錫、齊廓、張子思並直祕閣。先是，張子憲等皆爲太常少卿直祕閣，當遷諫議大夫，而中書以謂諫議大夫不可多除，故並遷正卿。而故事，大卿監無帶館職者，至是特爲請而還之。四年，三館、祕閣各置官編校書籍，率常除足。嘉祐中，以太子中允王陶、大理評事趙彦若編校昭文館書籍，國子博士傅卞編校集賢院書籍，杭州於潛縣令孫洙編校祕閣書籍，其後又以太平州司法參軍曾鞏編校史館書籍。六年，以洙爲館閣校勘，於是詔編校書籍供職及二年，得補校勘，蓋自洙始。後呂惠卿、梁燾、沈括皆自編校爲館職。至熙寧中，以前河南府永安縣主簿邢恕爲崇文院校書。先是，御史中丞呂公著薦恕，以爲賈誼、馬周之流，召對而有是命。乃詔今後應選舉可試用人，並令除崇文院校書，以備訪問任使，候二年取旨，或除館職，或合入差遣。英宗嘗謂輔臣曰：「館閣所以育俊才，比欲選人出使無可者，豈乏才邪？」參知政事歐陽脩曰：「取才路狹，館閣止用編校書籍選人，進用稍遲。當廣任才之路，漸入此職，庶幾可以得人。」趙槩曰：「養育人材，當試其所長而用之。」上曰：「公等爲朕各舉才行兼善者數人，雖親戚世家勿避，朕當親閱可否。」宰相曾公亮曰：「使臣等自薦而用之，未免於嫌也。」韓琦曰：「臣等所患，人才難於中選。果得其人，議論能否，固何嫌也。」上固使薦之，於是琦、公亮、脩、槩所舉者凡十餘人，上皆令召試。琦等又以人多難之，上曰：「既委公等舉，苟賢，豈患多也？」乃先召尚書度支員外郎蔡延慶、尚書屯田員外郎葉均、太常博士劉攽、王汾、夏倚、太子中允張公裕、大理寺丞李常、光禄寺丞胡宗愈、雄武軍節度推官章惇、前密州觀察推官王存等十人，餘須後試。已而召試學士院，夏倚、章惇雖入等，以御史有言，倚得江西轉運判官，惇改著作佐郎而已；以劉攽、王存爲館閣校勘，張公裕、李常爲祕閣校理，胡宗愈爲集賢校理。治平四年，御史吴申言：「先召十人試館職，漸至冗濫，兼所試止於詩賦，非經國治民之急。欲乞兼用兩制薦舉，仍罷詩賦，試論策三道，問經史時務，每道問十事，以通否定高下去留。其先召試人，亦乞通新法考試。」詔兩制詳定以聞。其後翰林學士承旨王珪等言，宜罷試詩賦如申言，於是詔自今館職試論一首、策一道。至元祐中復舉試館職，則試策一道而已。【卷一之一二】

此條自「嘉祐三年」以下至「率常除足」，輯本爲卷三之八；自「嘉祐中」以下至「或合入差遣」，輯本爲卷三之一〇；自「英宗嘗謂輔臣曰」直至條末，輯本則在卷三之一一。

元豐官制行，始以龍圖閣直學士判將作監王益柔爲祕書監。明年出知蔡州，以司勳郎中葉均爲祕書少監。不閲月，會李常爲禮部侍郎，太常少卿孫覺有親嫌，遂以覺爲祕書少監，而均爲太常少卿。明年，右諫議大夫趙彦若以越職言事，降爲祕書監。然亦皆一時之

選也。均，故翰林學士清臣之子，治平初以宰執薦，召試館職入等。【卷一之二三】

祕書省建，初以奉議郎集賢校理知太常禮院林希爲承議郎行祕書省著作佐郎，後遷禮部郎中，仍兼著作，蓋史官難其人如此。【卷一之二四】

五年六月，以通直郎監察御史豐稷爲祕書省著作佐郎。先是，稷言：方官制施行，而執政、尚書、侍郎、郎官、丞簿或以欺罔贓私之徒預選，何以示四方！故有是命。頃之，爲吏部員外郎。崇寧初，王潙之爲司諫，以避妻父張商英爲著作郎兼國史官；其後曾楙爲監察御史，以避妻父吴執中爲著作佐郎；宣和中，潘良貴以主客員外郎對不合旨爲著作，亦清選也。【卷一之二五】

以上三條，輯本均在卷三之一一。

元豐七年，葉祖洽除知湖州，上批以「祖洽熙寧首榜高第，可與祕書省職事官」，遂除校書郎。初，邢恕、王仲脩並以祕閣校勘除校書郎，范祖禹以修資治通鑑成纔得正字，後邢恕遷著作佐郎，再遷爲都司，祖禹至元祐間方爲著作郎兼侍講，蓋吝選如此。【卷一之二六】

故事，館閣兼職與遷轉不同。景德初，直祕閣杜鎬、祕閣校理戚綸皆以舊職充龍圖閣待制；後數年，鎬以司封郎中直祕閣充龍圖閣待制，遷右諫議大夫龍圖閣直學士，亦異恩也。其餘大率祕閣校理遷直祕閣，集賢校理遷直集賢院，或遷直龍圖閣，至和中如張子思、趙良規、錢延年是也；直史館遷直昭文館，淳化中如吕祐之、趙昂、安德裕、句中正是也。至直館、直院有除知制誥者，吕祐之以直昭文館，和濛、王安石以直集賢院，皆除知制誥。至於校理、校勘，往往隨其領職之高下而遷之。如吕溱、李絢以直集賢院，余靖、彭乘、蒲宗孟、孫洙、安燾、黄履、曾鞏、趙彦若以集賢校理，皆爲同修起居注；蔡襄以校勘遷直史館知諫院；鄧潤甫以檢正中書户房公事爲集賢校理直舍人院，未幾知制誥；常秩以大理評事特起爲左正言直集賢院，未幾直舍人院，亦異恩也。畢仲衍以祕閣校理除左史，王安禮以校勘遷直集賢院，王震以校勘爲檢正禮房公事遷右司員外郎，仲衍、震皆更官制之初也。官制既行，祕書省官異於故時，館職唯兼經筵，國史、實録院官則其遷稍異。元祐中，張耒、黄庭堅命不行皆以著作佐郎，紹聖中鄧洵武、吴伯舉皆以校書郎，遷左右史，以兼國史院官故也。【卷一之二七】

以上兩條，輯本合爲卷三之一二。

麟臺故事卷二中

紹興元年七月朝請郎試祕書少監程俱記

書籍

校讎

書籍 御製御書附

建隆初，三館有書萬二千餘卷。乾德元年平荆南，盡收其圖書以實三館。三年平蜀，遣右拾遺孫逢吉往收其圖籍，凡得書萬三千卷。四年下詔募亡書，三禮涉弼、三傳彭幹、學究朱載等皆詣闕獻書，合千二百二十八卷，詔分置書府，弼等並賜以科名；閏八月，詔史館凡吏民有以書籍來獻，當視其篇目館中所無者收之，獻書人送學士院試問吏理，堪任職官者具以名聞。開寶八年冬平江南，明年春遣太子洗馬吕龜祥就金陵籍其圖書，得二萬餘卷，悉送史館。自是羣書漸備〔一〕。兩浙錢俶歸朝，又收其書籍〔二〕。【卷二之二】

〔二〕宋會要崇儒四之一五：「太祖乾德元年，平荆南，詔有司盡取高氏圖籍以實三館。國初，三館書纔數櫃，計萬三千餘卷（長編卷一九、通考卷一七四皆同本書作『一萬二千餘卷』）。三年九月，命右拾遺孫逢吉往西川取僞蜀法物、圖書經籍、印篆赴闕。至四年五月，逢吉以僞蜀圖書、法物來上，其法物不中度，悉命毁之，圖書付史館。四年閏八月，詔購亡書，凡進書者先令史館點檢，須是館中所闕，即與收納；仍送翰林學士院引試，驗問吏理，堪任職官者，官得具名以聞。是歲，三禮涉弼、三傳彭翰（『翰』疑爲『幹』之誤，長編卷七據會要載録作『幹』）、學究朱載皆應詔獻書，總千二百二十八卷，命分置館閣，賜弼等科名。開寶九年，江南平，命太子洗馬呂龜祥就金陵籍其圖書，得二萬餘卷，送史館。僞國皆聚典籍，惟吴、蜀爲多，而江左頗精，亦多修述。」

又皇宋事實類苑卷三〇引談苑：「雍熙中，太宗以拔（原注：闕）九經尚多訛謬，俾學官重加刊校。史館先有宋臧榮緒、梁岑之敬所簽左傳，諸儒引以爲證。祭酒孔維上言：其書來自南朝，不可案據。章下有司，檢討杜鎬引貞觀四年敕，以『經籍訛舛，蓋自劉、石紛争，天下學士，率多南遷，中國經術浸微之至也，今後並以六朝舊本爲證』，持以詰維，維不能對。王師平金陵，得書十餘萬卷，分配三館及學士、舍人院。其書多讎校精當，編帙全具，與諸國書不類。」按：所載「十餘萬卷」之數，與宋會要及本書等不合。其卷三一引蓬山志亦作「二萬餘卷」。

〔三〕長編卷一九：「初，淮海王俶入朝（太平興國三年三月），命其子鎮國節度使惟治權知吴越國事。一夕，廄中火，惟治率兵臨高下視，令親信十數輩仗劍申令，敢後顧者斬。頃之，火息，妻族有隸帳下者恃親犯法，惟治命杖背於府門。於是惟治悉奉兵民圖籍帑廩管籥授知杭州范旻，與其弟惟演、惟灝等皆赴闕。詔遣内侍護諸司供帳迎勞於近郊。（八月）壬申，對於長春殿，各賜衣帶鞍馬器幣。」又宋會要崇儒四之一五——一六：太平興國「六年十二月，詔開封府及諸道轉運徧下管内州縣搜訪鍾繇墨迹，聽於所在進納，優給緡貫償之，並下御史臺告諭文武臣僚，如有收者亦令進納。是歲，鎮國軍節度使錢惟演（當爲錢惟治之誤，見前引長編，並參宋史錢惟治傳）以鍾繇、王羲之、唐明皇墨迹凡七軸獻。八年，祕書監錢昱又獻鍾繇、羲之墨迹八軸，並優詔答之。八年十月，越州以王羲之畫像並其石硯來獻。」此吴越獻書大概。

又宋會要崇儒四之一五：太平興國「四年五月，太原平，命左贊善大夫雷德源入城點檢書籍圖書。」其數亦不知。

太平興國九年正月，詔曰：「國家宣明憲度，恢張政治，敦崇儒術，啓迪化源，國典朝章，咸從振舉，遺編墜簡，當務詢求，眷言經濟，無以加此。宜令三館以開元四部書目閲館中所闕者，具列其名，於待漏院出榜告示中外，若臣寮之家有三館闕者，許詣官進納。及三百卷以上者，其進書人送學士院引驗人材書札，試問公理，如堪任職官者與一子出身，親儒墨者即與量才安排；如不及三百卷者，據卷帙多少優給金帛；如不願納官者，借本繕寫畢，却以付之。」自是四方書籍往往出焉〔一〕。【卷二之二】

〔一〕宋會要崇儒四之一六：太平興國「九年正月，詔曰：『國家勤求古道，啓迪化源，國朝典章，咸從振舉，遺編墜簡，宜在詢求，致治之先，無以加此。宜令三館所有書籍，以開元四部書目比校，據見闕者特行搜訪，仍具録所少書，於待漏院榜示中外，若臣僚之家有三館闕書，許上之。及三百卷以上者，其進書人送學士院引驗人材書判，試問公理，如堪任職官者與一子出身，或不親儒墨者即與安排；如不及三百卷者，據卷帙多少優給金帛；如不願納官者，借本繕寫畢，却以付之。』先是，太宗謂侍臣曰：『夫教化之本，治亂之原，苟非書籍，何以取法？今三館貯書數雖不少，比之開元則遺逸尚多，宜廣求訪。』乃下詔焉。」

按：此詔本書所載與會要差別頗大，當以二者互參。其「親儒墨」上，本書無「不」字，疑係漏書，參見本卷第十二條。長編卷二五僅略載太宗謂侍臣之語及求書賞格，而未録詔書原文。

端拱元年，詔分三館之書萬餘卷別爲書庫，目曰祕閣〔一〕。【卷二之三】

〔一〕按：此條内容不全，疑有脱文，可並參本卷第七條注。初置祕閣事詳見輯本卷一之二。

淳化三年十月〔一〕，遣中使李懷節以御草書千字文一卷付祕閣。李至請於御製祕閣贊碑陰模勒上石，帝曰：「千字文偶然閑寫，因令勒石，李至更欲鎸勒，且非垂示立教之文。孝經一書乃百行之本，朕當親爲書寫，勒在碑陰可也。」五年六月，命供奉官藍敏正賷御草五軸藏祕閣，詔史館修撰張泌與三館、祕閣學士觀焉〔二〕。【卷二之四】

〔一〕淳化三年十月　「淳化」原作「端拱」，顯誤，端拱僅二年，無「三年」，今據宋會要、長編、玉海及蓬山志等改，參本條校證〔二〕。疑本條原置此下「淳化元年七月」條後，故「三年十月」上可不繫年號，而後人傳抄誤置於前，遂臆加「端拱」二字。因無原本對照，今暫置此，不作更動。

〔三〕按：本條内容，均見於宋會要職官一八之四八——四九，文字亦同，惟張泌之名，會要作佖，與長編等合，當以佖爲正。然所載太宗之語疑有傳誤。皇宋事實類苑卷三一引蓬山志：淳化三年「十月，遣中使李懷節以御草書千字文一卷付祕閣。李至請於御製祕閣贊碑陰勒石，帝謂近臣曰：『千字文蓋梁武得鍾繇書破碑千餘字，俾周興嗣以韻次之，詞理固無可取，乘間偶書，且非垂世立教之文。孝經一卷，乃本行之本，實朕嘗親書之，勸諸碑陰可也。』因賜李至等詔書諭旨。」長編卷三三及玉海卷三三所載均略同蓬山志，可以互參；惟孝經之本，長編、玉海皆同會要及本書作「百行」，不作「本行」。似以作「百行」爲是。

淳化元年七月，以御製祕藏詮十卷、逍遥詠十一卷、祕藏諸雜賦十卷、佛賦一卷、幽隱律詩四卷、懷感一百韻詩四卷、懷感迴文五七言一卷，凡四十一卷，藏於祕閣。【卷二之五】

此條輯本爲卷一之一〇。文中「諸雜賦十卷」，輯本增補玉海之文作「雜詩賦」。

帝嘗謂宰相曰：「三館、祕閣書籍，如聞頗不整一，多有散失，讎校亦匪精詳，遂使傳聞

迭爲差誤。自今凡差官校勘及典掌者，當嚴行約束，庶絶因循。」【卷二之六】

直史館謝泌上言：「國家圖書，未有次序。唐朝嘗分經史子集爲四庫，命薛稷、沈佺期、武平一、馬懷素人掌一庫。望遵故事。」上嘉之，遂命泌與館職四人分領四庫，泌領集庫。四年三月，詔三館所少書有進納者，卷給千錢，三百卷以上量材録用。【卷二之七】

以上兩條，輯本合爲卷一之一五。

按：本卷所録端拱至咸平間諸條，次序顛倒錯亂，甚不可據，當是宋、明間傳本即有竄脱。此處第六條所述乃真宗初年事，輯本於「帝嘗謂」諸字上尚有「咸平間」三字，疑當贅於本卷第十條下。第七條所述謝泌上言則爲太宗端拱間事，疑當贅於本卷第三條下；其下所述進書賞格亦咸平四年事，不當與謝泌上言相銜接。詳參輯本校證。

至道元年六月，命内品、監祕閣三館書籍裴愈使江南、兩浙諸州，尋訪圖書。如願進納入官，優給價直；如不願進納者，就所在差能書吏借本抄寫，即時給還。仍賫御書石本所在分賜之。愈還，凡得古書六十餘卷，名畫四十五軸，古琴九，王羲之、貝靈該、懷素等墨跡共八本，藏於祕閣。先是，遣使於諸道，訪募古書、奇畫及先賢墨跡，小則償以金帛，大則授之以官，數年之間，獻圖書於闕下者不可勝計，諸道又募得者數倍。復詔史館盡取天文、占候、讖緯、方術等書五千一十二卷，並内出古畫、墨跡百一十四軸，悉令藏於祕閣。圖書之盛，近代無比。【卷二之八】

此條輯本爲卷一之一二。

至道二年六月，上遣中使齎飛白書二十軸賜宰相呂端等，人五軸。又以四十軸藏於祕閣，字皆方圓數尺。呂端等相率詣便殿稱謝〔一〕。【卷二之九】

〔一〕宋會要崇儒六之四："至道「二年六月，内出飛白書二十軸賜宰相呂端等，人五軸。又以四十軸藏於祕閣，字皆方圓數尺。端等相率詣便殿稱謝。帝謂之曰：『飛白依小草書體，與隸不同。朕君臨天下，復何事於筆硯！但中心好之，不能輕棄，歲月既久，遂盡其法。然小草書字學難究，飛白筆勢罕工，朕習此書，使不廢絶耳。』」

按「方圓數尺」，長編卷四〇作「方圓徑尺」，疑以作「徑尺」爲是。長編載太宗語較會要稍詳，玉海卷三三引實録與會要同。

咸平二年三月，點檢三館祕閣書籍司封郎中知制誥朱昂等言：「四部書散失頗多，今點勘爲朝臣所借者凡四百六十卷。」詔許諸王宮給本抄寫外，餘並督還〔一〕。【卷二之一〇】

〔一〕本條所述事詳見輯本卷一之一五校證〔一〕。

閏三月，令三館寫四部書二本，一置禁中之龍圖閣，一置後苑之太清樓，以便觀覽。後以館閣官少，令吏部流内銓選幕職州縣官有文學者赴館閣校勘羣書，乃擇取館陶尉劉筠、宛丘尉慎鏞、鄖鄉尉沈京、安豐令張正符、上蔡尉張遵、固始尉聶震、桐城主簿王昱入館校勘。正符未卒業而死。景德初寫校畢進内〔一〕。時京師藏書之家，惟故相王溥家爲多，每借取傳寫既畢，即遣中使送還。先是，上謂輔臣曰：「國家搜訪圖書，其數漸廣，臣庶家有聚書者，朕皆令借其録目，參校内府及館閣所有，其闕少者，借本抄填之。邇來所得甚多，非時平無事，安能及此也。」〔二〕【卷二之一一】

〔一〕宋會要崇儒四之一——二：「真宗咸平二年閏三月，詔三館寫四部書一本來上，當置禁中太清樓，以便觀覽。崇文院言：『先準詔寫四部書一本，以備藏於太清樓，今未校者僅二萬卷。』真宗曰：『如龍圖閣所藏書，朕嘗閲覽，其間尚多舛訛。大凡讎校，尤須至精，可特詔委流内銓於常選人中擇歷任無過、知書者以名聞。』又命吏部侍郎陳恕、知制誥楊億同試詩、論各一首於銀臺司，第其優劣，得前大名府館陶尉劉筠、前陳州宛丘尉慎鏞、前均州鄖鄉尉沈京、前壽州安豐令張正符、前蔡州上蔡尉張遵、前光州固始尉聶震等六人。又命有司推擇再得四人，亦命恕等考試，得前舒州桐城簿王昱。凡七人，並令於崇文院校勘，給本官俸料，太官供膳。張正符者，未卒業而死。」

長編卷四四：咸平二年閏三月，詔三館寫四部書二本來上，一置禁中之龍圖閣，一置後苑之太清樓，以備觀覽。」原注：「此據本志，實録但云寫一本置禁中，不及龍圖閣也。」

玉海卷五二：「咸平二年閏三月甲午，詔三館寫四部書，一置龍圖閣，一藏後苑太清樓。四年十月，直集賢院李建中言：太清樓書宜選官重校。上因閲書，見缺書尚多，甲子，詔求逸書。五年十二月甲申，以尚有舛誤，而未讎對者猶二萬卷，令流内銓擇官詳校。試十五人詩論於銀臺，得劉筠（『筠』原作『均』）、聶震等七人，於崇文院校勘，太官供膳。景德元年三月丁酉，直祕閣黄夷簡等上校勘新寫御書凡二萬四千一百六十二卷，校勘六人授祕閣校理，賜緡帛。」（黄夷簡等上書事又見宋會要崇儒四之三）

按右所録諸書資料，於真宗詔寫四部書二本事均未詳明。若據諸書參查，則可考知下列諸項：其一，真宗咸平二年閏三月止令三館寫四部書一本藏太清樓，非是二本并寫，會要所載係真宗實録之文，較得其實；而本書所録係出國史藝文志，謂當時已詔寫二本，則不確。其二，三館最初所寫之太清樓書，後來實藏於龍圖閣（此閣咸平中始建，景德元年建成，參輯本卷二之二三校證〔一〕），而太清樓之藏書，則係咸平五年十二月後由龍圖閣書傳寫並續校。宋會要職官七之一四載真宗景德二年四月之語：「龍圖閣書屢經讎校，最爲精詳，已復傳寫一本置後苑太清樓。」是其證。黄夷簡等所上即太清樓書。其三，劉筠等奉命校書係咸平五年十二月以後事，非二年閏三月間事。

又玉海同卷：「景德四年三月乙巳，召輔臣對於苑中，登太清樓觀太宗聖製御書及新寫四部羣書，上親執目録，令黄門舉其書示之。總太宗聖製詩及故事墨迹三百七十五卷，文章九十二卷；經庫二千九百一十五卷，史庫七千三百四十五卷，子庫八千五百七十一卷，集庫五千三百六十一卷，四部書共二萬五千一百九十二卷（『五千』當爲『四千』之誤）。」此當時太清樓藏書之數。（長編卷六五載「太清樓藏太宗御製及墨迹石本九百三十四卷、軸，四部羣書二萬三千七百二十五卷」，與玉海互異；黄夷簡等所上書之零數作「六十二」，亦與此作「九十二」稍異。）龍圖閣藏書見輯本卷二之二三校證〔一〕。

〔二〕按此處自「時京師藏書之家」以下文字，今又見於容齋五筆卷七，當亦史志之文。宋史卷二四九王溥傳附王貽孫傳載：「太祖平吳、蜀，所獲文史副本分賜大臣。溥好聚書，至萬餘卷，貽孫遍覽之，又多藏法書、名畫。」（按：貽孫爲王溥長子，淳化中卒。）皇宋事實類苑卷三一引蓬山志亦云：「京師藏書之家，惟故相王溥家爲多，官嘗借本傳寫。丁謂家書亦多收入祕府。」

又宋會要職官七之一四、一三載真宗語：「朕自居藩邸，以至臨御，凡亡闕之書，購求備至，每於藏書之家借本，必令置籍出納，傳寫既畢，隨便給還，靡有損失，故奇書祕籍，悉無隱焉。國學、館閣經史未有印板者，悉令刊刻。或言三國志乃姦雄角立之書，不當摹印，朕以爲君臣善惡，足爲鑒戒，至於仲尼春秋，亦列國之事也。」此皆可與本書此處所載互參。前引蓬山志又載：「三館、祕閣所藏之書皆分經史子集四類，昭文館三萬八千二百九十一卷，史館四萬一千五百五十三卷，集賢院四萬二千五百五十四卷，祕閣一萬五千七百八十五卷。」當即此時藏書。

三年二月，詔藏太宗御集三十卷於祕閣，仍録別本藏三館〔二〕。四年十月，詔曰：「國家設廣內石渠之署，訪羽陵汲冢之書。法漢氏之前規，購求雖至；驗開元之舊目，亡逸尚多。庶墜簡以畢臻，更懸金而示賞，式廣獻書之路，且開與進之門。應中外臣庶家有收得三館所少書籍，每納到一卷給千錢，仰判館看詳，委是所少之書，及卷帙別無差悞，方得收納。其所進書如及三百卷已上，量材試問，與出身酬奬；如或不親儒墨，即與班行內安排。宜令史館抄出所少書籍名目於待漏院張懸，及遞牒諸路轉運司嚴行告示。」申太平興國之詔也〔二〕。且令杜鎬、陳彭年因其時編整籤袠，區別真僞，仍令宋綬、晏殊參之。又命三司使丁謂及李宗諤搜補遺闕。【卷二之一二】

〔一〕玉海卷二八：「咸平三年二月壬子，翰林侍讀學士呂文仲上新編太宗御集三十卷，詔藏祕閣，録別本藏三館。」原注：「文仲傳云：受詔集太宗歌詩爲三十卷。」今宋史本傳有此語。

又太宗御撰文字，大中祥符五年八月曾由陳彭年等編校爲十八部、二百一十四卷，詔奉安於太清樓、資政殿、崇文院秘閣、西京、三館各一本，見玉海同卷。

〔二〕按：此詔今又見於宋會要崇儒四之一七，文字與本書略同。惟「廣內石渠之署」，會要「署」作「宇」；「更懸金而示賞」及「於待漏院張懸」，會要二「懸」字一作「出」、一作「掛」。此皆由南宋時避宋諱而改字。其他如「卷帙別無差悞方得收納」，會要作「別無違礙收納」；「即與班行內安排」，會要無「班行內」三字。此皆可由本書參訂。又詔書末句「嚴行告示」之「嚴」字，本書原作「散」，當是傳抄之訛，今據會要改正。會要於詔書下又載：「時直集賢院李建中上表，以所寫太清樓羣書恐有謬濫，乞更選擇（長編卷四九作『請選官重校』）。真宗因閱書目，見亡書尚多，特有是命。」

又宋會要職官七之一三：「咸平四年十一月，真宗御龍圖閣，召近臣觀太宗御書及古今名畫，自是多召近臣觀書是閣。嘗語近臣曰：『先帝留意詞翰，朕孜孜綴輯，片幅寸紙，不敢失墜。因念古今圖籍，多所散逸，購求甚難，在東宫時惟以聚書爲急，多方購求，亦甚有所得，王繼英備見其事。今已類成正本，除三館、祕閣所藏外，又於後苑及龍圖閣並留正本，各及三萬餘卷。朕以深資政理，莫如經術，故機務之暇，惟以觀書爲樂焉。』」此亦可與本條及上條所述互參。

太平興國求書詔見本卷第二條。

大中祥符四年九月，兼祕書監向敏中、判昭文館晁迥、判史館楊億、判集賢院李維上言，請聖集御製藏於館閣。於是内出雜文篇什付敏中等，各以類分，其繼作即續附入。又有静居集、法音前集、玉宸集、讀經史、清景殿詩、樂府集、正説等，天禧初命龍圖閣待制李虚己總編爲一百二十卷。五年四月，以新集御製文頌歌詩十五卷藏於祕閣，從祕書監向敏

中之請也〔一〕。　【卷二之一三】

〔一〕宋會要職官七之一四：大中祥符「四年八月，管勾龍圖閣殿頭譚元吉請以御製藏本閣。帝曰：『朕以制禮事神，勉於紀述，何足以垂訓！』宰執等懇請，帝謙默不答。」

同上一八之五二：大中祥符「四年九月，兼祕書監向敏中，判昭文館晁迥等上言，請集聖製藏於館閣。詔以述作非工，除已刻石銘記等也依所請，自餘登位以來內出雜文篇什或宣賜者，並令依次抄録，藏於龍圖閣、三館、祕閣，不得與太宗皇帝文集並處。五年四月，始降御集文頌歌詩十五卷藏之。」

長編卷九〇：天禧元年十一月「庚子，龍圖閣待制李虛己等上新編御集百二十卷，召輔臣至滋福殿示之。賜虛己等銀帛。」

按本條所述「五年四月」以下文字，據會要實爲大中祥符五年四月事，當接於上文「即續附入」四字下。今置於條末，竟似天禧五年四月事，誤。蓋向敏中大中祥符五年四月入相，天禧四年三月已以左僕射卒，更無由及於天禧五年事。

又真宗御集，天禧四年曾重編爲三百卷，宋會要、玉海均載有其目，詳見輯本卷二之九校證〔二〕。

八年夏，榮王宮火，延燔崇文院祕閣，所存無幾。五月，又於皇城外別建外院，重寫書籍。翰林學士陳彭年請内降書充本，先遣官詳正定本，然後抄寫，命館閣羣官及擇吏部常選人校勘〔一〕。校畢，令判館閣官詳校，兩制内選官覆點檢，又令兩制舉服勤文學官五人覆校。其校勘、詳校計課用祕書省式〔二〕，群官迭相檢察，每旬奏課，及上其勤惰之狀。疑舛未辨正者聚議之。詔「可」，惟覆點檢官之職，令覆校勘官兼之。乃出太清樓書，命彭年提舉管勾，募筆工二百人。彭年仍奏監書籍内侍劉崇超預其事。又請募人以書籍鬻於官者，驗真本酬其直與顧筆工庸等，五百卷已上優其賜，或藝能可采者，別奏候旨。於是獻書者十九人，悉賜出身及補三班，得一萬八千七百五十四卷。九年正月，命樞密使王欽若都提舉，鑄印給之，彭年依舊同掌。彭年參知政事，仍領其務，及卒，不復增人。欽若爲相，以李迪代之。自是常以參知政事一人領之，號提舉三館祕閣寫校書籍，至元豐改官制始罷。自彭年入中書，不復至館，其總領之務但委崇超，判館閣官不復關預〔三〕。【卷二之一四】

〔一〕命館閣羣官　「命」字原脱，據長編卷八五補。按本條文字，長編所載略同本書，下有小注云：「此據本志删改並書。」

〔二〕其校勘詳校計課　「詳校」二字原脱，亦據長編（同上）補。

〔三〕宋會要崇儒四之一七——一八：「大中祥符八年四月，榮王宫火，延燔崇文院祕閣，於皇城外别建外院，重寫書籍，命翰林學士陳彭年提舉管勾。彭年請募人以書籍鬻於官者，驗真本酬其直與顧筆工傭等，五百卷以上優其賜，或藝能可采者，别奏候旨。於是獻書者十九人，悉賜出身及補三班，得萬七百五十四卷。」（按：得書數疑漏書「八千」二字，長編亦作「一萬八千七百五十四卷」，與本書合。）

又此條所述選官校勘及命王欽若、陳彭年提舉等事，詳見本卷第二十六條。該條載始命王、陳提舉在「八年十二月」，與此條作「九年正月」稍異。又陳彭年大中祥符九年爲刑部侍郎參知政事判禮儀院充會靈觀使，天禧元年二月卒；王欽若天禧元年八月爲相，九月李迪參政；劉崇超咸平元年十一月以内品監祕閣圖書三館書籍，天聖五年以西京左藏庫副使卒。附記於此。

崇文院延燔及重建外院事參輯本卷一之六。

天禧元年八月，提舉校勘書籍所言：「學究劉溥、侯惟哲獻太清樓無本書各及五百卷，請依前詔甄録。」從之。十二月，王欽若言：「進納書籍，元勑以五百卷爲數，許與安排。後來進納併多，書籍繁雜，續更以太清樓所少者五百卷爲數。今並是旋爲及僞立名目，妄分卷帙，多是近代人文字，難以分別。今欲具定起請條貫，精訪書籍。」從之〔一〕。　【卷二之一五】

〔一〕按：此條文字見於宋會要崇儒四之一八。其「今並是旋爲及僞立名目」句，會要祇作「往往僞立名目」，無「僞」上六字；「具定起請條貫」，會要作「別具條貫」。疑本書所載爲會要舊文，「旋爲」當指重複獻書。

二年五月，長樂郡主獻家藏書八百卷，賜錢三十萬，以書藏祕閣〔一〕。　【卷二之一六】

〔一〕此條宋會要與上條連書。「賜錢三十萬」，會要作「二十萬」。

景祐元年閏六月，命翰林學士張觀、知制誥李淑、宋郊編排三館祕閣書籍，仍命判館閣盛度、章得象、石中立、李仲容覆視之〔一〕。三年十月甲寅〔二〕，以知制誥王舉正看詳編排三館祕閣書籍，自是常於内外制中選官充是職。嘉祐四年正月，右正言祕閣校理吴及言：「祖宗更五代之弊，設文館以待四方之士，而公相率繇此而進，故號令風采，不減漢、唐。近年用内臣監館閣書庫，借出書籍，亡失已多，又簡編脱落，書吏補寫不精，非國家崇鄉儒學之意。請選館職三兩人，分館閣吏人編寫書籍，其私借出若借之者，並以法坐之。仍請求訪所遺之書。」上乃命置館閣編定書籍官，以祕閣校理蔡抗、陳襄、集賢校理蘇頌、館閣校勘陳繹等四人，分昭文、史館、集賢、祕閣書而編定之，令不兼他局，二年一代。其後又置編校官四人，以崇文總目收聚遺逸、刊正訛謬而補寫之，又以黄紙寫别本以絶蠹敗。至嘉祐六年，三館、祕閣上所寫黄本書六千四百九十六卷，補白本書二千九百五十四卷。上賜兩府及館閣官燕於崇文院，宰相韓琦等刻石記於院之西壁〔三〕。【卷二之一七】

〔一〕按：此處所載編排官知制誥宋郊（即宋庠，其初名郊，後改庠），長編卷一一四及玉海卷五二均作宋祁。然據宋史卷二八四庠及祁本傳：庠景祐中爲翰林學士知制誥，寶元中加右諫議大夫爲參知政事；祁則於慶曆元年庠初罷參政時出知壽州，徙陳州，代還始知制誥。且慶曆元年崇文總目修成之際，推恩人中亦有宋庠而無宋祁。疑當從本書，以作宋郊爲是，皇宋事實類苑卷三一引蓬山志亦作宋郊。並參輯本卷二之一四及其校證〔一二〕。

〔二〕三年十月　「三」字處原本模糊，似作「二」，今據長編卷一一九補書「三」字。

〔三〕宋會要崇儒四之七——九：「嘉祐四年二月，置館閣編定書籍官。以祕閣校理蔡抗（『抗』原作『杭』，據長編等改。下同）、陳襄、集賢校理蘇頌、館閣校勘陳繹，分史館、昭文館、集賢院、祕閣書而編定之。初，右正言吳及言：『祖宗更五代之弊，設文館以待四方之士，而卿相率繇此進，故號令風采，不減漢、唐。近年（「年」原作「古」）用内臣監館閣書庫，借出書籍，亡失已多，又簡編脱落，書史（疑爲「吏」之誤）補寫不精，非國家崇嚮儒學（「學」原作「生」）之意。請選館職三兩人，分館閣人吏編寫書籍，其私借出與借之者，並以法坐之。仍請重訪所遺之書。』因命抗等。令不兼他局，二年一出之。六月，又益置編校官，每館二員，給太官食，公使錢十千（『錢』字原脱）。及二年者，選人、京官除館閣校勘，朝官除校理。」

六年「十二月，三館、祕閣上寫黃本書六千四百九十六卷，補白本書一千九百五十四卷。二十二日，遣中使詔中書、樞密院合三館、祕閣官屬四十一人，賜宴以嘉其勤。先是，白本書歲久多蠹，又多散失，既置官校正補寫，易以黃紙，以絶蠹敗，至是上之。其編校官：昭文館職方員外郎孟恂、大理評事趙彦若、史館集賢校理竇卞、太平州司法參軍曾鞏、集賢院國子監直講錢藻，祕閣館閣校勘孫洙、國子監直講孫思恭；校定：小學太常博士張次立。自置局以來，歷差太常博士陳洙、太子中允王陶、國子博士傅卞、都官員外郎龔鼎臣、國子監説書鄭穆、屯田員外郎王獵、宣州太平縣令孫覺、屯田員外郎丁寶臣、揚州司理參軍沈括、宣州涇縣主簿林希、國子監直講顧臨、祕閣校理李常、史館校勘王存、著作佐郎呂惠卿、知睦州壽昌縣事梁燾；崇文院校書王安國亦造補四館之職。至熙寧中罷局。」

按：以上並參本書輯本卷三之一〇及長編卷一八九、一九五、二六〇並玉海卷五二。其罷局在熙寧八年二月，時距始校之嘉祐四年二月已一十六年。其間於嘉祐八年在校畢昭文館之書後曾一度中斷，見下條校證〔三〕。

嘉祐五年八月壬申，詔曰：「國家承五代之後，簡編散落，建隆之初，三館聚書僅纔萬卷。祖宗平定列國，先收圖籍，亦嘗分遣使人，屢下詔令，訪募異本，補緝漸至。景祐中，嘗詔儒臣校定篇目，譌謬重複，並從删去。朕聽政之暇，無廢覽觀，然以今祕府所藏比唐開元舊録，遺逸尚多。宜開購賞之科，以廣獻書之路。應中外士庶之家，並許上館閣所闕書，每卷支絹壹疋，及五百卷，特與文資安排。」〔一〕帝既擇士編校館閣書籍，訪遺書於天下，以補遺亡，又謂輔臣曰：「宋、齊、梁、陳、後周、北齊書，世罕有善本，未行之學官。可委編校官精加校勘。」自是訪得衆本，校正訛謬，遂爲完書，模本而行之〔二〕。

寶元二年，上嘗集天地辰緯雲氣雜占凡百五十六篇，離三十門，爲十卷，號寶元天人祥異書，召輔臣於太清樓出而示之，命藏於祕閣〔三〕。

嘉祐七年六月丁亥，祕閣上補寫御覽書籍。先是，判閣歐陽脩言：「祕閣初爲太宗藏書之府，並以黄綾裝褾，謂之太清本。後因宣取入内，多留禁中，而書頗不完。請降舊本，令補寫之。」遂詔龍圖、天章、寶文閣、太清樓管勾内臣檢所闕書，募工於門下省謄録。至是上之〔四〕。

熙寧中，宋敏求言：「三館、祕閣藏書雖博，類多訛舛，請以班固藝文志據所有，下諸路購善本校正，然後以漢志、唐志篇目讎校，取其可傳後者，餘悉置之。」然不果行〔五〕。

【卷二之一八】

〔二〕按：嘉祐五年八月詔，今見於宋會要崇儒四之一八——一九及長編卷一九二。其末句「特與文資安排」，會要作「特與文武資內安排」，長編作「與文資官」，互有異同。疑當從會要。會要於詔下又云：「先是，諫官吳及乞降三館、祕閣書目付諸郡長吏，於所部訪求遺書，故有是詔。」又載：六年「十二月，詔兩制看詳天下所上應募之書，擇其可取者付編校官覆校，寫充定本。編校官常以一員專管勾定本。」

〔三〕宋會要（同上）：嘉祐「六年八月，詔三館、祕閣校宋、齊、梁、陳、後魏、後周、北齊七史，有不完者訪求之。」

皇宋事實類苑卷三一引蓬山志：「仁宗謂輔臣曰：『宋、齊、梁、陳、後魏、後周、北齊書罕有善本，未行之學官，可委編校官精加校勘。』八月，命編校書籍孟恂、丁寶臣、鄭穆、趙彥若、錢藻、孫覺、曾鞏校宋、齊、梁、陳、後魏、北齊、後周七史。恂等言：『梁、陳等書缺，獨館所藏，恐不足以定本。願詔京師及州縣藏書之家，使悉上之。』仁宗皇帝爲下其事，七年冬稍稍始集，然後校正訛舛，爲完書刊本行之。」

玉海卷四三：「嘉祐七年十二月，詔以七史板本四百六十四卷送國子監鏤板頒行。惟開寶所修五代史未布，以俟筆削。』「八年七月，陳書始校定。」

按：據右所録諸書所載，仁宗詔校前史係嘉祐六年八月事；而所校凡七史，與本書作六史不同，當是傳抄者誤脱「後魏」二字。長編卷一九四所載同會要。

〔三〕此處自「寶元二年」以下内容，輯本爲卷二之一三。

〔四〕宋會要崇儒四之九：嘉祐「七年三月，詔參知政事（歐陽修）提舉三館祕閣寫校書籍。六月，祕閣上補寫御覽書籍。先是，判閣歐陽修言：『祕閣初爲太宗藏書之府，並以黄綾裝之，謂之太清本。後因宣取入内，多留禁中，而書頗不完。請降舊本，令補寫之。』遂詔龍圖、天章、寶文閣、太清樓管勾内臣檢所闕書録本，於門下省謄寫。至是上之，賜判閣范鎮及管勾補寫官銀絹有差。十二月，詔以所寫黄本書一萬六百五十九卷、黄本印書四千七百三十四卷悉送昭文館，七史板本四百六十四卷送國子監。以校勘功畢，明年遂罷局。」（按文中「並以黄綾裝之」，長編卷一九六、玉海卷五二作「裝潢」，均與本書作「裝裡」字不同。疑「裡」字當作「褙」。）

又夢溪筆談卷一：「前世藏書，分隷數處，蓋防水火散亡也。今三館、秘閣凡四處藏書，然同在崇文院。其間官書多爲人盜竊，士大夫家往往得之。嘉祐中，置編校官八員，雜讎四館書，給史百人，悉以黄紙爲大册寫之，自此私家不敢輒藏。校讎累年，僅能終昭文一館之書而罷。」此可與會要所載互參。

〔五〕宋會要職官一八之三：熙寧「四年十月二十九日（長編卷二二八以敏求轉對日載在十一月一日），集賢院學士史館修撰判祕閣宋敏求言：『伏見前代崇建册府，廣收典籍，所以備人君覽觀，而化成天下。今（原作「令」）三館、祕閣各有四部書，分經史子集，其書類多訛舛，雖累加校正，而尚無善本。蓋校讎之時，論者以逐館幾四萬卷，卷數既多，難爲精密，務在速畢，則每秩止用元寫本一再校而已，更無兼本照對，故藏書雖多，而未及前代也。臣欲乞先以前漢書藝文志内所有書廣求兼本（「兼」字原脱，據長編補），令在館供職官重復校正，既畢，然後校後漢時諸書。竊緣戰國以後，及於兩漢，皆是古書，文義簡奥，多有脱誤，須要諸本參定。欲乞依昨來七史例，於京師及下諸路藏書之家借本繕寫送官，俟其究精（長編、通考「究」作「已」），以次方及魏、晋，次及齊、宋以下；至唐，則分爲數等，取其堪者（通考作「堪傳者」）則校正，餘皆置之，庶幾祕府文籍，得以完善。』事竟不行。」

政和四年，措置點檢祕書省官言：三館、祕閣自崇寧四年借出書籍，未還者四千三百二十八册、卷，久不拘收。詔自今省官取借書籍，並申本省長、貳判狀權借，依限拘收。時三館、祕閣書所存三萬三千一百四十九册、軸而已〔一〕。至宣和初，提舉祕書省官遂建言置補完御前書籍所於祕書省〔二〕，稍訪天下之書，以資校對。以侍從官十人爲參詳官，餘官爲校勘官；又進士以白衣充檢閱者數人，及年，皆命以官。事未畢而國家多故矣〔三〕。

【卷二之一九】

〔一〕按：此處所載點檢措置祕書省官言，疑出蔡攸之奏。宋會要職官一八之一五載：「政和四年四月十四日，龍圖閣學士提舉禮泉觀使兼侍讀編修國朝會要詳定九域圖志充編類御筆禮制局詳議官蔡攸奏：『伏見祕閣所藏祖宗實録、國史，所有真宗正史與仁宗英宗神宗哲宗正史、實録並闕，乞詔國史院，祕閣見闕國史、實録各繕寫一部，頒付本閣收藏，仍不許本省官及諸處關借抄録，雖暴曬、點校，亦不得輒將擎下閣。』」同日，蔡攸又奏進祕書省校補書籍考課之制，其中亦言及關防書籍條法等事（詳見校證〔二〕）。故疑本條所載亦蔡攸當日奏中之語。其詳待考。

又南宋館閣録卷三引中興會要：「紹興元年四月十四日，詔祕閣書除供禁中外，並不許本省官及諸處關借，雖奉特旨，亦不許關借。」「二十七年十一月二十九日，詔祕書省書籍除本省官關請就省校勘外，依舊制，並并不許諸處借出，長、貳常切覺察。」此南宋初借書制度，較政和以後又有所加嚴。

按：徽宗朝館閣儲藏及圖書搜訪資料，本書闕載甚多，今並就宋會要所載續國朝會要之文節録數條附於此，以見當時圖籍收儲之大概——

「徽宗崇寧二年五月四日，詔兩淛（即『浙』字）、成都府路有民間鏤板奇書，令漕司取索送祕書省。」（崇儒四之一九）

大觀「四年五月七日，祕書監何志同奏：『漢著七略，凡爲書三萬三千九十卷（「九十」或作「九百」），隋所藏至三十七萬卷，唐開元間亦不下八萬九千六百卷。慶曆間嘗命儒臣集四庫爲籍，名之曰崇文總目，凡三萬六百六十九卷。慶曆距今未遠也，試按籍而求之，十纔六七，號爲全備者不過二萬餘卷，而脱簡斷編，亡散闕逸之數寖多。謂宜及今有所搜採，視慶曆舊録有未備者，頒其名數於天下，委逐路漕臣選文學博雅之士，加意搜訪。總目之外別有異書，並許借傳，或官給筆札，即其家傳之，就加校定，上之册府。此外更有諸處印本及學者自著之書，臣僚私家文集，願得藏之祕府者，皆許本省移文所屬印造取索。』」（職官一八之一四——一五及崇儒四之一九）

「政和二年七月十七日，祕書少監趙存誠言：『諸道取訪遺書，乞委監臣總領，庶天下之書，悉歸秘府。』從之。」（崇儒四之一九）

宣和四年四月十八日,「詔:朕惟祕閣古號藏室,爰自書契以來,河洛之文,三墳五典、八索九丘之書,下至諸子百家之説,收羅藴崇,皆存不廢。若乃綜理經籍,考合異同,與夫掌邦典方志之職官,悉備焉。粤我太宗皇帝底定區宇,作新斯文,屢下詔書,訪求亡逸,册府四部之藏,庶幾乎古。歷歲寖久,有司翫習,多至散缺;私室所闕,世或不傳。豈宜承平,尚有闕典?可令郡縣諭旨訪求,許士民以家藏書所在自陳,不以卷秩多寡,先具篇目申提舉祕書省以聞,聽旨遞進。可備收録,當優與支賜;或有所祕未見之書,有足觀采者,即命以官,議以崇奬,其書録畢即還。若率先奉行,訪求最多州縣,亦以名聞,庶稱朕表章闡繹之意。令禮部疾速遍牒施行。」(職官一八之二四及崇儒四之一九——二〇。按二者所載互有詳略,今參照通考卷一七四合併轉録)

「五月六日,提舉祕書省言:『三代以來,古文奇字見於鍾鼎銘識,至若紀述一時之事,亦著在金石遺刻。願請諸路博訪。』從之。」(職官一八之二四)

宣和「五年二月二日,提舉祕書省言:『奉旨搜訪士民家藏書籍,悉上送官,參校有無,募工繕寫,藏之御府。近滎州助教張頤進五百四卷,開封府進士李東進六百卷,與三館、祕閣參校,内張頤二百二十一卷、李東一百六十二卷,委係闕遺,乞加褒賞。』詔張頤賜進士出身,李東補迪功郎。」

「七年四月九日,提舉祕書省言:『取索到王闐等家藏書,與三館、祕閣見管帳目比對到所無書六百五十八部,一千五十一册、軸,計二千四百一十七卷,及集祕書省官校勘得並係善本。看詳逐人家藏書籍,比前後所進書數稍多。』詔王闐補承務郎,張宿補迪功郎。」(崇儒四之二〇)

〔二〕提舉祕書省官 「祕」字原脱，據宋會要（見校證〔三〕）補。

〔三〕按：宣和間置局校書始末，今略見於宋會要崇儒四之一二——一三，其文如下——

「宣和初，提舉祕書省官建言置補完御前書籍所於祕書省，稍訪天下之書，以資校對。以侍從官十人爲參詳官，餘官爲校勘官；又進士以白衣充檢閲者數人，及年，皆命以官。」

「四年四月十八日，詔：三館圖書之富，而歷歲滋久，簡編脱落，字畫訛舛，較其卷秩，尚多逸遺，甚非所以崇儒右文之意。廼命建局，以補完校正文籍爲名，設官綜理，募工繕寫，一置宣和殿，一置太清樓，一置祕閣，仍俾提舉祕書省官兼領其事。凡所資用，悉出内帑，毋費有司，庶成一代之典。（此詔參見職官一八之二四）」

「六年四月七日，詔殿中監察行户部侍郎王義叔並兼校正御前文集。九月十九日，詔減罷校正御前文籍官吏，校勘官、校正官、對讀官各減一年磨勘。内吕晝進書已減一年磨勘，並今來減年恩例與轉一官；任況進書已減一年磨勘，並今來減罷恩例許赴將來殿試。使臣、專副依省員法施行。中書省請併補完校正御前文籍，併歸祕書省，祇用館職校勘，少監充校勘官，校書郎、正字充初校正官，丞、郎、著作佐郎充覆校正官；詳定官十員，管勾一員，並依舊；對讀官於校正、對讀官内通留十員。其餘合留人數，取押綾紙等使臣四人，點檢文字一人，手分二人，楷書六人，專副二人，對算二人，通引官二人，庫子庫司八人，兵士五十人。和雇人據合用數逐旋和雇。從之。」

按：有關北宋館閣校勘暨徽宗朝校書的具體制度，本書闕載亦多，此下校讎篇亦未有記録。宋會要職官一八之一五——一六載有政和間蔡攸奏，所述較詳，今附録於此——

政和四年四月十四日，蔡攸奏：『本省官校勘書籍，元承朝旨，令長、貳總領，丞、著作郎、祕書郎、著作佐郎、校書郎、正字每員日校書籍册葉背面二十一紙，以經史子集次序成部分校；仍逐官各置課程簿一面，將校過書籍上簿，十日一次具校過書籍名件、册葉申省抄上都課程簿，委長、貳點檢，至月終類聚申尚書省。今點檢本省雖有都課程簿，從來不曾抄轉，如此無繇關防校過功課。今欲乞令祕書省依已降指揮，在省官各印給課程簿一面，經籍按季專差人吏掌管，據在省官每旬校過書籍名件、葉數抄上都課程簿，委長、貳點檢，至月終攢類都數申尚書省。所有課程簿如不抄轉，其掌管人吏從杖一百科罪，官員具名申尚書省，仍許御史臺及季點官取索點檢。又契勘祕書省見補完三館、祕閣書籍，元得朝旨，先自昭文館爲始，續補祕閣等。臣看詳所補書籍，合先將諸庫所有門類考校少剩相補外，據所闕數補完。如昭文經史庫闕書，而集賢院經史庫有二部，即可以互相補完，更不須書寫。今相度欲乞委祕書省先將三館、秘閣諸庫帳内部秩考校多寡，除留一部收藏本館外，餘均以次闕書館分互相補填訖，其尚有闕數，即依已降朝旨，先自昭文館爲始，續補以次館分。内有印板者即補印，更不抄寫。如此不惟減省功力，庶免重複。又契勘祕書省所隸昭文、史館、集賢、祕閣所管職事關防書籍之類，各有奉行條令，自來併修入祕書省法，本省從來不曾釐析，亦不曾謄寫下諸處，致防（疑當作「妨」）檢用，顯未允當。欲乞令祕書省將昭文、史館、集賢、祕閣合用條令抄録成册，頒降諸處遵守實行。』並從之。」

校讎

淳化五年七月，詔選官分校史記、前後漢書。虞部員外郎崇文院檢討兼祕閣校理杜鎬、屯田員外郎祕閣校理舒雅、都官員外郎祕閣校理吴淑、膳部郎中直祕閣潘慎脩校史記，度支郎中直祕閣朱昂再校；又命太常博士直昭文館陳充、國子博士史館檢討阮思道、著作佐郎直昭文館尹少連、著作佐郎直史館趙況、著作佐郎直集賢院趙安仁、將作監丞直史館孫何校前後漢書。既畢，遣内侍裴愈賫本就杭州鏤版〔一〕。【卷二之二〇】

〔一〕按：此條今見於宋會要崇儒四之一，所載諸人職官較本書爲略。

咸平三年十月，詔選官校勘三國志、晋書、唐書。以光禄少卿直祕閣黄夷簡、太僕少卿直祕閣錢惟演、都官郎中直史館劉蒙叟、駕部員外郎崇文院檢討直祕閣杜鎬、太常丞直集賢院宋臯、著作佐郎祕閣校理戚綸校三國志，又命鎬、綸與虞部員外郎史館檢討董元亨、祕書丞直史館劉鍇詳校；兵部員外郎直昭文館許衮、刑部員外郎直昭文館陳充校晋書，黄夷簡續預焉，而鎬、綸、鍇詳校如前；金部郎中直昭文館安德裕、屯田郎中直昭文館句中正、主客員外郎直集賢院范貽永、殿中丞直史館王希逸洎董元亨、劉鍇同校勘唐書。宫苑使劉承珪領其事，内侍劉崇超同之。五年校畢，送國子監鏤版，校勘官賜銀帛有差，鍇特賜緋魚袋〔一〕。四年九月，翰林侍讀學士國子祭酒邢昺、直祕閣杜鎬、祕閣校理舒雅、直集賢院李維、諸王府侍講孫奭、殿中丞李慕清、大理寺丞王煥、劉士玄、國子監直講崔偓佺表上重校定周禮、儀禮、公羊、穀梁傳、孝經、論語、爾雅七經疏義，凡一百六十五卷，命模印頒行，賜宴於國子監，昺加中散大夫，鎬等並遷秩。至景德二年九月，又命侍講學士邢昺、兩制詳定尚書、論語、孝經、爾雅錯誤文字，以杜鎬、孫奭被詔詳校，疏其謬誤故也〔二〕。

【卷二之二】

〔二〕以上文字今見於宋會要崇儒四之二，而所載諸人職官亦較本書爲略，且脱去「洎董元亨」至「同之」二十七字。會要於「鍇時賜緋魚」下又云：「初，詔校晉書，或謂兩晉事多鄙惡，不可流行者，帝以語宰臣。畢士安對曰：『惡以戒世，善以勸後，善惡之事，春秋備載。』帝然之，故命刊刻。惟唐書以淺謬疏略，且將命官别修，故不令刊板。」又，范貽永，會要作范貽孫。

〔三〕以上自「四年九月」以下，輯本爲卷二之三。

咸平中，真宗謂宰相曰：「太宗崇尚文史，而三史版本，如聞當時校勘官未能精詳，尚有謬誤，當再加刊正。」乃命太常丞直史館陳堯佐、著作郎直史館周起，光禄寺丞直集賢院孫僅、丁遜覆校史記。尋而堯佐出知壽州，起任三司判官，又以著作佐郎直集賢院任隨領其事。景德元年正月校畢，任隨等上覆校史記並刊誤文字五卷，詔賜帛有差。又命駕部員外郎直祕閣刁衎、右司諫直史館晁迥與丁遜覆校前後漢書版本，迥知制誥，又以祕書丞直史館陳彭年同其事。至二年七月，衎等上言：「漢書歷代名賢競爲注釋，是非互出，得失相參，至有章句不同，名氏交錯，苟無依據，皆屬闕疑。其餘則博訪羣書，偏觀諸本，儻非明

白，安敢措辭！雖謝該通，粗無臆説。凡修改三百四十九，簽正三千餘字，録爲六卷以進。」賜衎等器幣有差〔二〕。【卷二之二二】

〔二〕按：本條文字，宋會要崇儒四之一接於淳化五年七月太宗詔校三史條後，不作兩條，而所録於諸人職官及刁衎等上言亦有所節略。其任隨等上「刊誤文字五卷」，會要作「差務文字」，疑係誤書，玉海卷四三亦作「刊誤」，皇宋事實類苑卷三一引蓬山志作「差誤」。又刁衎等上言中，「是非互出」及「偏觀諸本」，本書「互」原作「玄」、「偏」原作「揄」，當係傳抄之訛，今並據會要改正。又會要於「賜器幣有差」下又載：「今之行者，止是淳化中定本，後雖再校，既已刻板，刊改殊少。」

景德元年三月丁酉，光禄少卿直祕閣黄夷簡等上校勘新寫御書凡二萬四千一百六十二卷，賜緡帛有差。校勘官前大名府館陶縣尉劉筠等六人並授大理評事祕閣校理〔一〕。【卷二之二三】

〔一〕此條參本卷第十一條校證〔一〕。

大中祥符元年六月，崇文院檢討杜鎬等校定南華真經摹刻板本畢，賜輔臣人各一本。五年四月，崇文院上新印列子沖虛至德真經，詔賜親王、輔臣人一本。景德中，朝謁諸陵，路經列子觀，詔加至德之號，又命官校正其書。至是刊版成，賜校勘官金帛有差。二年二月，諸王府侍講兼國子監直講孫奭言：「莊子注本，前後甚多，唯郭象所注特會莊生之旨，請依道德經例，差館閣衆官校定，與陸德明所撰莊子釋文三卷雕印。」詔奭與龍圖閣待制杜鎬等同校定以聞。已而言者以謂國學板本爾雅釋文頗多舛誤，又命鎬、奭同詳定之。至大中祥符四年，又命李宗諤、楊億、陳彭年等讎校莊子序，模印而行之。蓋先是，崇文院校莊子本，以其序非郭象之文，去之。至是，上謂其文理可尚，故有是命。【卷二之二四】

此條輯本爲卷二之五。

四年八月，選三館、祕閣直官、校理，校勘文苑英華、李善文選，摹印頒行〔一〕。【卷二之二五】

〔一〕宋會要崇儒四之三：景德「四年八月，詔三館、祕閣直館、校理，分校文苑英華、李善文選，摹印頒行。文苑英華以前所編次未精，遂令文臣擇古賢文章重加編録，芟繁補闕換易之，卷數如舊。又令工部侍郎張秉、給事中薛映、龍圖閣待制戚綸、陳彭年校之。李善文選校勘畢，先令刻板，又命官覆勘。未幾，宮城火，二書皆盡。至天聖中，監三館書籍劉崇超上言：『李善文選援引該贍，典故分明，欲集國子監官校定净本，送三館雕印。』從之。天聖七年十一月板成，又命直講黄鑑、公孫覺校對焉。」

按：本書此條不書年號，竟似大中祥符四年事，誤，應與上條互換位置；且所載過簡，似傳抄有脱漏。文苑英華編纂校勘始末詳參輯本卷二之一及其校證。

八年十二月〔二〕，詔樞密使王欽若都大提舉抄寫校勘三館、祕閣書籍，翰林學士陳彭年副之。先是，十月丙午，令吏部銓選幕職州縣官有文學者赴三館、祕閣校勘書籍。初，館閣書籍以其夏延火，多復闕略，故命購本抄寫。因命吏部取常選人狀，先試判三節，每節百五十字以上，仍擇可者〔三〕，又送學士院試詩、賦、論，命入館校勘，凡三年改京朝官；亦有特命校勘者。京官校勘若三年，皆奏授校理。大理評事晁宗慤改官及校勘皆三年，遂令先轉官，後又一年與校理。自是校勘官遂皆四年授校理，自宗慤始也〔三〕。時彭年又起請以直館、校理及吏部試中選人分爲校勘官〔四〕；又令翰林學士晁迥、李維、王曾、錢惟演，知制誥盛度、陳知微，於館閣、京朝官中各舉服勤文學者一人爲覆校勘官。迥等遂以左正言集賢校理宋綬、著作郎直集賢院徐奭〔五〕、太子中允直集賢院麻温其、著作佐郎集賢校理晏殊、大理評事崇文院檢討馮元充選。凡校勘官校畢，送覆校勘官覆校；既畢，送主判館閣官點檢詳校。復於兩制擇官一二人充覆點檢官，俟主判館閣官點檢詳校訖，復加點檢。皆有程課，以考其勤惰焉。【卷二一之二六】

〔一〕八年十二月　本卷第十四條作「九年正月」，與此稍異。按：此條文字，俱見於宋會要崇儒四之四——五、長編卷八五注及皇宋事實類苑卷三一，諸書皆同本書作「八年十二月」，不作「九年正月」。其內容當與第十四條互參。

〔二〕仍擇可者　「仍」原作「成」，據宋會要改。長編無此字。

〔三〕按：晁宗慤之名此處凡兩見，原本均誤作「宗懿」，並據會要及長編改。

〔四〕分爲校勘官　「校勘」上原有「校理」二字，亦據會要及長編並比照上下文刪。

〔五〕著作郎直集賢院徐奭　「著作郎」諸字會要不載，長編作「著作佐郎」，未詳孰是。又徐奭無考，疑爲孫奭之誤（今本會要作孫奭，而長編所引亦會要之文，乃作徐奭，與本書合。疑會要舊文有誤）。

九年三月，加王欽若檢校太師，又加兵部郎中直史館張復、祠部員外郎直集賢院祁暐階勳，賜度支員外郎直集賢院錢易、太常博士祕閣校理慎鏞緋魚，皆預校道藏故也。是日，曲宴賞花於後苑，上作五言詩，從臣咸賦，因射於太清樓下。【卷二之二七】

此條輯本爲卷二之八。文中「王欽若」上原脱「加」字，「祁暐」原誤「初暐」，均據輯本補改。

天聖二年六月，詔右正言直史館張觀、太常博士集賢校理王質、晁宗慤、祕閣校理陳詁、光禄寺丞集賢校理李淑、館閣校勘彭乘、國子監直講公孫覺校勘南北史、隋書，及令左司郎中知制誥宋綬、吏部員外郎龍圖閣待制劉燁提舉之〔一〕。【卷二之二八】

〔一〕按：此條今見於宋會要崇儒四之六，所載諸人職官較本書爲略。其下又云：「綬等請就崇文内院校勘，成，復徙外館。又奏國子監直講黄鑑預其事。隋書有詔刊板，内出板樣示之，三年十月板成。南北史大中祥符中祕閣校理劉筠常請刻板，未成。又有天和殿御覽四十卷，乾興初，令侍讀學士李維、晏殊取册府元龜撮其善美之事爲之，至是成，亦令刻板，命祕閣校理陳詁校勘。」（天和殿御覽事又見玉海卷五四）

又據皇宋事實類苑卷三一引蓬山志：「景祐元年四月，命直史館宋祁、祕閣校理張觀、館閣校勘胡宿、張宗古覆校南北史。」其校畢日期未詳。

天聖三年六月，詔館閣校勘官太常少卿直昭文館陳從易降直史館，太常博士集賢校理聶冠卿、光禄寺丞集賢校理李昭遘並罷職，坐校勘太清樓書舛互故也〔一〕。【卷二之二九】

〔一〕按：此條今見於宋會要崇儒四之六，所載諸人職官亦較本書爲略。其下又云：「初，寫館閣書詔借太清樓本。既成，復還，多有污損，遂令留爲三館本，本别寫送太清樓。是歲功畢上之。及覽十代興亡論，差謬尤甚，遂有是命。自餘校勘官第賜金帛。」又長編卷一〇三：「從易等校太清樓所藏十代興亡論，字非舛誤而妄塗竄，以爲日課，上因禁中覽之，故及於責。」所載與會要詳略不同，可以互參。

景祐二年九月，詔翰林學士張觀等刊定前漢書、孟子下國子監頒行。議者以謂前代經史，皆以紙素傳寫，雖有舛誤，然尚可參讎。至五代，官始用墨版摹六經，誠欲一其文字，使學者不惑。至太宗朝，又摹印司馬遷、班固、范曄諸史，與六經皆傳，於是世之寫本悉不用。然墨版訛駮，初不是正，而後學者更無他本可以刊驗。會祕書丞余靖建言前漢書官本差舛，請行刊正，因詔靖及王洙盡取祕閣古本對校，踰年，乃上漢書刊誤三十卷。至是，改舊摹版以從新校。然猶有未盡者，而司馬遷、范曄史尤多脱略，惜其後不復有古本可正其舛繆者云。明年，以校勘史記、漢書官祕書丞余靖爲集賢校理，大理評事國子監直講王洙爲史館檢討，賜詳定官翰林學士張觀、知制誥李淑、宋郊器幣有差。【卷二之三〇】

此條輯本爲卷二之一一。首句「景祐二年九月」，「二」字原闕書上面一横，今據長編卷一一七及玉海卷五二參補。並參輯本校證。

景祐三年十月乙丑，御崇政殿觀三館、祕閣新校兩庫子集書，凡萬二千餘卷。賜校勘官并管勾使臣、寫書吏器幣有差。是日，賜輔臣、兩制、館閣官宴於崇文院。【卷二之三一】

此條輯本爲卷二之一二。首句「景祐三年十月乙丑」，「十月」二字原脱，亦據長編等補。見輯本校證。

按：本書此篇止於景祐三年十月，當有脱佚。皇宋事實類苑卷三一所引蓬山志之文，於景祐三年後尚有同類資料數條，内容不見於本書輯本及殘本。今一并補録於左——

「景祐三年十一月，命太子中允集賢校理嵇穎（『穎』字處原注『闕』，據玉海補）、大理寺丞館閣校勘胡宿重校地理書。」（按：所言「地理書」，主要指後來成書之皇祐地里新書）玉海卷一五載其始末云：「初，真宗朝史序等撰乾坤寶典四百五十篇，其三十篇地里也。其書叢謬。景祐三年六月己酉，命嵇穎、胡宿重校陰陽地理書，五年而畢。司天少監楊惟德等別修成三十篇，賜今名。皇祐五年（原注：書目云三年）正月癸亥（原注：一本甲戌），復命知制誥王洙提舉修纂地理圖書，直集賢院掌禹錫、著作劉羲叟刪修。嘉祐元年十一月書成三十卷上之，賜名地里新書。賜洙等器幣。」其書「首以城邑、營壘、府寺、郵傳、市宅、衢街爲地事二十篇，次以冢穴、埏門、道陌、頃畝爲葬事十篇，地圖一篇，目録一卷，成三十二篇。」）

「哲宗朝，臣僚言：『竊見高麗獻到書内，有黄帝鍼經九卷。據素問序稱，漢書藝文志黄帝内經十八篇，素問與此書各九卷，乃合本數。此書幾經兵火，散失幾盡，偏存於東夷。今此來獻，篇帙具存，不可不宣布海内，使學者誦習。伏望朝廷詳酌，下尚書工部雕刻印板，送國子監依例摹印施行。所貴濟衆之功，溥及天下。』有旨，命祕書省選奏通曉醫書官三兩員校對，及令本省詳定訖，依所奏施行。」

「舊制，每日校對書籍功，册葉背面二十一紙，三館都監於每月終具逐員功課聞奏。自嘉祐中置編校書籍，此制遂廢。元祐六年復著爲令。又按六典：考工之職二十七最，十曰讎校精審，明於刊定，爲校定之最。乞以月終所奏，降付考功。詔依。紹聖四年四月，尚書省勘會館職：每月校對書籍已有條制，立定功課，即不須逐旋奏聞。其考功自來別無行遣，顯屬繁冗。奉聖旨，元祐六年指揮不施行。」

麟臺故事卷三下

紹興元年七月朝請郎試祕書少監程俱記

修纂

國史

修纂

太平興國七年九月〔一〕，詔翰林學士承旨李昉、翰林學士扈蒙、給事中直學士院徐鉉、中書舍人宋白，知制誥賈黄中、吕蒙正、李至，司封員外郎李穆、庫部員外郎楊徽之、監察御史李範、祕書丞楊礪，著作佐郎吴淑、吕文仲、胡汀，著作佐郎直史館戰貽慶、國子監丞杜鎬、將作監丞舒雅等閲前代文集，撮其精要，以類分之，爲文苑英華。其後李昉、扈蒙、吕蒙正、李至、李穆、李範、楊礪、吴淑、吕文仲、胡汀、戰貽慶、杜鎬、舒雅等並改領他任，續命翰林學士蘇易簡、中書舍人王祐、知制誥范杲〔二〕、宋湜，與宋白等共成之。雍熙三年上之，凡一千卷。【卷三之一】

此條輯本爲卷二之一，文字較此稍有減略。

〔二〕「太平興國七年九月」　原作「淳化七年九月」，顯誤。淳化止五年，無「七年」；且淳化年號晚於雍熙，尤不得進書在前，詔修反居其後。今據輯本及宋會要等改正。

〔三〕范杲　「杲」原作「果」，亦據輯本宋會要等改正。

咸平三年十月，命翰林學士承旨宋白、起居舍人知制誥李宗諤修續通典，以祕閣校理舒雅、直集賢院李維、石中立、王隨爲編修官，直祕閣杜鎬爲檢討官。四年九月成二百卷上之，詔付祕閣，仍賜宴以勞之，賜器幣有差。先是，淳化中，太宗命翰林學士蘇易簡與三館文學之士撰集此書，會易簡等各涖他務，尋罷其事。至是，復詔成之。【卷三之二】

此條輯本爲卷二之二。

景德二年九月，命刑部侍郎資政殿學士王欽若、右司諫知制誥楊億修歷代君臣事迹。欽若等奏請以太僕少卿直祕閣錢惟演、都官郎中直祕閣龍圖閣待制杜鎬、駕部員外郎直祕閣刁衎、户部員外郎直集賢院李維、右正言祕閣校理龍圖閣待制戚綸、太常博士直史館王希逸，祕書丞直史館陳彭年、姜嶼、太子右贊善大夫宋貽序、著作佐郎直史館陳越同編修。

初令惟演等各撰篇目，送欽若等參詳。欽若等又自撰集上進，乃以欽若等所撰爲定，有未盡者奉旨增之。又令宫苑使勝州刺史同勾當皇城司劉承珪、内侍高品監三館祕閣圖書劉崇超典掌。編修官非内殿起居當赴常參者免之，非帶職不當給實俸者特給之，其供帳飲饌皆異於常等。

明年，真宗幸崇文院閲新編君臣事迹，王欽若、楊億以其草數卷進呈，上覽之，命億指述起例、編附門目之意。上曰：「卿等編閲羣書，用功至廣，舊稱御覽、廣記，此書尤更不同。」億曰：「御覽止載故實，而無善惡之别，廣記止是小説瑣語，固與此書有異。」上因喻以著書難事，尤當盡心者。其編修次序有未允者，親改正之，且曰：「朕編此書，欲著明歷代君臣德美之事，爲將來法，至於開卷覽古，亦有資於學者。」自後日以草藁二卷進御，上覽之，翼日必條其誤而諭之，以謂：「前代詔令，皆事出於一時，必有所爲而作。今悉除之，即不見本意，尤當區别善惡，務在審正。苟前史褒貶不當，及詔勑釐革時事，當時因權臣專恣，挾愛惡而爲者，亦辨悉於後，庶覽之即明邪正。修書若貴速成，必難精要。大業末撰著尤多，而罕傳者，豈非蕪雜之甚邪？此書本欲存君臣鑑戒，所以經史之外，異端小説咸所不取。每篇撰序以冠其首，深可爲之興法。今所著序，皆引經史，頗盡體要，然於戒勸，或有未盡。如直諫門但旌讜直，若帝王飾非拒諫，苟不極言，即爲邦國之患，褒之可矣；若國家常務，偶有闕失，又帝王率情違法，或以言比諷，致有感悟，即爲美事；苟亟加暴揚，使惡歸於君，顯聞於世，而賣己直，非忠臣也。」因賜編修官器帛、書吏等緡錢有差。

初命欽若、億等編修，俄又取祕書丞陳從易、祕閣校理劉筠。及希逸卒，貽序貶官，又取直史館查道、太常博士王曙，後復取直集賢院夏竦。又命職方員外郎孫奭注撰音義。凡九年，至大中祥符六年成一千卷上之。總三十一部，部有總序，一千一百四門，門有小序，又目録、音義各十卷。上覽久之，賜名册府元龜，召欽若等賜坐。欽若等表請製序；上謙挹再三，輔臣繼請，從之。

丙子，詔樞密使王欽若、翰林學士陳彭年、李維，龍圖閣學士杜鎬、知制誥錢惟演、龍圖閣待制孫奭、查道各賜一子官；以太常少卿楊億爲祕書監，依前分司西京；刑部郎中直祕閣刁衎爲兵部郎中；祠部員外郎直史館姜嶼爲度支員外郎；祕書丞直集賢院夏竦爲左正言，依前充職殿中丞；祕閣校理劉筠爲右正言直史館。並賜器幣有差，賞編修之勞也。

初修書也，每門具草即進，上親覽擿其舛誤，多出手書，或召對指示商略。令宮苑使劉承珪置簿，録修書官課，精勤脱誤者皆條記以奏。上嘗謂王欽若：「比著君臣事迹，皆以經籍爲先。昨覽將帥門止自漢將韓信爲始。」因出尚書嗣（胤）征言「掌六師爲大司馬」，又詩有采薇、出車，皆將帥之事，即以手札付編修官，參取正義修入。二年十月，内出手札賜王欽若等曰：「君臣事迹有門目不相應者，自今令欽若看詳訖署名於卷前，楊億看詳訖署名於卷末，初編、再修官亦署於後，其當否增損悉書之。」所采正經史外，惟取國語、戰國策、韓詩外傳、吕氏春秋、管、晏、韓、孟、淮南子、修文殿御覽。又録婦人事迹爲八十卷，賜名彤管懿範。【卷三之三】

此條輯本爲卷二之四，然僅存首尾，删落殊多。今並以校證入於輯本，此處不再重出。

大中祥符元年，將幸兖州行封禪之禮，龍圖閣待制戚綸請令修圖經官先修東巡所過州縣圖經進内，仍賜中書、樞密、崇文院各一本，以備檢討。從之〔一〕。至四年，將祀汾陰，亦命直集賢院錢易、直史館陳越、祕閣校理劉筠、集賢校理宋綬修所過圖經〔二〕。後朝謁太清宫，亦命官修所過圖經。又命集賢校理晏殊同修〔三〕。【卷三之四】

〔一〕長編卷六八：大中祥符元年四月「戊午，詔東巡取鄆州、臨鄆路赴泰山；禮畢，幸兖州，取中都路還京。先是，自京抵兖州有路二：由曹、單者爲南路，太宗朝嘗置頓於此，由濮、鄆者爲北路。時命王欽若、曹利用由南路，趙安仁、李神福由北路，同赴泰山，計工用之繁簡；且言南路雖近而用功多，北路郵傳有素而功省，故從北路焉。　龍圖閣待制戚綸言：『方修天下圖經，其東封路望令先次修撰，以備檢討。』從之。」

按：真宗朝修州縣圖經自景德間始。玉海卷一四：「景德四年二月乙亥，命學士邢昺、吕祐之、杜鎬、戚綸、陳彭年編集車駕所經古跡。庚辰，真宗因覽西京圖經，有所未備，詔諸路州府軍監以圖經校勘編入古跡，選文學之官纂修校正，補其闕略來上。及諸路以圖經獻，詔知制誥孫僅、待制戚綸、直集賢院王隨，評事宋綬、邵焕校定。僅等以其體製不一，遂加例重修。命翰學李宗諤、知制誥王曾領其事；又增張知白、晏殊，又擇選人李垂、韓羲等六人參其事。祥符元年四月戊午，龍圖閣待制戚綸請令修圖經官先修東封所過州縣圖經進内，仍賜中書、密院、崇文院各一本，以備檢閱。從之。三年十二月丁巳，書成，凡一千五百六十六卷（原注：目録二卷），宗諤等上之，詔嘉奬，賜器幣。命宗諤爲序。又詔重修定大小圖經，令職方牒諸州謹其藏，每閏依本録進。」其書「凡京府二，次府八，州三百五十二，軍四十五，監十四，縣千二百五十三。祥符四年八月十八日，中書門下牒别寫録頒下諸道圖經新本，共三百四十二本。」

又同書卷一五：景德「四年二月己巳，次西京。乙亥，命侍講學士邢昺、侍讀學士吕祐之，龍圖閣待制戚綸、陳彭年編集車駕所經地理古跡以聞。祥符元年八月乙巳，昃等纂成三十卷（原注：一本云六十卷），目曰景德朝陵地里記，詔褒之。又嘗命官撰兩京記，不及成書。景德二年龍圖閣書目地理四百二十一卷。」

又長編卷六六：景德四年八月戊申，命知制誥孫僅、龍圖閣待制戚綸重修十道圖。其書不及成。」

〔二〕長編卷七四：大中祥符三年十二月癸酉，「知雜御史趙湘請依周禮置土訓、誦訓，纂録所經山川古跡風俗，以資宸覽。詔直集賢院錢易、直史館陳越、祕閣校理劉筠、集賢校理宋綬掌其事，每頓進一卷。」按趙湘上言在三年十二月，詔錢易等修書則在四年正月，見玉海卷一四、一五，本書載在四年不誤。玉海又謂其書「賜名土訓纂録」，又引周禮地官注：「土訓謂訓説土地善惡之勢，誦訓能訓説四方所誦習及人所作爲久時事。」又引宋綬傳云：「集所過地志風物故實，每舍止即奏。」

又長編同卷：「自京師往河中府有二路：一由陝州浮梁歷白徑嶺，一由三停渡渡河。司天保章正賈周言：『二路巖險湍迅，不若出潼關，過洛、渭二水，趨蒲津，地頗平坦，雖興工不過數十里。』事下陳堯叟等，請如周所議。而渭水當同州新市鎮，多灘磧，自此稍南而西，紆行十數里，狹處可連舟爲橋；又洛河上易爲浮梁，直抵河中；復以稠桑舊路緣崖西南有峭壁，或霖潦多摧圮，乃徙路自靈寶縣南入虢州路，至函谷關，與漢武廟前舊路相合。」此祀汾陰所過途徑。

〔三〕又命集賢校理晏殊同修　「又」原作「文」，據文意改。

玉海卷一四：大中祥符「六年十月甲戌，命直集賢院石中立、錢易修車駕所過圖經，以備顧問。十二月庚辰，命晏殊同修。」（原注：時將朝謁太清宫。）按太清宫在亳州，乃祠老子之所，大中祥符七年春朝謁。又晏殊亦嘗預修土訓纂録，又撰方嶽志五十卷，見玉海卷一五，附記於此。

十二月，刑部員外郎直史館龍圖閣待制陳彭年請以天書降後至上尊號已前制勑章表儀注等編爲大中祥符封禪記。詔翰林學士李宗諤、權三司使丁謂、祕閣校理龍圖閣待制戚綸與彭年編録，送五使看詳。【卷三之五】

此條輯本爲卷二之七，所載「十二月」上，尚有「大中祥符元年」六字。

六年九月，權判吏部流内銓慎從吉言：「格式司用十道圖較郡縣上、赤、緊、望以定俸給，法官亦如之定刑，而户口歲有登耗，未嘗刊修，頗誤程品。請差官取格式司、大理寺十道圖及館閣天下圖經，校定新本，付逐司行用。」詔祕閣校理慎鏞、邵煥、集賢校理晏殊校定，翰林學士王曾總領之〔一〕。此蓋詳定九域圖志之權輿也。至熙寧八年六月，尚書都官員外郎劉師旦言：「今九域圖涉六十餘年，州縣有廢置，名號有改易，等第有升降，而所載古迹有出於俚俗不經者。」詔三館、祕閣删定。其後又專命太常博士集賢校理趙彦若、衛州獲嘉縣令館閣校勘曾肇删定，就祕閣不置局。彦若免删定，從之。以舊書不繪地形，難以稱圖，更賜名曰九域志〔二〕。【卷三之六】

〔一〕按：以上内容，長編卷八一、玉海卷一四均載在六年十月，與本書作「九月」稍異。其書凡三卷，玉海謂「天禧元年書成」；長編作「天禧三年」，疑誤。

又宋會要職官一一之七六：「太祖建隆元年十一月，詔天下縣除赤畿、次赤畿外，重升降地望，取四千户以上爲望，三千户以上爲緊，二千户以上爲上，千户以上爲中，不滿千户爲中下，五百户以下爲下。自今每三年一次升降。」據此，本書謂「較郡縣上赤緊望」似不確，當從長編及玉海作「上下緊望」。

〔二〕以上自「熙寧八年六月」以下，輯本爲卷二之一七。

天禧四年夏，翰林學士楊億、錢惟演、盛度，樞密直學士薛暎、王曙，龍圖閣直學士陳堯咨，知制誥劉筠、晏殊、宋綬，待制李行簡請出御集箋解其義。詔億等並同注釋，宰相寇準都參詳，參知政事李迪同參詳。準尋罷，丁謂、李迪相，並充都參詳。後又以馮拯、曹利用充，復命參知政事任中正、王曾，樞密副使錢惟演同參詳。注釋官盛度、薛暎、王曙、陳堯咨相繼外補，又以知制誥呂夷簡、祖士衡、錢易、樞密直學士張士遜、翰林學士李諮充。夷簡尋知開封府，遂罷。綬使契丹，億俄卒，劉筠亦出官也。直館、校理二十八人充檢閱官，成一百五十卷。是冬，中書、樞密院又請重編御集，錢惟演、王曾領之，成三百卷。又采至道、咸平後至大中祥符九年時政記、起居注、日曆嘉言美事，爲聖政記一百五十卷。【卷三之七】

此條輯本爲卷二之九，文字較此有減略。文中「箋解其義」「箋」原誤「錢」，據輯本改。

天聖末國史成，始於修史院續纂會要。明道二年，命參知政事宋綬看詳修纂。至慶曆四年四月，監修國史章得象上新修國朝會要一百五十卷，以編修官尚書工部員外郎天章閣待制史館檢討王洙兼直龍圖閣，賜三品服。【卷三之八】

此條輯本爲卷二之一〇。

明道二年正月，宰臣呂夷簡、樞密副使夏竦上所注御製三寶讚、皇太后發願文，以檢討注釋官太常博士直集賢院李淑爲史館修撰，太常丞集賢校理鄭戩直史館，呂夷簡、夏竦各

與一子改官。而夷簡請賜其子大理寺丞公弼進士出身，從之〔一〕。【卷三之九】

〔一〕按：長編卷一一二載此條事在是年正月己丑，文字與本書同。其呂公弼賜出身在五月九日，見宋會要選舉九之八；原注：「召試學士院中等，命之。」三寶讚與發願文均未詳。

慶曆元年十二月，翰林學士王堯臣等上新修崇文院總目六十卷。景祐中，以三館、祕閣所藏書，其間亦有繆濫及不完之書，命官定其存廢，因倣開元四部録，著爲總目而上之。庚寅，詔提舉修總目官資政殿學士尚書禮部侍郎張觀〔一〕、右諫議大夫宋庠、翰林學士兼龍圖閣學士尚書兵部員外郎知制誥判集賢院王堯臣、翰林學士兼侍讀學士起復尚書兵部郎中知制誥判昭文館聶冠卿、尚書兵部員外郎知制誥郭稹，並加階及食邑有差；編修官太常博士直集賢院呂公綽爲尚書工部員外郎，殿中丞天章閣侍講史館檢討王洙爲太常博士〔二〕，館閣校勘殿中丞刁約、太子中允歐陽脩、祕書省著作佐郎楊儀、大理評事陳經並爲集賢校理；管勾三館祕閣内殿承制王從禮爲供備庫副使〔三〕，入内東頭供奉官裴滋候御藥院滿日優與改官，高班楊安顯爲高品。張觀、宋庠雖在外，以嘗典領，亦預之。【卷三之一〇】

此條輯本爲卷二之一四。

〔一〕禮部侍郎張觀　「侍郎」原作「郎中」，據長編改，見輯本校證。

〔二〕天章閣侍講王洙　「侍」原作「待」，據輯本及長編改。

〔三〕王從禮　「王」原作「正」，據輯本及長編改。

三年八月，樞密副使富弼言：「請考祖宗故事可行者爲書，置在二府，俾爲模範，得以遵守。」上嘉其奏，命尚書工部員外郎天章閣侍讀史館檢討王洙〔一〕、右正言集賢校理余靖、太常丞集賢校理知諫院歐陽脩、太常博士祕閣校理孫甫同編修，又命弼領之。明年書成，凡九十六門，爲二十卷，名曰太平故事〔二〕。皇祐中，上又爲三朝訓鑒圖，召近臣、宗室及館職、御史等觀之〔三〕。【卷三之一二】

〔一〕天章閣侍讀王洙　「讀」疑當作「講」，參見上條。天章閣景祐三年置侍講，未有侍讀之稱。

〔三〕長編卷一四三：慶曆三年九月「丙戌，命史館檢討王洙、集賢校理余靖、祕閣校理孫甫、集賢校理歐陽修同編修祖宗故事。先是，樞密副使富弼言：『臣歷觀自古帝王理天下，未有不以法制爲首務，法制立然後萬事有經，而治道可必。宋有天下九十餘年，太祖始革五代之弊，創立法度；太宗克紹前烈，紀綱益明；真宗承兩朝太平之基，謹守成憲。近年紀綱甚紊，隨事變更，兩府執守，便爲成例，施於天下，咸以爲非。而朝廷安然奉行，不思劃革，至使民力殫竭，國用乏匱，吏員冗而率未得人，政道缺而將及於亂。賞罰無準，邪正未分，西北交侵，寇盜充斥。師出無律而戰必敗，令下無信而民不從。如此百端，不可悉數。其所以然者，蓋法制不立，而淪胥至此也。臣今欲選官置局，將三朝典故及討尋久來諸司所行可用文字，分門類聚，編成一書，置在兩（原作「西」）府，俾爲模範，庶幾頽綱稍振，弊法漸除。此守基圖、救禍亂之本也。』上納其言，故命靖等編修，弼總領之。明年九月書成，分別事類凡九十六門，二十卷。其間典法深大、今世不能遵守者，於逐事之後各釋其意，相類者止釋一事，事理明白者更不復釋。」

按其書又名祖宗故事、三朝太平寶訓、三朝政要等，「凡三朝賞罰之權，威德之本，責任將帥之術，升黜官吏之法，息費强兵之制，禦戎平寇之略，寬民恤灾之惠，睦親立教之本，御臣防患之機，察納諫諍之道，率編録焉」。門類始於賞罰，終於納諫。紹聖三年九月龔夬嘗請詔儒臣自仁宗至元豐之末續加編類，紹興八年七月吕源復增釋上之。并參玉海卷四九。

〔三〕玉海卷五六：「慶曆八年八月庚辰，知制誥楊億被旨檢討三朝事迹，乞與内翰李淑同編纂。凡得祖宗故實事大體重者百條，爲十通，命待制高克明等設色其上。十月庚辰，御製序賜名。其序略曰：『太祖以神武肇基，太宗以英文紹復，思皇真考，對越靈期。莫不競業，以臨朝機。憂勤而靖王略，總御臣之威柄，謹制世之令謨。朕明發聳慕，夕惕嚴祗，申詔信史，論次舊聞，得祖宗之故實事大體重者百條，繪采綴語，釐爲十通，設色在上，各載綱源。執簡嗣書，兼資義解，几杖勒銘，□圖取正，酌古垂範，保邦守成。然而稽之先民，孰若稽之往訓！』皇祐元年二月纂成進呈。十一月庚寅朔，御崇政殿，召近臣及臺諫、館閣、宗室觀之。又鏤板印染賜大臣、宗室。其圖始於親征下澤潞、平惟揚，終於真宗禁中觀稼、飛山觀礮，凡百條。」又記：「舊目缺其圖，又誤以仁宗御製後序冠於卷首。續書目采繪俱全。書目：三朝訓鑒圖十卷，李淑撰，仁宗御製序，今繪采皆闕。」

五年五月，命尚書度支員外郎集賢校理兼天章閣侍講史館檢討曾公亮、宗正丞崇文院檢討兼天章閣侍講趙師民、殿中丞集賢校理何中立、祕書省祕書郎宋敏求、大理寺丞館閣校勘范鎮、大理寺丞國子監直講邵必並爲編修唐書官。皇祐三年五月，以職方員外郎編修唐書王疇爲直祕閣。至和二年，翰林學士刊修唐書歐陽脩言：「自漢而下，唯唐享國最久，其間典章制度，本朝多所參用，則所修唐書，新志最宜詳備。然自武宗以下，並無實録，臣以傳記别説考證虚實，尚慮缺略。聞西京内中省寺、留司、御史臺及鑾和諸庫，有唐至五代以來奏牘按簿尚存，欲差編修官吕夏卿就彼檢尋。」從之。嘉祐三年三月，以唐書所檢閲書籍梅堯臣爲編修唐書官。至五年七月，脩等上所修唐書二百五十卷。尋以刊修唐書翰林學士兼龍圖閣學士給事中歐陽脩爲尚書禮部侍郎，端明殿學士兼翰林侍讀學士龍圖閣學士尚書吏部侍郎宋祁爲尚書左丞；編修唐書尚書禮部郎中知制誥范鎮爲吏部郎中，吏部郎中知制誥王疇爲右司郎中，太常博士集賢校理宋敏求爲工部員外郎，祕書丞吕夏卿爲直祕閣，著作郎劉羲叟爲崇文院檢討，仍賜器幣有差〔二〕。【卷三之一二】

〔二〕長編紀事本末卷三二：「明道二年十一月丙寅，詔崇文院募唐遺事，翰林學士承旨盛度請命官刊修唐書故也。」

「慶曆五年五月己未，翰林學士兼龍圖閣學士判集賢院王堯臣、翰林學士史館修撰張方平、侍讀學士兼龍圖閣學士判史館修撰余靖並同刊修唐書。（按余靖姓名上「判史館修撰」之語不通，宋人「判」字有兼理之義，如判史館；「史館修撰」則爲職名，不得言「判」。據下文，「侍讀學士兼龍圖閣學士」當指宋祁，而此時余靖祇爲右正言知制誥史館修撰。故疑此處「判」字下有脱文，當從錢大昕修唐書史臣表所考，補宋祁、楊察、趙槩三人。今本長編卷一五五所載同本末。）

「閏五月庚子，度支員外郎集賢校理兼天章閣侍講史館檢討曾公亮、宗正丞崇文院檢討兼天章閣侍講趙師民、殿中丞集賢校理何中立、校書郎宋敏求、大理寺丞館閣校勘范鎮、大理寺丞國子監直講邵必並爲編修唐書官。必以爲史出衆手，非是，卒辭之。」（按：此載曾公亮等爲編修在「閏五月」，與本書作「五月」不同。以二者相參照，則本書「五月」二字下，當補王堯臣等同刊修官六人，下又贅書「閏五月」字樣，方合史實。未知是否本書原文有脱漏。又宋敏求之職，本書作「祕書郎」，與長編作「校書郎」亦有異。長編卷一五三載敏求慶曆四年十一月以校書郎館閣校勘出爲簽書集慶軍節度判官事，與宋史本傳合，疑以作「校書郎」爲是。）

「七年六月庚午，命參知政事丁度提舉編修唐書。」

「皇祐元年六月甲戌（按長編原文事在壬午），改命同刊修唐書翰林侍讀學士宋祁爲刊修官。」

「三年二月戊申，翰林侍讀學士兼龍圖閣學士給事中史館修撰宋祁坐其子與張彥方遊，出知亳州。三月乙卯，命知亳州宋祁就州修唐書，易史館修撰爲集英殿修撰。」

「至和元年七月甲子，詔修唐書宋祁、編修官范鎮等速上所修唐書。八月戊申，命龍圖閣直學士吏部郎中歐陽修刊修唐書。」

「二年十月庚戌，翰林學士刊修唐書歐陽修言：『自漢而下，惟唐享國最久，其間典章制度，本朝多所參用，所修唐書，新制最宜詳備。然自武宗以下，並無實録，以傳記別説考證虚實，尚慮闕略。聞西京内中省寺、留司、御史臺及鑾和諸庫，有唐朝至五代以來奏議案簿尚存，欲差編修官吕夏卿詣彼檢討。』從之。」（按文中「新制最宜詳備」，本書「新制」作「新志」，疑當從本書。）

「嘉祐五年七月（原作『四年六月』，誤，今從長編原載改正）戊戌，翰林學士歐陽修等上所修唐書二百五十一卷，刊修及編修官皆進秩或加職，仍賜器幣有差。」

玉海卷四六嘉祐新唐書條引國史藝文志：「慶曆五年，詔王堯臣、張方平、宋祁等刊修（原注：慶曆四年賈昌朝建議修唐書），久而未就。至和初，乃命歐陽修撰紀、表、志，宋祁撰列傳，范鎮、王疇、宋敏求、吕夏卿、劉羲叟同編修（原注：嘉祐二年十月庚子命參政曾公亮提點編修唐書）。凡十有七年，至嘉祐五年而成，提舉曾公亮上之。紀十、志五十、表十五、列傳百五十，凡廢舊傳六十一，增新傳三百三十一，又增三志、四表，凡二百二十五卷、録一卷（原注：舊史凡一百九十萬字，新史凡一百七十五萬九百三十字。制詞謂「閎富精覈，度越諸子」）。修等進秩。宣和中，進士李繪以舊書參新書而爲之注，崇寧五年董衡爲釋音二十五卷，吴縝糾繆二十卷。」

嘉祐二年，置校正醫書局於編修院，以直集賢院崇文院檢討掌禹錫、祕閣校理林億、張洞、蘇頌、太子中舍陳檢並爲校正醫書官〔一〕。【卷三之一三】

〔一〕長編卷一八六：嘉祐二年八月「庚戌，韓琦言：『朝廷頒方書諸道以救民疾，而貧下之家力或不能及，請自今諸道節鎮及并、益、慶、渭四州歲賜錢二十萬，餘州、軍、監十萬，委長吏選官合藥，以時給散。』從之。琦又言：『醫書如靈樞、太素、甲乙經、廣濟、千金、外臺祕要之類，本多訛舛，神農本草雖開寶中嘗命官校定，然其編載尚有所遺。請擇知醫書儒臣與太醫參定頒行。』乃詔即編修院置校正醫書局，命直集賢院崇文院檢討掌禹錫等四人（按初命爲四人，陳檢係後補）並爲校正醫書官。」

玉海卷六三：「嘉祐間，命掌禹錫等校正醫書，置局編修院，後徙太學。十餘年補注本草、修圖經，而外臺祕要、千金方翼、金匱要略悉從摹印，天下皆知學古方書。」

又，此條内容亦見於皇宋事實類苑卷三一所引蓬山志，所載於蘇頌名上尚有「館閣校勘」諸字，與本書有異。

【卷三之一四】

六年三月，以大理寺丞郭固編校祕閣新藏兵書〔一〕。

〔一〕宋會要崇儒四之八：嘉祐「六年四月，以大理寺丞郭固編校祕閣所藏兵書。先是，四館置官編校書籍，而兵書與天文爲祕書，獨不預。大臣有言固曉知兵法，乃命就祕閣編校，抄成黄本一百七十二册。固初以選换六宅副使，治平四年六月以編書畢，遷内藏庫副使路分都監。」

按：據所載，本條「新藏兵書」之「新」字，疑爲「所」字之誤，長編卷一九三亦作「所」；而會要「四月」或當作「三月」，長編載在三月丙子。長編所載又有「然兵書殘缺者，多不能編補也」十二字。

又，本條以内容言之，當移至本書卷二之一八嘉祐五年八月事下，宋會要亦以此與嘉祐四年始置館閣編定書籍官事連載；而卷二之一八所録寶元二年事，則當移入本卷。疑皆由後世傳抄而致竄亂，且有脱文。皇宋事實類苑卷三一引蓬山志載此條與會要略同，較爲完整，並謂祕閣兵書「類三百四十七部，一千九百五十六卷，委郭固校之。」

熙寧三年十月，詔館閣校勘王存、顧臨，祕書省著作佐郎錢長卿、大理寺丞劉奉世同編經武要略，兼删定諸房例册，仍令都副承旨管句。【卷三之一五】

此條輯本爲卷二之一六。

國史

國初，直館分撰日曆，每季送史館，其後修撰官專之〔一〕。

太平興國八年，監修李昉奏復唐時政記。故事，每月送館題曰「事件」，端拱初改爲時政記〔二〕。二年，中書門下奏：每御前殿，樞密使先上，所有宣諭聖政嘉言，宰臣無由聞知，慮成漏落。遂詔樞密副使月録附史事，送中書編入〔三〕。咸平五年，從鹽鐵使王嗣宗之請，三司奏事有可紀者，判使一人撰録，逐季送館〔四〕。大中祥符五年，知樞密院王欽若、陳堯叟始别撰時政記〔五〕。元豐官制既行，日曆歸祕書省國史案，專以著作郎、佐郎修纂，别置國史院或實録院修先朝實録、國史，於是國史、日曆分爲二矣〔六〕。

雍熙四年九月，右補闕直史館胡旦言：「國朝自建隆元年至雍熙三年實録、日曆，皆不告備。日曆止憑報狀，諸司全無關報，至於中書、樞密院行事不得聞知，閤門、通進司所受封奏亦無紀録，是使帝王言動無得纂修。又文武羣臣遷拜者，不知功勞薨卒者，不録行狀，以是史官無憑編纂。臣按漢明帝朝以後，使撰光武帝紀及表、志、列傳、載記，每朝旋修，至靈帝已成百二十七卷，雖未終一代之事，且見逐時不闕修述，今東觀漢記是也。至唐太宗時，亦述國初起義紀、傳、十志，每朝編録，至于代宗已成百三十卷，今舊唐書是也。臣今望準漢、唐故事，令旋修帝紀、表、志、列傳，及於臣見可以采録，以備將來國史。」旦又條事件，如追册四祖及后、宗室邕王光濟等四人，公主陳國長公主等二人，太祖諸子魏王德昭等二人，外戚杜審瓊等三人，前宰相李穀等三人，宰相范質等四人，前武臣韓通等三十五人，起義將帥慕容延釗等五人，管軍將校張光翰等十六人，功臣李處耘等三人，邊將何繼筠等五人，機務臣寮具廷祚等六人，前朝文臣趙上交等七人，又竇儀等九人，事務臣寮張錫等一十二人，攀附臣寮呂餘慶等五人，歸明臣寮楊重熊等六人，歸降臣寮李昊等十人，兇惡臣寮張瓊等三人，反叛李筠等二人，反逆臣寮盧多遜一人，方術王處訥一人，隱逸王昭素二人，受命諸侯高保融等四人，四夷受命丁璿等四人，僭僞諸國李景等十人，四夷于闐等十三國。又取江南、廣南、河東、西川、荆南、兩浙、漳泉、夏州爲表，律曆、天文、地理、五行、禮樂、刑法、食貨、溝洫、書籍、釋道爲志。又諸僞國並無文字可修，今許州行軍司馬李暉嘗爲河東僞宰相，其人年高不任步履，望遣直館一人，就本州與暉同共修纂；太常博士分司西京蕭催舊事僞廣爲左僕射，亦請留在館，與直館同修本國事迹。又僞蜀實録及江南録皆紀述非實，荆南、湖南、夏州各無文字，莫知事實，今請於朝臣中各選知彼處事迹者，與直館同編録。又臣寮薨卒多不供報行狀，自今文武臣寮薨卒，望令御史臺告報本家，具行狀、碑文、墓誌、家諜、譜録送史館，内職即令宣徽院準此施行。其閤門及通進銀臺司所進内外章疏合載簡策者，並乞送史館，如係中書及樞密院行遣者，亦乞封下，自餘學士、舍人院等合有關報文字，置籍檢備抄寫實封。外國朝貢委禮賓院逐旋申館，臣寮奉使諸蕃及行軍征討回日，許本館移文取問一行事狀及本國風俗。勑旨依奏，仍以史館門西廊屋别置史院，給祠部錢五百貫充公用，抄寫御書吏七人供其役。未幾，撰成三卷，先以進御。旦俄知制誥，罷史職，以國子司業孔維、禮記博士直史館李覺代領其職。議者以維、覺皆儒臣，不稱史館，遂罷編纂〔七〕。【卷三之一六】

〔一〕參見本卷第二〇條。

〔二〕宋會要職官六之三〇：「太祖開寶七年閏十月，史館修撰判館事扈蒙言：『竊見唐時（長編卷一五作唐文宗）每開延英召大臣論事，必命起居郎、起居舍人執筆螭頭，以紀時政，故一朝日録文字稍備（長編作「故文宗實録今最詳備」）。後唐明宗時，亦命端明殿學士及樞密直學士輪修日曆，旋送史館。近朝以來，此事都廢，每季雖有內庭日曆，樞密院録送史館，然所記不過對見辭謝而已，帝王言動莫得而書。蓋宰相以漏洩爲虞，史館以疏遠是隔。望今後凡有事經聖斷、可書簡册者，並委宰臣及參知政事每月輪知抄録，送付 史館，以憑修撰日曆。』從之，仍命參知政事盧多遜録其事。遜受詔而未嘗成書，今史館書目有是年時政記草一卷，後亦失之。太平興國中，右補闕胡旦又言：『五代自唐以來，中書、樞密院皆置時政記，中書即委末廳宰相修録，樞密院即直學士編修，每月、季送付史館。周顯德中，宰相李穀又言樞密院置内庭日曆。自後因循廢闕，史臣無憑修述。望令樞密院依舊置内庭日曆，委文臣任副使者與學士輪次記録，送付史館。』（長編卷二四於此下又有「上采其言」諸字）

「太宗太平興國八年八月，詔：『史氏之職，歷代所崇，帝王之言動必書，朝廷之政令咸録，所以紀□猷於一代，垂盛烈於千年。爰自累朝繼逢多故，遂令編纘頗致闕遺。今國家奄有萬方，親臨庶務，出一令無非利物，發一言必在憂民。史臣莫得於聞知，美事多成於漏略，宜當聖代，復振宏綱。今後中書門下應有國家裁製之事及帝王宣諭之言合書史册者，宜令參知政事李昉旋抄録，逐季送史館，以憑修撰日曆；樞密院所行公事有合送史館者，亦令副使一人準此。』是月，李昉上言：『所修時政記，請每月先以奏御，後付所司。』從之。時雖有時政記之名，但題云『送史館事件』。昉未幾拜相，仍舊編修；又蘇易簡爲參知政事，令代之。自是中書皆參知政事一員編録，惟呂蒙正嘗以宰相領，後或參知政事兩員録之。至景德元年始題云『時政記』。」

按：會要載「送史館事件」改題「時政記」在景德元年，與本書作「端拱初」不同。長編卷二四注及玉海卷四八所載均節略會要之文，亦不作「端拱」。

〔三〕宋會要職官六之三〇：「端拱二年十月，中書門下言：『所録時政記，緣皇帝每御前殿，樞密院以下先上，宰相未上，所有宣諭聖語、裁製嘉言無由聞知，慮成漏略。欲望自今差樞密副使二人逐旋抄録送中書。』遂詔樞密副使張宏、張齊賢同共抄録。自後樞密院事皆送中書同修爲一書而授史館，然皆副使或知院二員同掌之。」長編卷三〇注：「樞密院時政記蓋始此。」

按：據二書所載，本書此處「宣諭聖政」之「政」字疑當作「語」。

〔四〕宋會要職官一八之七八：咸平「五年十月，鹽鐵使王嗣宗言：『自今三司奏事有可紀者，請令判使一人撰録送史館。』詔以三司務繁，若日有著撰，必妨公務，可令逐季録送。」長編卷五三所載同此。

〔五〕大中祥符五年　「五」原作「元」，誤，據宋會要及長編卷七八、玉海卷四八改。

宋會要職官六之三〇：「真宗景德三年五月，詔樞密(院)所修時政記每至次月十五日送中書(原注：時命王欽若、陳堯叟同修)。大中祥符五年六月，詔樞密院所修時政記月送史館。先是，樞密院月録附史事送中書編於時政記，及是，王欽若、陳堯叟始請別撰，不關中書省，直送史館焉。」

〔六〕參輯本卷四之二及其校證。

〔七〕玉海卷四六：「雍熙四年九月，直史館胡旦請修紀志表傳，詔史館西廊置修史院。」又宋太宗實録殘本卷四：九月「丁卯，以右補闕直史館胡旦爲户部員外郎充修撰。」宋史卷四三二本傳：「起爲左補闕（『左』疑『右』之誤），復直史館，遷修撰，預修國史，以尚書户部員外郎知制誥。」

按胡旦請修紀志表傳事，今本宋會要、長編均未見記載，玉海卷一六八雖有節録，亦極簡略，惟本書此條記述特詳，可補史籍之闕。

淳化五年四月，以吏部侍郎兼祕書監李至、翰林學士中書舍人張洎修國史，及右諫議大夫史館修撰張泌、范杲同修太祖朝史。先是，上謂宰相曰：「文史才最難。嘗觀太祖實録，頗有漏略，至於天人合應，符命彰灼，歲月未久，人皆知之，矧朕當時目擊其事。宜令至等重加綴緝。」蘇易簡對曰：「近代委學士扈蒙修史，蒙巽懦〔一〕，逼於權勢，多所迴避，甚非直筆。」上曰：「史臣之職，固在善惡必書，無所隱諱。昔唐玄宗欲焚武后史，左右以爲不可，欲後代聞之爲鑒戒耳。」未幾，至、泌並辭史職，以禮部侍郎宋白代之。是冬，洎等撰成太祖紀一卷，凡上所顧問及史官采摭之事，分爲朱、墨書以別之。後洎遷職，史不就而止〔二〕。上留心儒術，凡有著述成一家之言來上者，必待以優禮，賜服章器幣以寵之，藏其書於館

閣。由是學者多自策勵焉〔三〕。　　【卷三之一七】

〔二〕蒙巽懦　「巽懦」原作「選儒」，誤，據宋會要及長編（見下）參改。

〔三〕宋會要運曆一之二九：「淳化五年四月癸未，命張洎、李至等同修國史。先是，上謂宰相曰：『先朝事耳目相接，今實録中多有漏略，可集史官重修。』蘇易簡對曰：『近代委學士扈蒙修史，蒙性懦，逼於權勢，多所諱避，甚非直筆。』上因言及太祖受命之際，非謀慮所及，陳橋之事，史册所闕，宜令至等重加綴輯。是年十月丙午，張洎等獻重修太祖紀一卷，以朱、墨雜書（原注：洎所上紀不列於史館），凡躬承聖問及史官採摭之事，即朱書以别之。其書未成。」

長編卷三五：淳化五年四月「癸未，以吏部侍郎兼祕書監李至、翰林學士中書舍人張洎、右諫議大夫史館修撰張佖、范杲同修國史。先是，上語宰相曰：『太祖朝事耳目相接，今實録中頗有漏略，可集史官重撰。』蘇易簡對曰：『近代委學士扈蒙修史，蒙性巽怯，逼於權勢，多所迴避，甚非直筆。』上曰：『史臣之職，固在善惡必書，無所隱爾。昔唐玄宗欲焚武后史，左右以爲不可，使後代聞之，足爲鑒戒。』因言：『太祖受命之際，固非謀慮所及。昔曹操、司馬仲達皆數十年窺伺神器，先邀九錫，至於易世，方有傳禪之事。太祖盡力周室，中外所知，及登大寶，非有意也。當時本末，史官所記殊闕然，宜令至等別加綴輯。』故有是命。」又卷三六：「先是，李至以目疾辭史職，張佖亦以早事僞邦，不能通知本朝故實辭，乃詔禮部侍郎宋白與張洎同修國史。於是洎等請特降敕命（事在七月乙亥），詢問太祖朝薨卒勳臣子孫及門人、故吏、知舊、親戚，並班行舊者能知先朝故實及周朝軍中事者，並許盡言，令史官參校，不至繆戾者書於國史。從之。」十月「丙午，翰林學士張洎等獻重修太祖紀一卷，以朱、墨雜書，凡躬承聖問及史官採摭之事，即以朱別之。史未及成，洎遷參知政事，宋白獨領史職，歷數歲，史卒不就。洎等所上太祖紀亦不列於史館云。」

按：扈蒙等所修，係指太平興國間成書之太祖實録；張洎等修太祖紀所據墨本，疑指本書上條所載胡旦等修三卷國史本，而非實録。玉海卷四八載此條內容在咸平重修太祖實録條下。

〔三〕按：太宗優禮學者資料，今見於宋會要崇儒五之一九獻書升秩欄內者有——

「太平興國五年八月，以鄉貢進士孟瑜爲光州固始縣主簿。瑜長沙人，嘗著野史三十卷，石熙載在湖南時，瑜嘗出入門下，頗見厚。至是，來獻其所著書，熙載以言，而有是命。」

「雍熙三年五月，著作佐郎樂史獻所著書貢舉事二十卷，登科記三十二卷，題解二十卷，唐登科文選五十卷，唐孝悌録十五卷、續五卷，續卓異三卷。太宗嘉定（「定」疑「之」字之誤），宋史卷三〇六本傳作「嘉其勤」），以史爲著作郎直史館。」

「淳化三年七月，翰林學士蘇易簡獻故著作郎直史館羅處約平生所著文十卷，號東觀集。易簡與處約俱蜀人，少相友善，哀其死也，收拾遺草上之。詔藏史館。」

「至道元年五月十九日，同州馮翊縣民李元真詣闕獻養蠶經一卷，有司以非前代名賢所撰，不敢以聞。帝遽索觀之，憐其不忘本業，留書禁中，賜元真錢一萬。」

「二年四月，知長州樂史獻總僊集三十七卷並目録四卷。帝宣示宰臣等，稱其從政之餘，能有譔述，詔付史館。」

又見於宋會要選舉三三之一特恩除職欄内者有——

雍熙「四年九月五日，右拾遺趙昂上表獻修習翰林制誥、册書、赦文、御札、批答及編諫藪嘉言並外制詞，乞賜職名，詔直史館。」

「淳化元年八月二十三日，太子中允和嶹上表獻皇帝御前七牓及第進士姓名記及編注父凝所撰孝悌記詠十編，詔直集賢院。」

是月，右諫議大夫史館修撰張泌上言，乞置起居舍人，修左右史之職，每日記録言動，

月終送史館。詔從其請，以起居舍人史館修撰梁周翰掌起居郎事，祕書丞直昭文館李宗諤掌起居舍人事〔一〕。　【卷三之一八】

〔一〕宋會要職官二之一〇——一一：「太宗淳化五年四月五日，諫議大夫（『諫』上當有『右』字）史館修撰張佖言：『伏見聖朝編年謂之日曆，惟紀報狀，略叙敕文，至於聖政嘉言，皇猷美事，羣臣之忠邪善惡，庶務之沿革弛張，汗簡無聞，國經曷紀！謹按六典：故事，起居郎掌記天子之法度，以修記事之史，凡記事之制，必書其朔日甲乙以紀曆數，典禮文物以考制度，遷拜旌賞以勸善，誅罰黜免以懲惡，季終則授於國史；起居舍人掌録天子詔制德音，以修記言之史，如記事之制。欲望依故事，復左右史之職，修集記録以爲起居注，每月與時政記同送史館。』太宗曰：『朕方興史職，佖有此奏，可謂助國家爲好事也。』即詔從之。遂徙置院於禁中，命起居舍人史館修撰梁周翰掌起居郎事，祕書丞直昭文館李宗諤掌起居舍人事，其修撰注體式委周翰等檢討故事以聞。」

按：長編卷三五載此條事與會要互有詳略異同，而所述張佖奏言更爲完整，可以互參。

至道三年修太宗實録，時宰相吕端雖帶監修國史，而不預焉〔一〕。其後重修太祖實録，

【卷三之一九】

遂詔呂端與錢若水等同修。端罷相，李沆繼成焉〔二〕。

〔二〕玉海卷四八引會要：「至道三年十一月己巳（原注：真宗初即位），命集賢院學士錢若水等修太宗實録。若水請柴成務、宗度、吴淑、楊億同修，請令修實録官遞宿本院。十二月甲午，又言太平興國八年以前君臣獻替不著於話言，淳化五年以後親決萬機不聞於策府，請降詔旨，於前任宰執、三司等處移牒求訪，以備缺文。從之。時有昭宣使王延德上太宗南宫事跡三卷，命送修實録院。咸平元年八月乙巳書成，凡八十卷（原注：楊億獨修五十六卷），若水等奉表以獻（原注：表云：『借箸之畫，咸所預聞；執簡而書，莫非摭實』）。上親覽涕泗，嗚咽命坐，從容勞問。纔九月而畢，上甚嘆其速，以其書入禁中。時若水判集賢院，因用院印，史館無所預，以諸王賜食廳爲修撰所，令莊宅使劉承珪掌其事。乙卯，若水等加食邑階勳，賜器帛。」

長編卷四二：至道三年十一月「己巳，詔工部侍郎集賢院學士錢若水修太宗實録。若水舉官同修，起居舍人李宗諤預焉。上曰：『自太平興國八年已後，皆李昉在中書日事。史策本憑直筆，若子爲父隱，何以傳信於後代乎？』除宗諤不可，餘悉許之。」

〔三〕宋會要運曆一之二九："真宗咸平元年九月己巳下詔，以沈倫所修事多漏略，先朝命張洎重修太祖實録，未成，會洎、倫没，命右僕射吕端、集賢殿學士錢若水重修。丁丑，又以王禹偁、李宗諤、梁顥、趙安仁等同修。二年六月丁巳書成，凡五十卷，並事目二卷，平章事李沆監修，上之。表云：『前集録叙天造之始，稽國姓之源，發揮無取，銓次失當。今之所正，率由舊章。文武羣臣舊載者九十二人（原注：或作九十一），今增其遺漏一百四人。其於制禮作樂，經文緯武，申明大政，釐改庶務，著（原作「者」）於甲令，垂爲法式，靡不具載。』帝覽之稱善。癸亥，詔褒諭，賜襲衣、金犀帶、銀帛，若水而下加散官、食邑。先是，詔並加恩，而沆獨辭。李沆所修，視前録爲稍詳，而真宗猶謂未備，大中祥符九年復詔趙安仁、晁迥、陳彭年、夏竦、崔遵度同修，王旦監修，明年書成。自興國至祥符，前後凡三修。"

景德二年，監修國史畢士安卒。時寇凖止領集賢殿大學士，遂命參知政事王旦權領史館事，實爲監修國史之職。後旦爲相，雖未兼監修國史，其領史職如故〔一〕。

修撰　故事，史館每月撰日曆，皆判館與修撰官、直官分功撰録，藏於本館。國初循舊制，皆修撰官、直官分季修纂，其後止修撰官及判館撰次焉。太平興國中，左贊善大夫直史館趙隣幾，左拾遺直史館呂蒙正、范杲皆曾修撰，自後以直館員多，遂止修撰官編纂。淳化四年，翰林學士宋湜止帶修國史，亦嘗修日曆〔二〕。

【卷三之二〇】

〔一〕長編卷六六：「景德四年八月「丁巳，詔修太祖太宗正史，宰相王旦監修國史，知樞密院事王欽若、陳堯叟、參知政事趙安仁、翰林學士晁迥、楊億並修國史。景德二年，畢士安卒。時寇準止領集賢殿大學士，旦以參知政事權領史館事。及旦爲相，雖未兼監修，其領史職如故，於是始正其名。」

玉海卷四六：「景德四年八月丁巳，詔修太祖太宗正史，令宰臣王旦監修國史，以知樞密院王欽若、陳堯叟、參政趙安仁並修國史，翰林晁迥、楊億同修，直史館路振、崔遵度爲編修官。先是，九月辛卯，賜宴修史院。三年二月辛巳，詔知制誥朱巽、直史館張復同編排兩朝日曆、時政記、起居注、行狀、諸司文字，委欽若總領。初成紀一卷，帝取觀録紀中十二餘條，付史官改正。自此每一二卷，皆先進草本，多所改易。祥符四年，又取夏竦爲編修官。八年十月己丑，旦等上太祖太宗紀贊、論各一首。九年二月十二日丁亥史成，旦率史官請（疑當作『詣』）崇政殿以獻。凡百二十卷，目録一卷，帝紀六，志五十五，列傳五十九。優詔答之。戊子，加旦守司徒，修史官趙安仁、晁迴、陳彭年、夏竦、崔遵度竝進秩賜物；王欽若、陳堯叟、楊億嘗預修，亦賜之。」

〔三〕以上自「修撰故事」以下文字，今見於宋會要職官一八之七八，惟所載諸人職官較本書爲略。

咸平四年八月，令進奏院每五日一具報狀，實封上史館〔一〕。修史院舊在中書第一廳，後徙置宣徽院，以舊修史院修纂會要〔二〕。大中祥符五年六月，修國史院言：「所修禮志，舊日曆止存事端，並令禮院取索國初以來禮文損益沿革制作之事及論定詳議文字，尚慮或有遺落，致國家大典有所不備。龍圖閣待制孫奭見判禮院，深於經術，禮學精博，望專委檢討供報。」從之。又詔樞密院脩時政記月送史館。先是，樞密院月録附史事送中書編於時政記，及是，王欽若、陳堯叟始請別撰焉〔三〕。【卷三之二一】

〔一〕此處所載「四年八月」上，原闕書咸平年號，似承上作景德四年八月。然據宋會要職官一八之七八，此實咸平四年八月事，而非景德間事，故今據補「咸平」二字。又宋會要職官二之四五：咸平「二年六月，詔進奏院所報供狀，每五日一寫上樞密院，定本供報。」可以互參。

〔二〕此處所載修史院徙置宣徽院，乃仁宗天聖九年五月事，見輯本卷四之二一校證〔五〕所引玉海卷一六八之文。然據玉海卷四六，似仁宗朝初於宣徽院修真宗史，後移中書；及史成，又復徙史院於宣徽院。今將該卷所載天聖間纂修三朝國史始末一並附録如左——

「祥符九年，監修國史王旦上太祖太宗兩朝國史，其修真宗實録未爲紀傳。天聖五年二月癸酉，仁宗詔曰：『先朝正史，久而未修，年紀寖遠，事成淪墜。宜令參政呂夷簡、副樞密夏竦修國史，宋綬、劉筠、陳堯佐同修，仍命宰臣王曾監修。』又命館閣王舉正、李淑、黄鑑、謝絳爲編修，復命馮元同修。初於宣徽院編纂，後移中書，命三司檢討食貨事件，三館供借書籍，擇司天官編綴天文律曆志。帝紀贊、論呂夷簡奉詔撰，紀即夷簡、夏竦修撰，餘皆同編修，分功撰録。六年八月，詔別修志、傳，委綬看詳，其帝紀專委夷簡、竦。八年六月十一日癸巳，夷簡等詣崇政殿上進，賜宴遷官，賜衣帶器幣。先是，太祖太宗紀六，志五十五，傳五十九，目録一，凡百二十卷；至是，修真宗史成，增紀爲十，志爲六十，傳爲八十，總百五十卷。此所謂三朝國史也。（原注：凡紀十卷，志增道釋、符瑞爲六十卷，列傳八十卷，總一百五十卷。）甲午，夏竦等遷官，各賜襲衣、金犀帶、器幣有差。監修而下進秩，而夷簡辭之。」

又神宗朝官修國史資料，本書闕載亦多，今亦就玉海同卷所載大略附録於此——

「熙寧修仁宗英宗兩朝正史條：「熙寧十年五月戊午，詔修仁宗英宗兩朝正史，以宰臣吴充提舉，龍圖閣直學士史館修撰宋敏求編（修），集賢院學士蘇頌同（修），集賢校理王存、黃履、林希同爲編修官。七月辛未，率官屬以二帝紀草二册進呈。上服靴袍御資政殿，學士、内侍進案，充與敏求進讀，上立而覽之，顧問反覆，至讀畢始坐。充等降階以謝，又命坐賜茶。」

元豐兩朝正史條：「熙寧十年丁巳五月戊午，命官修兩朝正史。元豐五年六月甲寅，修成一百二十卷：紀五卷，志四十五卷（原注：天文至河渠），傳七十卷。（原注：比之實録，事迹頗多，但非寇準而是丁謂，託之神宗詔旨。）上御垂拱殿，引監修國史王珪、修史官蒲宗孟、李清臣、王存、趙彦若、曾肇進讀紀（傳）。賜珪、宗孟銀絹、對衣、金帶，清臣等遷官，及與修史官蘇頌、黃履、林希、蔡卞、劉奉世以他職罷去，各賜銀絹有差。故相吴充、故史館修撰宋敏求賜銀絹。七月丁未，以史成，燕垂拱殿（原注：燕修史官）。」

「三朝史，天聖五年二月修，至八年六月成，凡歷四年；兩朝史，熙寧十年五月戊午修，元豐四年六月成，凡歷五年。」

元豐修五朝史條：「四年七月二十四日己酉，詔『直龍圖閣曾鞏素以史學見稱士類，見修兩朝國史將畢，當與三朝史通修成書。（原注：是年十一月廢編修院入史館。）宜以鞏充史館修撰，專典史事。』十一月，鞏上太祖總論，不稱上意。五年四月，遂罷修五朝史。」

〔三〕按以上自「修國史院言」以下文字，今又見於長編卷七八，所載乃真宗朝纂修太祖太宗兩朝國史時事。樞密院別撰時政記事參本卷第一六條校證〔五〕。

乾興元年十一月，以集賢校理王舉正、館閣校勘李淑並爲史館編修官。時修撰李維、宋綬言：「史館修撰舊四員，今祖士衡出外。伏緣先朝日曆，自大中祥符元年後未曾撰集，欲望擇館閣二員爲編修官。」遂以命之。【卷三之二二】

此條輯本爲卷三之四。其「乾興元年十一月」，「一」字原脫，今據輯本及宋會要（見輯本校證）補入。

大中祥符九年八月，以刑部郎中高紳爲史館修撰。紳即樞密使王欽若所引，不令修撰，止權判吏部銓。未幾，紳表外郡，方掌修撰。天聖元年，石中立以户部郎中充史館修撰，有司引紳例，亦不修日曆〔一〕。【卷三之二三】

〔一〕宋會要職官一八之七九：大中祥符「九年八月，以刑部郎中高紳爲史館修撰。紳即樞密使王欽若所引，不令修纂，止命權判吏部銓。未幾，紳求外郡，尋授直昭文館，自是領修撰者須（原作

「頒」）兩省五品以上方掌修撰。天聖元年，石中立以户部郎中充史館修撰，有司引紳例，亦不修日曆。」

長編卷八七：大中祥符九年八月「庚子，以刑部郎中直史館高紳爲史館修撰，同判吏部流内銓。紳與樞密使王欽若親厚，故引用之，但令判銓，實不掌修撰。自是領修撰者，須兩省五品以上乃掌修撰，遂爲例。及明年，紳求外任，故事修撰不帶出，復授直昭文館知越州。」

按本書此條，「九年八月」上原不載年號，注文中「天聖元年」原作「九年」，今並據宋會要及長編改補。又注文中「紳表外郡」下，據會要及長編顯有脱文，疑當補「尋授直昭文館，自是領修撰者須兩省五品以上」等字，因無原本對照，今暫付闕。又，原文自「紳即樞密使王欽若所引」以下，皆爲小注，今據文意改爲正文。

又按：本書此篇有關史館修撰内容分載數處，年代次序多有混淆，當亦後世竄亂所致。此條若僅據高紳除職年月，則當與上條互换位置。

嘉祐四年九月，史館修撰歐陽脩言：「史之爲書，以紀朝廷政事得失及臣下善惡功過，宜藏之有司。往時李淑以本朝正史進入禁中而焚其草，今史院惟守空司而已。乞詔龍圖閣別寫一本下編修院，以備討閲故事。」從之。【卷三之二四】

此條輯本爲卷二之一五。

元豐二年八月九日甲辰，同修起居注王存言：「古者左史記事，右史記言，唐貞觀初仗下議政事〔一〕，起居郎執筆記于前，史官隨之。其後或修或廢。蓋時君克己，勵精政事，則其職修；或庸臣擅權，務掩過惡，則其職廢。此理勢然也。陛下臨朝旰昃，睿明四達，動必稽古，言必本經，至於裁決萬幾，判別疑隱，皆出羣臣意表。欲望追唐貞觀典故，復起居郎、舍人職事，使得盡聞明天子德音，退而書之，以授史官。儻以爲二府奏事自有時政記，即乞自餘臣寮前後殿登對，許記注官侍立，著其所聞關於治體者，庶幾謨訓之言，不至墜失。」上諭存曰：「史官自黄帝時已有之，至漢武帝有禁中起居注，今起居注之名當始於此。近世誠爲失職，且人君與臣下言必關政理，所言公則公言之，所言私則王者無私，自非軍機，何用祕密！蓋人臣奏對有頗僻或肆譏慝，謂人君必須函容，難即加罪，因無所忌憚，若左右有史官書之，則無所肆其姦矣。」然卒不果行。

十一日丙午，詔修起居注官雖不兼諫職，如有史事，宜於崇政殿、延和殿承旨司奏事後直前陳述〔二〕。

八月甲寅〔三〕，詔諸司關報史館文字歸起居院，其關報日限舊五日者爲旬終，十日者爲月終，月終、歲終者依舊。以修起居注王存言：「近制，諸司供報事直供編修日曆所，則起居注更無文字可備編録〔四〕。又淳化中定諸司關報日限，或以五日，或以十日，或以月終，或以歲終，而近制改五日并月終報者並爲旬終，歲終報者爲月終。且三司金穀之增耗，經費之出納〔五〕，版圖之升降，固非月可見者，必待歲終而會計也，今使月一報，恐有司徒費虛文，無益事實。」故有是詔。【卷三之二五】

〔一〕唐貞觀初　「貞」原避宋諱作「正」，今改。下同。

按：本條內容凡三段，均見於宋會要職官二之一三——一四及長編卷二九九，其文字除以下注明者外，大致與本書無異。宋會要於條首又載王存元豐二年五月一日以國史院編修官史館檢討兼修起居注。

〔二〕按：「直前陳述」下，會要及長編又有「從修起居注王存請也」諸字。長編注：「王安禮傳云：『安禮同修起居注。故事，左右史記言動，毋得輒有所陳；至是，詔許直前奏事，自安禮始。』蓋安禮與王存同修注，其實存請之。熙寧四年七月，未兼諫職者乃許直前。」

〔三〕八月甲寅　此日期與會要及長編不同。會要作「二十四日」，長編作「乙未」，而是月丙申朔，乙未即二十四日，甲寅乃十九日。疑當從會要及長編。

〔四〕則起居注更無文字可備編録　此句會要及長編作「則起居注之職，除臣僚告謝等事外，更無文字可備編録。」

〔五〕經費之出納　「納」原作「約」，誤，據會要及長編改。

七年〔五〕月乙卯，詔著作暫闕官，校書郎或正字兼權。祕書省著作佐郎邢恕言：「官制，史館掌修撰國史、實録之事，其屬有日曆所。比廢編修院歸史館〔一〕。【卷三之二六】

〔一〕按：此條爲殘文。原文今見於宋會要運曆一之一六及長編卷三四五、三五〇。會要所載如下：元豐「七年五月十五日，詔著作暫闕官，校書郎或正字兼權。十一月三日，中書省言：『祕書省著作佐郎邢恕言（此「言」字原脱）：「官制，史館之屬有日曆所，比廢編修院歸史館，又罷崇文院及史館主判官國史、實録、修纂日曆諸司關報、時政記，並歸祕書省國史案。長、貳、丞與著作同領簽書，即難別有日曆所，乞諸司關報但稱祕書省。」堪會日曆長、貳、丞不與修纂，時政記、起居注並於著作所開拆，入庫對鎖。』詔自今後關報文字，並稱祕書省國史案，時政記、日曆事非編修官不與。八年八月六日，詔朝奉郎吏部郎中曾肇、朝請郎禮部郎中林希兼著作。職事官有兼職自此始。」長編所載邢恕奏言較會要稍詳，當是會要舊文。本書此條殘文與長編合。

又，本書此條繫時，原作「七年六月乙卯」，今以長編與會要互參，改「六月」爲「五月」。六月己巳朔，無乙卯。

原本錢穀題記

隆慶元年八月十日，蘇州府前杜氏書鋪收。（下有錢穀、叔寶二印）

黄丕烈跋

是書爲影宋舊鈔，惜止三卷，蓋未全本也。然實世間希有之書，與聚珍本不同，其中命篇敘次多異。初，書賈携來，手校一過，乃知其佳，旋因議價未諧，復携去。後知歸於西畇草堂，遂倩余友胡葦洲轉假影録一册，積想頓慰。還書之日，敬誌數語，以拜嘉惠。是書陳録云五卷，爲書十有二篇，今劄云三卷，就不全本影寫時改五爲三也；於每卷填上、中、下字，欲泯不全之迹爲之耳。隆慶云云一行，的係叔寶手蹟，尤可寶貴。書之可珍者在真本，此種是已，毋以不全忽之。嘉慶甲戌六月十有一日，復翁

張元濟跋

四庫著録，總目稱原書五卷，凡十二篇，篇名散見於永樂大典者祇存其九，曰沿革，曰省舍，曰儲藏，曰修纂，曰職掌，曰選任，曰官聯，曰恩榮，曰禄廪。是本僅存三卷，凡六篇，除官聯、選任、修纂外，有書籍、校讎、國史爲四庫本所無，意必可補其闕矣。而庸知不然，武英殿聚珍本與是本篇次不符，即篇名相同而所收各條屬於他篇者亦比比皆是。如沿革篇内闌入原書官聯第一、第六條；儲藏篇内闌入書籍第五至第八、第十二條；修纂篇内闌入書籍第十九條，校讎第二、第五、第八、第十、第十二條，國史第九條；職掌篇内闌入官聯第五、第七至第九、第十二條；選任篇内闌入國史第七條。惟官聯篇未見他類，然是本官聯篇凡十二條，第二條聚珍本未録；選任篇凡十三條，第五、六條未録；修纂篇凡十五條，第四、第九、第十一至第十四條未録。以此推之，其他六篇必多遺佚。且所録各條有不完者，有分合錯亂者，顛倒訛奪，不勝枚舉。然大典編輯無緒，纂修四庫諸臣裒輯叢殘，憑空排比，得此已非易易，固不能執是本以相責也。是本遇宋諱玄、鉉、桓、完、勾、購、慎等字，多闕末筆，必自宋本傳録。然有可疑者：卷首進書申省原狀何以特闕「書凡十有二篇」六字，五卷何以作三卷；南宋館閣録依是書體例編纂，其篇目亦以沿革、省舍、儲藏居前，而是本何以卷一即爲官聯、選任，次第亦嫌未合。意者影寫之時，原書僅存三卷，狀文已被剜改，卷第亦有移動，寫官依樣描畫，故致有此舛誤。若如黄復翁言，爲影寫者所爲，則何不並將「書凡十有二篇」六字改爲「書凡六篇」，反盡泯其痕迹乎！是可見此六字，原書久作空白矣。原書每卷之上、中、下字，黄氏指爲書賈所填，細辨誠信。聚珍本校勘殊慎，有可以糾正是本者，別撰校記附印如左。海鹽張元濟

卷次	葉次	行次	本書	聚珍本
一	三	後九	其祕書省事亦掌爲	爲下有之字
	四	前十	而蘭臺亦所藏之書	亦下有有字
	五	前十	其書省	其下有祕字
		後八	則所掌祠祭祀版而已	祀作祝
	十三	後二	自後五六歲不出仕官	官作宦
二	十三	後十	王欽若檢校太師	王上有加字
	十四	前一	直集賢院初暐	初作祈
		後四	景祐一年（一爲二字之半形）	一作元，注謂當作二年

三

一　後三注　知制誥范果　果作杲

六　前八　請出御集錢解其義　錢作箋

七　後五　天章閣待講　待作侍

後八　内殿承制正從禮　正作王

附録一

麟臺故事佚文

大宴學士院具食

故事，大宴未赴坐間，學士院嘗爲館閣官具食。蓋祖宗時，内外制官無不自三館出，館中之人，往往前日僚友之舊，道義之交，不專以勢利高下爲心，故每於是日小集，從容談笑也。近時具食雖如故，乃設於學士院門幕次内，蓋未嘗見玉堂主人也。竊意前輩不爾，淳化中太宗以飛白「玉堂」等四字賜翰林，而學士承旨蘇易簡會兩制於玉堂，直祕閣潘謹修與焉，略可見也。玉堂雜記卷下及南宋館閣録卷六　按南宋館閣録引此條止於「玉堂主人也」五字處，無「竊意」以下四十八字，標題亦館閣録著者所加。又潘謹修本名慎修，玉堂雜記以避宋孝宗趙昚諱改「慎」爲「謹」。

餞會

三館、祕閣官陞遷、外補者，衆必醵會置酒，集於僧舍以餞之；其外補者，或賦詩以贈其行。祖宗盛時，三館之士出局，必相過從，或集於名園僧舍，飲酒賦詩。南宋館閣録卷六　按此條所載，「祕閣官」及「名園僧舍」兩處，目前通行本南宋館閣録（四庫全書輯本）分別作「祕書」及「名區僧舍」，今據原書宋刻殘本之清抄本補改。標題亦館閣録著者所加。

附録二

程俱傳狀

宋史卷四四五程俱傳

程俱，字致道，衢州開化人。以外祖尚書左丞鄧閏甫（按「閏」當作「潤」，見本書殘本卷一之二七）恩補蘇州吴江主簿。監舒州太湖茶場，坐上書論事罷歸。起知泗州臨淮縣，累遷將作監丞。近臣以譔述薦，遷著作佐郎。宣和二年進頌，賜上舍出身，除禮部郎，以病告老，不俟報而歸。建炎中爲太常少卿知秀州。會車駕臨幸，賜對，俱言：「陛下德日新，政日舉，賞罰施置，仰當天意，俯合人心，則趙氏安而社稷固。不然，則宗社危而天下亂，其間蓋不容髮。」高宗嘉納之。金兵南渡，據臨安，遣兵破崇德、海鹽，馳檄諭降，俱率官屬棄城保華亭，留兵馬都監守城。朝廷命俱部金帛赴行在，既至，以病乞歸。紹興初始置祕書省，召俱爲少監，奏修日曆，祕書長、貳得與修纂自俱始。時庶事草創，百司文書例從省記，俱摭三館舊聞比次爲書，名曰麟臺故事上之，擢中書舍人兼侍講。俱論「國家之患，在於論事者不敢盡情，當事者不敢任責。言有用否，事有成敗，理固不齊。今言不合則見排於當時，事不諧則追咎於始議。故雖有智如陳平，不敢請金以行間；勇如相如，不敢全璧以抗秦；通財如劉晏，不敢言理財以贍軍食。使人人不敢當事，不敢盡謀，則艱危之時，誰與圖回而恢復乎！」武功大夫蘇易轉橫行，俱論：「祖宗之法，文臣自將作監主簿至尚書左僕射，武臣自三班奉職至節度使，此依次遷轉之官也。武臣自閤門副使至内客省使爲横行，不繫磨勘遷轉之列，其除授皆頒特旨。故元豐之制以承務郎至特進爲寄禄官，易監主簿至僕射之名，武臣獨不以寄禄官易之者，蓋有深意也。政和間改武臣官稱爲郎、大夫，遂並横行易之爲轉官等級。蓋當時有司不習典故，以開僥倖之門。自改使爲大夫以來，常調之官下至皂隸，轉爲横行者不可勝數。且文臣所謂庶官者，轉不得過中大夫，而武臣乃得過皇城使，此何理也？夫官職輕重在朝廷，朝廷愛重官職，不妄與人，則官職重，反是則輕。輕則得者不以爲恩，未得者常懷觖望，此安危治亂所關也。」徐俯爲諫議大夫，俱繳還，以爲「俯雖才俊氣豪，所歷尚淺，以前任省郎遽除諫議，自元豐更制以來未之有也。昔唐元稹爲荆南判司，忽命從中出，召爲省郎，使知制誥，遂喧朝聽，時謂監軍崔潭竣之所引也。近聞外傳俯與中官唱和，有『魚須』之句號爲警策，臣恐外人以此爲疑，仰累聖德。陛下誠知俯，姑以所應得者命之」。不報。後二日，言者論俱前棄秀州城，罷爲提舉江州太平觀。久之，除徽猷閣待制。俱晚病風痺，秦檜薦俱領史事，除提舉萬壽觀實録院修撰，使免朝參。俱力辭不至，卒年六十七。俱在掖垣，命令下有不安於心者，必反覆言之，不少畏避。其爲文典雅閎奥，爲世所稱。

北山小集卷末附程俱行狀

（原題：宋故左中奉大夫徽猷閣待制新安縣開國伯食邑九百户致仕贈左通奉大夫程公俱行狀）

曾祖伯照，故贈光禄卿；祖母扶風郡太君魯氏、彭城郡太君錢氏

祖迪，故任尚書都官郎中致仕；祖母仁和縣君江氏、儒居縣君慎氏、天水縣君余氏

父天民，故瀛州防禦推官、信州貴溪縣丞，贈左宣奉大夫；母太碩人鄧氏

公諱俱，字致道，衢州開化人。程氏實高陽之裔。周成王時伯符封國於程，休父爲宣王司馬，後因以國爲姓。春秋時嬰以立趙孤顯。六國時邈爲秦獄吏，易大小篆爲隸書。漢有不識，魏有昱，號名將。晉元帝即位，命元譚爲新安太守，百姓悦之，代還，遮道請留，不得去，詔從其請；比卒，賜其子孫田宅於新安之歙縣，遂居黄墩。遷開化北原者，公十世祖也。

公之曾祖光禄君樂愷平易，重然諾，喜施與，鄉里稱爲長者。祖父都官君始以儒奮，擢進士第。治劇邑有德於民，唐質肅介爲江東轉運副使日特加賞遇，以爲不任威刑而人不犯，雖古循吏無以加也。父宣奉君爲兒時，日誦數千言，成童作文，握筆立就；未冠舉進士，試南宮爲第一，廷試中甲科，益博觀典籍，研繹奥義，常進所撰詩、書、論，得相州、饒州州學教授，遷瀛州防禦推官、貴溪縣丞攝令事，闔邑欣賴；召試太學博士而卒。

公時方年九歲，哭泣哀毁，見者咨嘆。終喪，從母氏寓外家。母性嚴，公左右承意，得其歡心，外祖尚書鄧公左丞潤甫深奇之。後其家人緣左丞意，奏補公假承務郎，紹聖四年授蘇州吴江縣主簿。時徽宗即位，肆赦放免秋苗，本縣復行催理，吏持文書通簽，公即申縣請準赦蠲放。而轉運司牒準省符講求遺利，公申狀謂「財用之在天下，譬之衆川之水，豬之萬頃之陂，決漏既多，乾涸可待，乃欲崎嶇回遠、引綫脉之流以益之，不如塞其陂之決漏而已。今諸路之賦入則衆川是也，萬頃之陂則總計是也；決漏如江河則無藝之費是也，崎嶇回遠、引綫脉之流以益之則講求遺利是也。凡無藝之費一切罷之，則（神宗皇帝）息民裕國之政具在，守而勿失，可以有餘」。見者驚嘆，亦或指以爲狂。任滿，辟差舒州太湖茶場，以上書論時政罷歸。時執政者方力持紹述之説以售其私，凡持正論者斥以爲邪，雖被擯廢，人更以爲榮焉。大觀初監常州市易務，八寶恩遷補通仕郎。政和元年改宣德郎，差知泗州臨淮縣事。三年，召赴審察，以前上書報罷，尋主管兖州岱嶽觀。七年，差通判延安府，以侍親非便，辭改通判鎮江府，俄除編修國朝會要所檢閲文字。八年，兼道史檢討。宣和二年，轉承議郎，賜五品服。明年，除將作監丞。時論謂公以儒術世其家，今藝學績文士鮮出其右，近臣亦推公長於譔著，於是以聞，徽宗即遷祕書省著作佐郎，賜上舍出身。三年，除禮部員外郎。駕幸祕書省，特旨召觀書閣下，因賜御筆書畫，遷朝奉郎。五年，丁母憂；七年，復除禮部員外郎。以病告老，不俟報而歸，坐謫。

歲餘，今上登極，轉朝請郎。建炎三年，復爲著作佐郎。再遷禮部員外郎，除太常少卿，卧家力辭，章四上，遂以直祕閣知秀州。會車駕臨幸，有旨賜對，公奏事訖，即啓陳濟大業，致中興之説，言極剴切。有曰：「陛下盛德日新，政事日舉，賞罰施置，仰有以當天意，俯有以合人心，則趙氏安而社稷固。苟爲不然，則天之所以眷佑者將恐替，人之所以欣戴者將恐離，如是則社稷危而天下亂，其間蓋不容髮。」上欣然納之。及虜騎南渡，既據臨安，遣兵破崇德、海鹽，公厲兵守禦方力，已降省劄，令公遷避，復被旨管押錢帛，由海道趨行在。始出華亭，宣撫使留公有旨，趣使津發，因航海至永嘉。既朝見，以病乞歸鄉聽命，時建炎四年三月也。冬，復召赴行在。紹興改元，始置祕書省，即以公爲祕書少監；九月，除中書舍人，仍兼侍講。二年，罷職，提舉江州太平觀。四年，差知漳州，以病辭，改提舉臺州崇道觀。五年，復集英殿修撰。六年，除徽猷閣待制。九年，除提舉萬壽觀，充實録院修撰。先是，公得風痺之疾，朝廷知公步趨拜跪良難，特緣兵火之後，簡册散逸，謂公雅精史學，持心平實，欲使免朝參，坐局充職。其意甚厚，而公以疾力辭，乃差提舉亳州明道宫。累官至朝議大夫，三遇明堂郊祀，恩封新安縣開國伯，食邑九百户。十四年六月，疾稍寖，乞致仕，轉左中奉大夫；壬辰，卒於寢，享年六十有七。遺表聞，贈左通奉大夫。

公初娶新昌石氏，贈令人；再娶同郡江氏，封令人。男一人，曰行敏，右承務郎監潭州南嶽廟。女三人，孟以病在室，仲嫁右承務郎提點坑冶鑄錢司檢踏官趙伯暘，季嫁右迪功郎監潭州南嶽廟江振卿。

公天資端方誠直，言動不妄，思慮精切，志趣高遠。加以該洽深邃之學，典雅閎奥之文，自其幼年未仕，人推爲有父風。稍任州縣，即能遇事引義，慷慨論列利害。及緣上書坐譴，湮阨連年，饑寒轉迫，氣益堅剛，而自信愈篤，學業大成，偉然有公輔之望。然不能以辭色假人，頗亦寡徒少侶，訕笑隨之。而與之深交者，率名卿才大夫，或其丈人行。久之，名實益孚，其再佐著作、三爲郎儀曹，朝廷蓋欲用之矣。晚登掖垣，侍經席，凡命令之下，竭思畢慮，有不安於心者，率明白反覆言之；其進講若故事，必考古驗今，曲致規鑒，未嘗有所觀望畏避。大抵務合人情，當事機，守祖宗之法度，遵先聖之訓誥，非持甚高難行之論，以苟邀名取譽也。每憂外難未夷，寢食不置，章奏數上。如所謂「國家之患，在於論事者不敢盡情，當事者不敢任責。言有用否，事有成敗，理固不齊。今言不合則見排於當時，事不諧則追咎於始議，故雖有智如陳平，不敢請金以行間；勇如相如，不敢全璧以抗秦；（善將如韓信，不敢言去關中而下三秦；）通財如劉晏，不敢言理財以贍軍食」。此有志祖宗之制，謂「近年禁庭宫邸，與夫宗室貴戚之家，其享富貴之奉，極驕奢侈麗之欲，皆自古所無有；然其卒也，流離狼狽，亦自古所無之。而懷利封己之人，習熟聞見，至今猶以侈大爲當然，以儉嗇爲削弱，此不可以不變」。又論「武臣轉官，皆自武功大夫轉入横行，得者既衆，則官益輕，使人人皆懷欲得之心，無有紀極，在於厲士勸功之時，其爲弊害尤大。祖宗之法，文臣自將作監主簿至尚書左僕射，武臣自三班奉職至節度使，即是以次遷轉之官；而武臣自閤門副使至内客省使爲横行，不係磨勘遷轉之列。既不係磨勘，即非皇城使所得轉入之官，其除授皆須特旨，故元豐肇新官制之時，以承務郎至特進爲寄禄官以易監主簿至僕射之名，而武臣獨依舊，不以寄禄官易之，蓋有深意也。政和間改武官稱爲郎、大夫，遂並横行易之，而爲轉官之等級。此皆當時有司不習典故，不思祖宗之深旨，率意改更，以開僥倖之門，故流弊日深。且文臣之所謂庶官者，轉不得過中大夫，而武臣乃得過皇城使，此何理也？自改使爲大夫以來，常調之官下至皂隸，轉爲横行者不可勝數，其弊極矣。夫官職之輕重，在朝廷所以用之而已，朝廷愛重官職，不妄與人，則官職重；若輕以與人，得者冗濫，則官職輕。官職輕，則得者不以爲恩，未得者常懷觖望」。他人莫能言也。顧任職未幾而罷，罷未幾而病，病卒不可復起，此有識之士所以深爲天下惜也。

公平生著述，不可勝紀，已抱病猶不輟。然憂深慮危，時時芟削焚棄。今所存者，北山小集四十卷，麟臺故事五卷，默説三卷，餘無傳焉。其孤卜以九月辛酉葬於開化縣北山之原，屬瑀狀公行實，將求銘於鉅儒碩學，以圖不朽，謹考核叙如右。紹興十四年九月　日，龍圖閣學士左中奉大夫提舉江州太平觀鄱陽縣開國子食邑五百户賜金紫魚袋程瑀狀

按：行狀中所引程俱言論，均係摘要，其原文今俱見於程俱北山集中。其「善將如韓信」云云一句，行狀削去不書，詞氣欠完，故今從北山集補録之。宋史本傳據行狀載録，亦不存此句。又，四庫全書所收新安文獻志亦載此行狀，有錯字及清人改字。

附録三

麟臺故事叙録題跋

宋晁公武叙録

麟臺故事五卷

右皇朝程俱撰。紹興初復館職，俱首入館，纂集舊聞成十二篇。郡齋讀書志卷二下　史部職官類　按：此見於今本郡齋讀書志，而較文獻通考所録（見下）少二十四字，似有脱佚。

宋陳振孫解題

麟臺故事五卷

中書舍人新安程俱致道撰。中興之初復置館職，俱爲少蓬，采摭舊聞參考裁定條上，既略施行，而爲書十有二篇以進。俱在承平時凡三入省，故其見聞爲詳。直齋書録解題卷六　史部職官類

宋王應麟叙録

紹興麟臺故事

唐韋述作集賢注記；元祐中宋匪躬作館閣録；紹興元年九月十九日，祕書少監程俱上麟臺故事五卷(原注：十二篇)。淳熙四年秋，陳騤續爲館閣録十卷，記沿革、省舍、儲藏、修纂、撰述、故實、官聯、廩禄、職掌。(原注：宋、程皆祖韋氏，而宋録後四卷俄空焉。紹興元年二月丙戌復祕書省。)玉海卷五一藝文典故會要類

麟臺故事五卷，紹興元年祕書少監程俱撰。時復置祕書省，俱采摭三館舊聞及法令因革別爲十二門上之。玉海卷一六五　宫室館類建隆昭文館太平興國三館四館條引中興館閣書目。

元馬端臨叙録

麟臺故事五卷

晁氏曰：皇朝程俱撰。紹興初復館職，首入館，纂集舊聞成十二篇。予所藏書，斷自南渡之前，獨此書以載官制後事爲詳，故録之。

陳氏曰：俱在承平時凡三入省，故其見聞爲詳。文獻通考卷二〇二　史部職官類

清李光廷跋

右宋程俱麟臺故事　四庫全書著録在史部職官類中。案唐自元宗置翰林學士，與集賢院學士分掌制誥，歷代相沿，遂爲儒臣定職。宋太宗右文，初置三館，復增祕閣，鑾輅不時臨幸，賞書賜宴，高爵厚禄，實儒臣之極榮，載之簡編，皆成故事。特職官志所收既狹，諸家著述亦有得而遺。俱於紹興復古之初，身爲少監，舊章尚存，足資編纂，故取爲此書，多述宋初待士恩榮，文采爛然，足備一朝詞林掌故。後陳騤南宋館閣録實踵是書。至周必大玉堂雜記，多述私恩，罕言典制，則去此書遠矣。唐李肇翰林志之後，此書不可不録也。同治癸酉十月番禺李光廷識。本書武英殿聚珍版及榕園叢書守約篇乙集本卷末

清孫星華跋

右宋程俱撰麟臺故事十二篇，五卷。原本久佚，乾隆間館臣於永樂大典中搜輯排比，益以説郛所載，仍編爲五卷。惟僅得九篇，以聚珍版印行，即此本也。近歸安陸氏得宋抄殘本三卷，補以聚珍本，刻入叢書中，不特於聚珍本九篇外增有書籍、校讎、國史三篇，與原本十三篇篇數適合，即聚珍本已有之九篇，復多出正文、夾注至五十餘條之多，而編排次序及字句多寡、條數分合，亦且異同甚夥。陸氏又從淳熙玉堂雜記、中興館閣録兩書内各採補一條，因無篇類可歸，附側於卷末。兹悉據以編爲拾遺二卷，並另附考異一卷，篇次一依聚珍本之舊。其較聚珍本多出之三篇，編諸拾遺末幅。若拾遺起自儲藏篇者，以沿革、官舍兩篇無可拾遺，故篇題亦不贅列，非漏略也。至如聚珍本在某篇，宋本則在某篇，均於各條下加按語標明之。惟陸氏叢書本欲以存宋本之舊，故先列殘宋本三卷，而以聚珍本補宋本之闕，則以宋本拾聚珍本所遺，是以編次迥不相同；若考異，則又陸氏所未及爲者。繕寫既畢，爰綴數語於末簡。光緒甲午仲冬會稽孫星華(原注：原名詠裳)識。本書武英殿聚珍版光緒校補本卷末

近人傳增湘題記

麟臺故事五卷 宋程俱撰　存卷一至三，計三卷

影寫宋刊本，十行二十字。卷尾有「隆慶元年八月十日蘇州府前杜氏書鋪收」一行，爲錢叔寶穀筆。次行題「紹興元年七月朝請郎試祕書少監程俱記」，前有俱奏章及中書省劄一葉。有黃丕烈跋：

（見殘本卷末，此從略）

藏印如左：「紅豆山房校正善本」、「祕本」、「仲遵」、「陳氏家藏」、「西畇草堂」、「壿印」、「陳壿私印」、「仲遵」、「仲遵考藏」、「西畇草堂考藏」、「文登于氏小謨觴館藏本」、「戴芝農收藏書畫記」、「池北書庫收藏」、「惠棟之印」、「字曰定宇」、「居易」、「中吴錢氏收藏印」、「錢穀」、「叔寶」。（此書歸蔣孟蘋。己未）

麟臺故事五卷 宋程俱撰　存卷一至三，計三卷

影寫宋刊本，十行二十字。前録紹興元年程俱進書奏劄。卷三末有「隆慶元年八月十日蘇州府前杜氏書鋪收」一行，後録黃丕烈跋，言是錢叔寶所書。鈐有「馬玉堂」、「笏齋」二印。（李木齋遺書。辛巳）

麟臺故事五卷 宋程俱撰　存卷一至三

影寫宋刊本，十行二十字。録有黄丕烈跋。（古書流通處送閲。壬戌）以上録自藏園羣書經眼録

附録四

主要參考書目

宋會要輯稿　中華書局點校本　簡稱宋會要

李燾續資治通鑑長編　中華書局點校本　簡稱長編

王應麟玉海　江蘇古籍出版社、上海書店影印本

馬端臨文獻通考　中華書局影印本　簡稱通考

宋史　上海古籍出版社二十五史影印本

江少虞皇宋事實類苑　四庫全書文淵閣本影印本（以下不注版本者均爲此本）

陳騤等南宋館閣録、續録
楊仲良續資治通鑑長編紀事本末　廣雅書局刊本
趙汝愚國朝諸臣奏議
章如愚山堂考索
王稱東都事略
孫逢吉職官分紀
不著撰人元豐官制不分卷　宋史資料粹編本
范仲淹范文正公集　四部叢刊本
歐陽修歐陽文忠公集
劉安世盡言集
程俱北山小集
歐陽修歸田録

沈括夢溪筆談
蔡絛鐵圍山叢談
葉夢得石林燕語
洪遵翰苑羣書
洪邁容齋隨筆、四筆、五筆
周必大玉堂雜記
王辟之澠水燕談録
吴處厚青箱雜記
胡仔苕溪漁隱叢話
周密武林舊事
費衮梁谿漫志
吴曾能改齋漫録
王君玉國老談苑
陳師道後山叢談

孟元老東京夢華録

吴自牧夢粱録

釋文瑩玉壺清話　知不足齋叢書本

晁公武郡齋讀書志

陳振孫直齋書録解題

史記　二十五史影印本

漢書二十五史影印本

隋書經籍志　二十五史影印本

新唐書　二十五史影印本

李林甫注唐六典

王溥唐會要

王溥五代會要

附録五

麟臺故事校證内容細目分類索引表

説明

一、此表主要供檢索本書内容使用，同時作爲本書輯本、殘本互見條目的一種輔助表格供參考。

二、表中所列，包括二本正文及部分校注中的内容。凡正文所載，均予臚列；校注所引，則僅就超出正文之外的補充内容擇要列入，純爲疏證者祇列正文。所涉前代史實一般不列。

三、表分三欄，每條先列標題，下爲分别注明所在輯本、殘本卷第條次及葉數；其中出於校注内容者，則並於條數之下以頓號隔開，附注校證序號。如某條爲輯本「卷一之一、一」，即指該條在輯本第一卷第一條（【卷一之一】）校證〔一〕。殘本同此。

四、條目標題係校者所擬。凡原書正文中内容較單純的條目，盡量每條擬一題；内容較多而不易概括者，則視需要適當擬爲二題或三題。

五、條目分類大致依照二本原載而混合編排。因二本合而計之共有十二篇（不計重複篇名），故今表中亦列十二類；惟官聯、職掌兩門内容多相關聯，不便離析，故今合併著録。門類次序仍始於沿革，終於禄廪。但各類中有部分條目作了適當調整，以力求内容與分類一致；個别條目亦有於不同門類中互見者。至於每類之下各條，則大致依照所載史事之時間順序排列，不盡符合原書卷第條次。

内容條目	所在輯本卷第條次	葉數	所在殘本卷第條次	葉數
沿革				
唐弘文館	卷一之一、一	七		
唐史館	卷一之一、一	八		
唐集賢殿書院	卷一之一、一	八		
五代三館	卷一之一、一	八		
太平興國新建崇文院	卷一之一、二	九		
端拱置祕閣	卷一之二	一九	卷一之八	二三五

內容條目	所在輯本卷第條次	葉數	所在殘本卷第條次	葉數
			卷二之三	二五九
淳化祕閣次三館	卷一之三	二二	卷一之七	二三三
元豐祕書省	卷一之一、五	一四	卷一之一	二三六
省舍				
淳化增修祕閣、景德廣祕閣	卷一之四	二五		
大中祥符徙起居院於三館	卷一之五	二七		
大中祥符別建崇文外院	卷一之六	二八	卷二之一四	二七〇
天聖開內館	卷一之七	三一		
天聖徙三館、嘉祐至元祐廣三館	卷一之八	三三		
政和新建祕書省	卷一之九	三五		
儲藏				
宋初館閣儲藏	卷一之一、二	九	卷二之一	二五五

續表

内容條目	所在輯本卷第條次	葉數	所在殘本卷第條次	葉數
	卷一之二	一九		
端拱命館職分領四庫	卷一之一五	四四	卷二之七	二六一
淳化以太宗御製詩文藏祕閣	卷一之一〇	三八		
淳化太宗幸祕閣觀書	卷一之一一	三九		
淳化以太宗御製草書藏祕閣			卷二之四	二五九
至道以尋訪圖書藏祕閣	卷一之一二	四〇	卷二之八	二六二
至道以太宗御飛白書藏祕閣			卷二之九	二六二
咸平真宗幸崇文院閱羣書	卷一之一三	四三		
咸平以新編太宗御集藏三館祕閣	卷一之一四	四三	卷二之一二	二六六

內容條目	所在輯本卷第條次	葉數	所在殘本卷第條次	葉數
大中祥符至天禧以真宗御製御集藏館閣			卷二之一三	二六八
龍圖閣藏書	卷二之二三、一	一〇二		
太清樓藏書			卷二之一一、一	二六六
徽宗朝祕閣藏書	卷一之二、三	二〇		
書籍				
宋初收諸國圖書			卷二之一	二五五
乾德下詔求書			卷二之一	二五五
太平興國下詔求書			卷二之二	二五八
咸平整比館閣羣書	卷一之一五	四四	卷二之六	二六〇

續表

内容條目	所在輯本卷第條次	葉數	所在殘本卷第條次	葉數
			卷二之一〇	二六三
咸平至景德寫太清樓、龍圖閣書			卷二之一一	二六三
			卷二之二三	二八八
咸平景德間館閣藏書之數			卷二之一一、一二	二六六
咸平下詔求書	卷一之一五	四四	卷二之七	二六一
			卷二之一二	二六六
大中祥符校理館閣羣書			卷二之一四	二七〇
			卷二之二六	二九〇
大中祥符購募圖書			卷二之一四	二七〇

内容條目	所在輯本卷第條次	葉數	所在殘本卷第條次	葉數
天禧搜訪圖書			卷二之一五	二七二
			卷二之一六	二七二
景祐至嘉祐編校館閣羣書	卷二之一四、二	七八	卷二之一七	二七三
	卷三之一〇	一三〇		
景祐仁宗御崇政殿觀新校書	卷二之一二	七六	卷二之三一	二九五
嘉祐下詔求書			卷二之一八	二七五
嘉祐補寫祕閣書			卷二之一八	二七五
政和拘收館閣借出書籍			卷二之一九	二八〇
宣和補寫御前書籍			卷二之一九	二八〇

續表

内容條目	所在輯本卷第條次	葉數	所在殘本卷第條次	葉數
徽宗朝搜訪圖書			卷二之一九、一	二八〇
哲宗徽宗朝校對黄本書	卷二之一九、五	九二		
校讎				
淳化校史記漢書後漢書			卷二之二〇	二八五
咸平校三國志晋書唐書			卷二之二〇	二八五
咸平校七經疏義	卷二之三	五四	卷二之二〇	二八五
景德詳定諸經文字	卷二之三	五四	卷二之二〇	二八五
咸平至景德覆校史記漢書後漢書			卷二之二二	二八七
景德至大中祥符校莊子	卷二之五	六二	卷二之二四	二八九

内容條目	所在輯本卷第條次	葉數	所在殘本卷第條次	葉數
景德至大中祥符校列子	卷二之五	六二	卷二之二四	二八九
宋初校其他經典諸子	卷二之五、四	六三		
景德校文苑英華暨文選	卷二之一、四	五〇	卷二之二五	二九〇
大中祥符校道藏	卷二之八	六六	卷二之二七	二九二
大中祥符至天禧校十道圖暨天下圖經			卷三之六	三〇四
天聖校南北史隋書			卷二之二八	二九二
天聖降罷校勘官陳從易等職			卷二之二九	二九三
景祐覆校南北史			卷二之二八、一	二九三
景祐覆校史記漢書後漢書	卷二之一一	七三	卷二之三〇	二九四

續　表

內容條目	所在輯本卷第條次	葉數	所在殘本卷第條次	葉數
景祐重校地理書			卷二之三一附注	二九五
嘉祐校宋齊梁陳後魏後周北齊書			卷二之一八	二七五
嘉祐校醫書			卷三之一三	三一四
嘉祐校兵書			卷三之一四	三一五
熙寧宋敏求請廣求兼本分代校書			卷二之一八	二七五
哲宗朝校高麗獻到醫書			卷二之三一附注	二九五
館閣校勘考功之制			卷二之一九、二一	二八三
			卷二之三一附注	二九五
修纂				

内容條目	所在輯本卷第條次	葉數	所在殘本卷第條次	葉數
太平興國至雍熙纂文苑英華	卷二之一	四九	卷三之一	二九七
咸平修續通典	卷二之二	五三	卷三之二	二九八
景德至大中祥符纂册府元龜	卷二之四	五七	卷三之三	二九八
景德至大中祥符修天下圖經			卷三之四、一	三〇一
景德修朝陵地理記			卷三之四、一	三〇一
景德重修十道圖			卷三之四、一	三〇一
大中祥符纂彤管懿範	卷二之四	五七	卷三之三	三〇一
大中祥符修東封所過州縣圖經			卷三之四	三〇一
大中祥符修祀汾陰所過州縣圖經（土訓纂録）			卷三之四	三〇一
大中祥符修朝謁太清宮所過州縣圖經			卷三之四	三〇一
大中祥符編繪祥瑞	卷二之六	六五		
大中祥符編封禪記	卷二之七	六五	卷三之五	三〇四

續表

内容條目	所在輯本卷第條次	葉數	所在殘本卷第條次	葉數
天禧箋解真宗御集	卷二之九	六八	卷三之七	三〇六
天禧重編真宗御集	卷二之九	六八	卷三之七	三〇六
天禧修真宗聖政記	卷二之九	六八	卷三之七	三〇六
乾興至天聖纂天和殿御覽			卷二之二八、一	二九三
明道注釋仁宗御製三寶讚、皇太后發願文			卷三之九	三〇七
寶元天人祥異書	卷二之一三	七七	卷二之一八	二七五
天聖至慶曆修三朝國朝會要	卷二之一〇	七一	卷三之八	三〇六
景祐至慶曆修崇文總目	卷二之一四	七七	卷三之一〇	三〇七
慶曆修太平故事			卷三之一一	三〇八

内容條目	所在輯本卷第條次	葉數	所在殘本卷第條次	葉數
皇祐修三朝訓鑒圖			卷三之一一	三〇八
皇祐編地里新書			卷二之三一附注	二九五
慶曆至嘉祐修新唐書			卷三之一二	三一一
熙寧編修經武要略	卷二之一六	八〇	卷三之一五	三一六
熙寧刪定九域志	卷二之一七	八二	卷三之六	三〇四
熙寧至元豐續修國朝會要	卷二之一〇、一	七二		
元豐後修官制敕令格式	卷二之二〇、一	九五		
政和修祕書總目	卷二之一九、五	九二		

内容條目	所在輯本卷第條次	葉數	所在殘本卷第條次	葉數
徽宗朝續修會要	卷二之二一、一	九八	卷一之一三	二三八
徽宗朝續修九域圖志	卷二之二一、一	九八	卷一之一三	二三八
國史				
宋初修日曆			卷三之一六	三一六
			卷三之二〇	三一八
太平興國復時政記			卷三之一六	三一六
			卷三之二一	三三〇
雍熙胡旦奏修紀志表傳			卷三之一六	三一六
淳化修太祖正史			卷三之一七	三三一

續表

内容條目	所在輯本卷第條次	葉數	所在殘本卷第條次	葉數
淳化修左右史之職			卷三之一八	三一六
至道修太宗實録			卷三之一九	三一七
咸平重修太祖實録			卷三之一九	三一七
咸平進奏院報狀五日一寫上史館			卷三之二一	三二〇
大中祥符樞密院別撰時政記			卷三之一六	三一六
			卷三之二一	三二〇
景德至大中祥符修兩朝國史			卷三之二〇	三一八
天聖修三朝國史			卷三之二一、二二	三三一
嘉祐歐陽修請別寫國史下編修院	卷二之一五	八〇	卷三之二四	三三四

續表

內容條目	所在輯本卷第條次	葉數	所在殘本卷第條次	葉數
熙寧至元豐修兩朝正史			卷三之二一、二二	三三一
元豐修五朝國史			卷三之二一、二二	三三一
元豐後國史日曆分爲二			卷三之一六	三一六
元豐王存請修起居注官登殿侍立			卷三之二五	三三五
元豐詔許修起居注官直前陳述			卷三之二五	三三五
元豐詔諸司關報史館文字歸起居院			卷三之二五	三三五
元豐詔校書郎或正字兼權著作官			卷三之二六	三三七
元豐詔諸司關報文字並稱祕書省國史案			卷三之二六	三三七
編修院(史院)沿革	卷四之二、五	一六八	卷三之二一	三三〇

內容條目	所在輯本卷第條次	葉數	所在殘本卷第條次	葉數
官聯職掌				
館職總述	卷一之一	七	卷一之一	二二九
昭文館職官、職掌			卷一之二	二三〇
史館職官、職掌	卷四之二	一六七	卷一之三	二三〇
集賢院職官、職掌	卷四之一	一六三	卷一之四	二三一
崇文院職官、職掌	卷四之一	一六三	卷一之四	二三一
祕閣職官、職掌	卷四之一	一六三	卷一之五	二三一
			卷一之八	二三五
祕書省職官、職掌	卷一之一、五	一四	卷一之六	二三二

續表

内容條目	所在輯本卷第條次	葉數	所在殘本卷第條次	葉數
	卷二之一八	八五	卷一之八	二三五
	卷四之八	一七五	卷一之一一	二三六
祕書省下屬諸案	卷二之二〇	九五		
監三館祕閣書籍官	卷四之一	一六三	卷一之四	二三一
館閣編校書籍官	卷二之一九	九〇	卷一之九	二三六
	卷三之八	一二八	卷一之一〇	二三六
	卷三之一〇	一三〇	卷一之二二	二五〇
崇文院校書	卷三之一〇	一三〇	卷一之二二	二五〇
元豐祕書省官額	卷一之一、五	一四	卷一之一三	二三七

內容條目	所在輯本卷第條次	葉數	所在殘本卷第條次	葉數
	卷四之九	一七五		
政和置提舉祕書省道録院	卷四之一二	一八六	卷一之一二	二三六
宣和仿唐制定館職十八員之數	卷四之九	一七五	卷一之一三	二三七
宣和以中貴人提點三館祕閣	卷四之一三	一八七	卷一之一二	二三六
北宋末館職除授之冗濫	卷四之九、二	一七六		
館閣宿直之制	卷二之二二	一〇〇		
龍圖、天章閣建置沿革及宿直之制	卷二之二三	一〇二	卷一之八	二三五
選任				
館閣選任之優	卷三之一	一〇八	卷一之一四	二三八

續表

内容條目	所在輯本卷第條次	葉數	所在殘本卷第條次	葉數
宋初館職除授	卷一之一、三	一〇	卷一之一六	二三九
	卷三之一	一〇八		
翰林侍讀、侍講學士	卷三之二	一一一		
	卷五之七			
端拱李至爲祕書監	卷三之一	一〇八	卷一之一五	二三九
至道黃夷簡特除館職			卷一之一九	二四六
咸平王曾特試館職於政事堂	卷三之三	一一三		
咸平館閣久次者特遷官	卷四之三	一七〇		
大中祥符高紳爲史館修撰			卷三之二三	三三三

内容條目	所在輯本卷第條次	葉數	所在殘本卷第條次	葉數
乾興王舉正、李淑爲史館編修	卷三之四	一一三	卷三之二二	三三三
明道韓琦等除館職	卷三之七	一二四	卷一之二〇	二四七
皇祐至嘉祐王安石等除館職	卷三之六	一二〇	卷一之二一	二四九
慶曆詳定選任館閣官	卷三之七	一二四	卷一之二〇	二四七
嘉祐大卿監帶館職	卷三之八	一二八	卷一之二三	二五〇
仁宗詔館職言事	卷三之九	一二九		
英宗命宰執薦舉館職	卷三之一一	一三四	卷一之二三	二五〇
治平歐陽修論館閣取士	卷三之一一、一	一三六		
熙寧帶館職人降差遣每任取旨	卷四之七	一七四		

續表

內容條目	所在輯本卷第條次	葉數	所在殘本卷第條次	葉數
元豐後館職清選之例	卷三之一一	一三四	卷二之二三	二八八
			卷二之二四	二八九
			卷二之二五	二九〇
元祐復館職	卷一之一、六	一五		
元祐詔職事官許帶職	卷一之一、六	一五		
館職理資序法	卷四之一〇	一七九		
館職遷轉之制	卷三之一三	一五三	卷一之二六	二五三
			卷一之二七	二五三
大典禮政事三館之士預議	卷三之一二	一四八		

續表

内容條目	所在輯本卷第條次	葉數	所在殘本卷第條次	葉數
館職召試	卷一之一、四	一一		
館職自薦而試	卷三之一	一〇八	卷一之一七	二三九
制科入等、進士高第任滿試館職法			卷一之一八	二四〇
景祐學士舍人院召試等第			卷一之一八	二四〇
制科、武舉人試於祕閣			卷一之一八	二四〇
仁宗朝館職召試雜録	卷三之五	一一四	卷一之二一	二四九
慶曆歐陽修論舉館閣之職	卷三之五、三	一一六		
治平館職召試罷詩賦	卷三之一一	一三四	卷一之二三	二五〇

續表

内容條目	所在輯本卷第條次	葉數	所在殘本卷第條次	葉數
元祐劉安世乞館職依舊召試	卷一之一、四	一一		
館閣讀書	卷三之七	一二三	卷一之二〇	二四八
咸平館閣人吏勒留出官條制	卷四之四	一七一		
大中祥符史館置吏寫日曆	卷四之五	一七二		
國史會要所載館閣吏額	卷四之六	一七三		
崇寧參立館閣孔目官等流品	卷四之一一	一八一		
政和館閣吏額及遷補法	卷四之一一	一八一		
政和投名人保引及試驗法	卷四之一一	一八一		

內容條目	所在輯本卷第條次	葉數	所在殘本卷第條次	葉數
恩榮				
太宗皇帝待遇三館特厚	卷五之一	一八九		
太宗優禮儒學			卷三之一七	三二
淳化詔館閣校理預遊宴	卷五之二	一九三		
淳化李至等祕閣觀書	卷一之一二、七	四二		
	卷五之三			
淳化太宗御製御書祕閣贊序及飛白書祕閣額	卷一之四、一	二五		
	卷五之三	一九四		
館閣賜茶	卷五之四	一九七		

續表

内容條目	所在輯本卷第條次	葉數	所在殘本卷第條次	葉數
淳化特召楊億赴曲宴	卷五之五	一九八		
至道館職刊名祕閣贊碑	卷五之六	一九九		
至道以御飛白書賜宰相等			卷二之九	二六一
三館、祕書省不隸臺察	卷五之七、一	二〇一		
至道新增琴阮絃館職獻頌	卷五之七	二〇〇		
咸平瓊林宴	卷五之八	二〇三		
咸平祕閣觀書	卷五之九	二〇四		
真宗作經史詩命羣臣屬和	卷五之一〇	二〇四		
館職遇差遣許赴便殿告謝	卷五之一一	二〇五		

内容條目	所在輯本卷第條次	葉數	所在殘本卷第條次	葉數
進士唱名日館職侍立殿上	卷五之一二	二〇五		
館閣官許稱學士	卷五之一二	二〇五		
仁宗著歌詩命羣臣屬繼和	卷五之一三	二〇七		
館職序坐	卷五之一四	二〇七		
曝書會	卷五之一四、一	二〇八		
天聖後苑賞花	卷五之一四、一	二〇八		
慶曆羣玉殿宴	卷五之一四、一	二〇八		
皇祐至嘉祐燕賞	卷五之一四、一	二〇八		
館職暑月許大慶殿廊納涼	卷五之一五	二一〇		

續表

内容條目	所在輯本卷第條次	葉數	所在殘本卷第條次	葉數
暑月御書團扇賜館閣學士	卷五之一五、二	二一〇		
政和、宣和徽宗幸祕書省	卷五之一六	二一一		
大宴學士院具食（佚文）	附録			
餞會（佚文）	附録			
録廩				
政和禄格祕書省官禄廩	卷五之一七	二一四		
宣和祕書省官厨食錢	卷五之一七	二一四		
祕書省官時服	卷五之一七	二一四		
政和祕書省增吏禄	卷五之一八	二一七		
祕書省官人從及諸雜吏禄廩	卷五之一八	二一七		